ATRIUM

LINDA SEGTNAN

DAS ACHTE HAUS

In Gedenken an ein Mädchen

Aus dem Schwedischen
von Kerstin Schöps

Atrium Verlag · Zürich

MIX
Papier | Fördert gute Waldnutzung
FSC® C014496

Deutsche Erstausgabe
1. Auflage 2023

Die Originalausgabe erschien 2022 unter dem Titel
Det åttonde huset bei Albert Bonniers Förlag, Schweden.

Published by agreement with Ahlander Agency
Lektorat: Friederike Arnold
Umschlaggestaltung: Favoritbüro, München,
nach einem Design von Sara Acedo
Umschlagmotiv: © Shutterstock
Satz: Pinkuin Satz und Datentechnik, Berlin
Druck und Bindung: GGP Media GmbH, Pößneck
Printed in Germany
ISBN 978-3-85535-115-2

www.atrium-verlag.com
www.facebook.com/atriumverlag
www.instagram.com/atriumverlag

Für Sam und Vivianne

Perstorp 1948

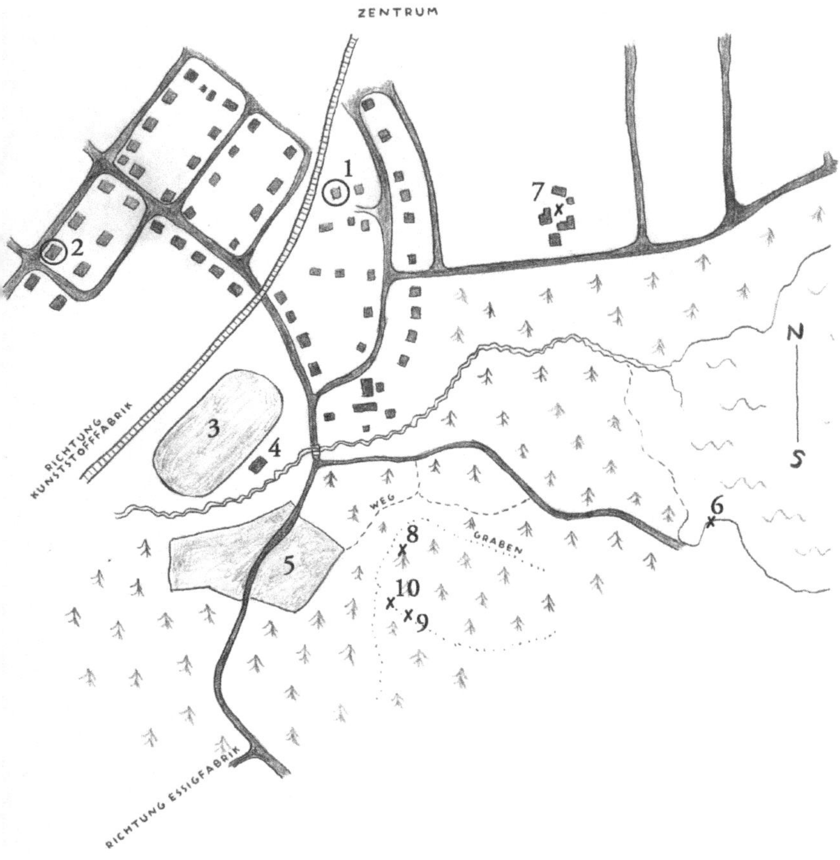

1 Haus der Familie Sivander
2 Haus der Familie Sommer
3 Neuer Sportplatz
4 Umkleideraum
5 Alter Sportplatz
6 Müllplatz
7 Ungefährer Standort von Elin Sjöbergs Hof
8 Fundort von Birgitta Sivanders Hausschuhen
9 Hier fangen die Fußspuren im Graben an
10 Hier wurde Birgitta gefunden

Es gibt einen Ort, an dem es immer dunkel ist. Dort hat die Erde eine andere Anziehungskraft. Dort wird es nie wieder Sommer sein. Der Boden ist mit kaltem, feuchtem Laub vom letzten Jahr bedeckt. Die Bäume erheben sich in einem Kreis, dicht gedrängt, bedrohlich und riesig. Sie beugen sich bei meiner Suche nach dir über mich. Sie geben mir nicht den Weg frei, um es mir einfacher zu machen, lassen kein Licht in die Dunkelheit. Meine Tochter und ich werden hilflos zu Boden gezogen, wir rutschen auf dem nassen, kalten Laub aus. Ich schütze sie mit meinem Körper, halte sie tief in meinem Bauch versteckt, damit sie es nicht sehen muss, damit sie die Kälte nicht spüren muss. Es ist ihre Schwester, in gewisser Weise, oder auch meine Schwester, die uns immer tiefer in den Wald hineinzieht. Ich suche weiter, der Regen schlägt mir ins Gesicht, und ich will nach Hause. Ich habe eine Wehe nach der anderen. Meine Tochter bewegt sich unruhig in mir, während ich meinen und ihren Körper breitbeinig, langsam und schwerfällig weiterschleppe, einen Fuß vor den anderen. Mein Herz ist durch einen unsichtbaren Zwirn mit einem Ort tief im Wald verbunden. Er ist gespannt. Aber das spüre ich gar nicht, ich bin kurz davor, aufzugeben und mich einfach hinzulegen.

Da höre ich die Stimme:

Hier ist es.

Ich bin es, die spricht, aber es sind nicht meine Worte. *Hier ist es.* Die Stimme wiederholt es immer und immer wieder. Auf einmal sehe ich den Ort, er ist mit einem weißen Kreis markiert. Er zieht mich magisch an, jetzt erkenne ich, dass es weiße Federn sind. Und daneben befindet sich der Graben. Hier ist es. Ich habe dich gefunden.

MÄDCHEN FLOH BARFUSS UND KÄMPFTE UM IHR LEBEN

Die Polizei der Region Südschweden ist nach wie vor fieberhaft auf der Jagd nach dem Mann, der Freitagabend den bestialischen Mord an der neunjährigen Birgitta Sivander aus Perstorp begangen hat. [...] Die Obduktion, die Samstagnachmittag von Professor Einar Sjöwall im Krankenhaus von Hässleholm durchgeführt wurde, hat als Todesursache einen schweren Schlag gegen den Kopf ergeben. Es gab keine Anzeichen auf sexuelle Gewalt. Für die Mordkommission steht mittlerweile ohne jeden Zweifel fest, dass ein krankhaftes Individuum das Mädchen in den Wald gelockt hat [...].

Birgitta Sivander, die Tochter von Valdemar Sivander, der in der Essigfabrik als Ingenieur angestellt ist, verschwand Freitagabend gegen acht Uhr. Sie hatte auf dem Sportplatz der Jungenmannschaft beim Fußballtraining zugesehen und wurde dabei von mehreren Mannschaftsmitgliedern erkannt. Sie wurde zum letzten Mal lebend gesehen, als sie den Sportplatz verließ und sich auf den Nachhauseweg machte.

Das getötete Mädchen, die neunjährige Birgitta Sivander aus Perstorp.

Vor zwanzig Jahren war ich das erste Mal in der Königlichen Bibliothek. Damals machte ich eine Ausbildung zur Buchbinderin, und im Rahmen eines Studienausflugs wurden wir in einen winzigen Raum tief unter der Erde geführt. Hinter dicken, schweren Türen wurden die wertvollsten und außergewöhnlichsten Bücher aufbewahrt. Ein Archivar mit weißen Baumwollhandschuhen zeigte uns ein Buch, das ein Mönch geschrieben und gebunden hatte. Es war mit obszönen Abbildungen versehen, die man nur erkennen konnte, wenn man den Vorderschnitt des Buches umbog. Ein anderes Buch war in menschliche Haut gebunden.

Ein paar Jahre später machte ich meinen Magister in Geschichte und war mehrmals in der Woche in der Bibliothek. Am Anfang saß ich mit den anderen Studenten zusammen im großen Lesesaal. Aber trotz der hohen Decke und der großen Fenster ist die Luft immer stickig. Als ich meine Magisterarbeit schrieb, war ich mit Sam schwanger und hatte eine Todesangst, krank zu werden. Deshalb fuhr ich mit dem Aufzug fünf Stockwerke unter die Erde ins Mikrofilmarchiv. Dort war es immer still, außer wenn jemand Mikrofilmrollen abspulte. Hier ist die Decke grau und niedrig und mit Neonröhren versehen. An den Arbeitsplätzen, die mit Sperrholzplatten voneinander abgeschirmt sind, stehen überdimensionierte leuchtende Monitore. Dort kann man die digitalisierten Zeitungen lesen. Nach ein paar Stunden brennt das Gesicht, als hätte man zu lange in der Sonne gelegen.

Im hinteren Teil des Raumes stehen die alten Mikrofilmlesegeräte. Die Zeitungen auf Mikrofilm werden in den grauen Archivschränken auf der linken Seite des Raumes aufbewahrt. Das kalte

Licht der Neonröhren fällt über gekrümmte Rücken und gesenkte Köpfe. Ganz hinten in der Ecke saß immer ein älterer Mann und schlief. Nach meinem Studium fing ich an, historische Stadtführungen zu organisieren, und das Archiv wurde zu meinem Büro.

Der Tag, an dem der Samen gesät wird, ist ein Frühlingstag im Jahr 2018. Ich habe eine Anfrage für eine Stadtführung erhalten und blättere durch gescannte vergilbte Zeitungsseiten, mache mir hier und da Notizen. Aber nichts will so richtig passen. Bei meiner Suche lande ich schließlich bei einer kleinen Nachricht aus dem Jahr 1948, die ich aber schnell als unbrauchbar abtue.

Kurz bevor ich weiterblättere, fällt mein Blick auf das pixelige Foto eines Mädchens. Augen, so tief wie Brunnen, sehen mich an. Ein Lächeln umspielt ihre Lippen. Oder bilde ich mir das ein? Es ist schwer zu sagen. Der Eindruck verändert sich ständig. In der einen Sekunde wirkt sie verunsichert, in der nächsten wirkt sie amüsiert. Ich lese die dicke schwarze Überschrift und begreife, dass Birgitta Sivander nicht älter wurde als auf diesem Foto. Weil sie einem Mord zum Opfer gefallen ist. Jemand hat ihr das Leben genommen, allerdings nicht in der Stadt, in der ich Stadtwanderungen anbiete, sondern in Perstorp. Das liegt in Schonen.

Ich spüre ein Brennen in meiner Brust. Seit Sam auf der Welt ist, bin ich viel empfindlicher geworden, wenn Kindern etwas passiert. Das geht vielen Eltern so. Normalerweise schrecke ich vor solchen Geschichten zurück, aber etwas in ihrem Blick löst in mir das Bedürfnis aus, mehr über ihr Schicksal zu erfahren. Ich lehne mich vor, um ihr Gesicht besser sehen zu können. Mein Stuhl quietscht. In diesem Augenblick wird der Samen in mir gepflanzt, aus dem sich eine Besessenheit entwickelt.

Ich sitze in der Bibliothek und lese einen Artikel nach dem anderen. Ich vergesse zu essen und verliere jegliches Zeitgefühl. Stundenlang sitze ich vor dem Monitor. Das Essen zu Hause auf dem Resopaltisch wird kalt, und mein Sohn fragt nach mir. Als ich endlich komme, schläft er schon. Ich hingegen finde keinen Schlaf. Ich verstehe das alles nicht. Der Mord ist bis heute ungelöst. Wie eine Frage, die nicht beantwortet wird, schwebt er seit über siebzig Jahren in bedrückender Stille, während der Mörder frei herumlaufen durfte. Wer ermordet ein neunjähriges Mädchen? Sie wurde nicht vergewaltigt. Vergewaltigung ist das einzige Motiv, das mir bei einem Mord an einem kleinen Mädchen einfällt, wenn der Mörder kein Angehöriger ist.

Die Geschichte setzt sich in mir fest. Ich kann mich damit identifizieren, sie löst eine lähmende Angst in mir aus. Ich habe oft gehört, dass man nie weiß, mit welchem Menschen man Kinder bekommt, wenn man älter als dreißig ist. Es geht vielmehr darum, jemanden im richtigen Alter und in passenden Lebensumständen zu treffen, als einem Seelenverwandten zu begegnen. Vielleicht ist das bei mir und Birgitta auch so. In diesem einen Augenblick im Archiv bin ich besonders empfänglich für ihren Blick und ihr Schicksal. Aber es gibt meinen Ängsten, die mich seit jeher fest im Griff haben, neue Nahrung.

Es ist ungerecht, sie da mit reinzuziehen. Manchmal ertappe ich mich bei dem Gedanken, dass wir uns in einem früheren Leben begegnet sind. Oder dass sie mein Seelenkind ist. Dass wir uns eigentlich hätten kennenlernen sollen, sie als alte und ich als junge Frau.

In den Tagen nach meinem Besuch in der Königlichen Bibliothek höre ich ihre schnellen Schritte hinter mir. Auf dem Weg zur U-Bahn, auf dem Weg zum Kindergarten. Ich schließe die Augen und fordere sie auf, schneller zu laufen. Gleichzeitig will ich sie dazu bringen, sich umzudrehen. Weil ich *unbedingt sehen* will, wer sie jagt. Ich verliere mich in Tagträumen, in denen ich ein großer Vogel bin, der sie an den Armen packt und mit ihr davonfliegt. Ich sehe durch ihre Augen, wie der Täter unter uns immer kleiner und kleiner wird.

Dann setze ich sie vor ihrer Haustür ab, sie stürmt hinein und ruft: »Mama, Mama! Weißt du, was passiert ist?«

Aber so war es nicht. Sie ist nicht schnell genug gerannt. Sie ist nie zu Hause angekommen.

Zwischen den Stadtführungen und nach dem abendlichen Zubettbringen schreibe ich. Es ist ein wildes Durcheinander und zunächst formlos, aber irgendwo muss die Geschichte anfangen und hinführen. Justus fragt sich, was ich da mache. Auch meine Familie und Freunde. Mir fällt es schwer, mich zu rechtfertigen, warum ich keine Zeit für meine Freunde habe, meinen Sohn nicht vom Kindergarten abholen kann und Aufträge zugunsten einer Sache ablehne, mit der ich nichts verdiene. Wenn ich gefragt werde, bleibe ich vage, sage, dass ich schreibe. Und wenn sie fragen, worüber ich schreibe, antworte ich: *Ich schreibe über einen Mord.* Oh, wie aufregend, erwidern sie dann. Mir dreht sich der Magen um. Deshalb werde ich deutlicher: *Ich schreibe über den Mord an einem kleinen Mädchen.* Oh nein, wie schrecklich!

Dann teilen sich die Fragenden in zwei Gruppen: Die einen wollen keine weiteren Details erfahren, die anderen lehnen sich vor und bitten mich, mehr zu erzählen. Die Letzteren ekeln mich an, weil ich Angst habe, genauso zu sein wie sie. Vielleicht bin ich das auch, vielleicht ist mein Interesse an Birgittas Fall alles andere als nobel. Die Scham und Sorge, dass meine Gründe frei erfunden sind, wachsen gleichzeitig mit meinem Bedürfnis, sie vor neugierigen Blicken zu schützen.

In einer anderen parallelen Wirklichkeit sitzt sie auf einem Fahrrad. Meine Gegenwart und ihre existieren gleichzeitig nebeneinander. Ein Gott hält in jeder Hand eine Kanne mit Wasser und gießt es in eine silberne Schale. Das ist die Zeit, die verrinnt. Sie glitzert in der Sonne. Hier bin ich, und dort ist sie, und wir werden uns irgendwann treffen. Ich erinnere mich, wie ich mit neun Jahren war. In meinem Inneren läutet eine Glocke, läutet ihr. Es ist Freitag, ein warmer Tag im Mai. Sie will Blumen pflücken gehen. Wollgras.

Sie liegt eine Weile im warmen Gras, hält das Gesicht in die Sonne und lauscht dem Pfeifen der Dampflok, das über die Felder hallt. Obwohl sie nicht so weit fahren darf, ist sie fünf Kilometer von zu Hause entfernt. Bald wird sie sterben. Aber noch ist sie auf ihrem Fahrrad unterwegs, streift durch das Feld mit Wollgras und streichelt die zarten Blüten.

TEIL EINS

Junge Blütenblätter

In dem düsteren Wald
lebt ein böser Gott.
In dem dunklen Wald sind die Blumen so blass
und die Vögel so scheu.
Warum ist der Wind voll warnendem Flüstern
und der Weg finster von trostlosen Ahnungen?
Im Schatten liegt der böse Gott
und hat schreckliche Träume …

Edith Södergran, *Waldesdunkel*

Birgittas Geschichte beginnt mit zwei jungen Gestalten an einem hellen Sandstrand in einer Sommernacht im Jahr 1955. Ich gehe näher heran. Wir befinden uns in der finnischen Stadt Hangö. Das Wasser ist schwarz, und der Sand reflektiert das Licht von der Milchstraße. Dort steht Margit. Sie ist am deutlichsten zu sehen. Und man erkennt schon von Weitem, dass sie etwas Besonderes ist. Sie hat eine stolze Körperhaltung, geschmeidige Bewegungen und ein Gesicht, so oval wie ein Spiegel. In diesem Sommer hat das Café von General Mannerheim *Das Haus der vier Winde* zum letzten Mal geöffnet. Auf einer gigantischen Rutsche kann man mit Kokosmatten direkt ins Meer sausen.

Margit Bratt ist mit ihren Eltern und der Schwester zu Besuch. Sie geht auf eine Ballettschule und wohnt in einer großen Wohnung im Zentrum von Stockholm. Dort, wo heute Åhlens City liegt. Die Bratts sind eine vornehme Familie. Ein Stück von Margit entfernt steht der junge Ingenieur Valdemar Sivander. Er ist unglaublich gut aussehend und hat einen fast poetisch anmutigen Körperbau. Die Familie Sivander ist nicht so vornehm wie die Bratts, aber Margit ist so jung, dass es ihr egal ist.

Die Wellen schlagen sanft gegen den Strand, in weiter Ferne hört man Stimmen und Gelächter. Margits Eltern werden sich bestimmt bald fragen, wo sie ist. In Stockholm wartet eine wesentlich bessere Partie auf sie, ein junger Mann mit Verbindungen zum schwedischen Königshaus. Aber das Schicksal hat anderes mit ihr vor, und so entflammt sich ein Feuer in Margit, als ihre Blicke sich im gleißenden Sonnenlicht in der Menge der Badegäste treffen.

Wie lange wird es dauern, bis sie sich das erste Mal küssen? Wahrscheinlich nicht besonders lange, denn bereits im Juni wird ihre Verlobung bekannt gegeben. Und am 20. Mai im darauffolgenden Jahr heiraten sie in der Stefanskirche. Da ist Margit schon schwanger mit ihrem ersten Kind, das am ersten Dezember zur Welt kommt. Birgittas großer Bruder Karl. Es wird eine schwere und lange Geburt. Birgitta lässt noch auf sich warten. Als mein Sohn Sam noch ganz klein war, erzählte er mir, dass er zusammen mit seiner Cousine Maya im Weltraum gewartet hat, bevor er zu uns gekommen ist. Birgitta schwebt also noch über dem Haus in der Varvsgatan und sieht zu, wie ihr Bruder im Geburtshaus Pro Patria schreiend das Licht der Welt erblickt.

Kurz darauf packt die Familie ihre Sachen auf Södermalm ein und zieht in den Nordwesten von Stockholm, nach Hässelby. Eine Allee führt auf ein großes, helles Gebäude zu, an dessen Ende sich stolz Riddersvik erhebt. Valdemars Eltern leben auf dem Gut und bieten ihrem Sohn und seiner neuen Familie an, in den ersten Stock zu ziehen. Die große Eingangstür ist von vier Säulen gesäumt, und über dem Eingang steht *Anno MDCCLXII.*

Hier betritt Birgitta die Erde. Das Jahr 1937 hat sich gerade verabschiedet, und 1938 ist angebrochen. Dieses Mal verbringt Margit ihre Schwangerschaft in großen Räumen mit hohen Decken und knarrenden Dielen. Die Steintreppe wurde in den vergangenen Jahrhunderten von unzähligen Schritten geformt. Birgitta kommt im Spätsommer zur Welt.

Ich muss kurz innehalten, um mich daran zu erinnern, wie sich eine Geburt anfühlt. Ich kann alles noch spüren, die Krämpfe, das Unfassbare, den Gipfel des Schmerzes, bevor die letzte Presswehe den Griff löst und der kleine Körper wie eine Robbe hinausgleitet. Der kleine Körper, noch warm, gleitet aus der Gebärmutter in die Kälte, ins gleißende Licht und die grellen Laute. Als Birgitta zur Welt kam, waren die Väter nicht bei der Geburt dabei, und die nackten Säuglinge wurden den Müttern nicht sofort auf die Brust gelegt. Sie wurden eingewickelt, angezogen, gewogen und gefüttert.

Danach ließ man sie allein. Der Gedanke ist schrecklich. Deshalb verändere ich dieses Bild und stelle mir vor, dass die Kleine hochgehoben und an ein pochendes Herz gelegt wurde.

Ich hatte vor Sam eine Fehlgeburt. Ich stand auf einer Wiese in Vinterviken und wusste nicht, wie ich nach Hause kommen sollte. Justus musste mich abholen. Ich fuhr in die psychiatrische Notaufnahme und sagte, dass ich sterben will. Ich dachte, dass ich dort Hilfe bekommen würde. Aber ich wurde abgewiesen und nach Hause geschickt. Aus dieser Zeit habe ich kaum Erinnerungen, aber eines weiß ich noch. Ich war bei einem Medium. Ich hatte diesen Termin vereinbart, lang bevor es geschah. Jetzt bereute ich es und wollte nicht hingehen, wäre am liebsten in der dunklen Wohnung geblieben, in der wir lebten. Aber ich wusste nicht, wie ich den Termin absagen sollte, also bin ich gegangen. Das Medium machte gerade die Ausbildung in der Mediumschule. Ich hatte mich kaum hingesetzt, als sie sofort anfing zu reden.

Ich kann mich genau an ihre Worte erinnern.

»Hinter dir steht ein Kind. Es ist ein sehr kleines Kind. So klein, dass es noch nicht geboren wurde. Es möchte dir sagen, dass alles so ist, wie es sein soll. Es war noch nicht der richtige Zeitpunkt. Es ist schiefgegangen, verzeih. Ich komme später. Bis dann.«

An diesem Tag verließ ich die Dunkelheit und krabbelte zurück ans Licht. Ihre Worte heilten mich. Sie gaben mir eine noch nie zuvor empfundene Sicherheit. Ein Wissen. Seit mein verstorbener Großvater mir im Traum erschienen war, ahnte ich, dass der Tod nicht das Ende bedeutete. In diesem Traum ergriff er mit seinen trockenen, warmen Händen meinen Arm und führte mich fort von dem Fest, auf dem ich gewesen war, als er starb.

Drei Jahre später ließ ich mir von einer Bekannten Tarotkarten legen. Sie wählte ihre Worte mit Bedacht, aber ich begriff, was sie mir sagen wollte – dass wir noch ein Kind bekommen würden. Wir kannten uns nicht so gut, also wusste sie nichts von meinem großen Kinderwunsch. Ich ging einmal die Woche zur Akupunktur. Ich kochte chinesische Kräuter, eine Mischung aus Zweigen, Rinde und was weiß ich noch, zwei Liter pro Woche, die ich jeden Tag über dem Waschbecken hinunterstürzte. Es schmeckte nach altem Aschenbecher. Ich trank diesen Sud aus schierer Verzweiflung, weil ich unbedingt schwanger werden wollte. Als sie die Karten auf den Tisch legte, hatte ich die Sechs der Münzen, die Sechs der Schwerter und die Trumpfkarte Nummer sechs – die Liebenden. 666. Die Zahl des Teufels. Aber was kam, war das Gegenteil, etwas Göttliches.

Auch Birgitta kommt wie ihr Bruder im Geburtskrankenhaus Pro Patria auf Kungsholmen zur Welt. Aufgeregt identifiziere ich die fast unleserlich gewordenen Zeilen in den Taufregistern. Als wäre die Zeit stehen geblieben, als hätte der Pfarrer seinen Stift gerade erst abgesetzt, und Birgitta ist noch ein Säugling. Den ersten Eintrag finde ich im Taufregister des Geburtskrankenhauses. Sie ist Kind Nummer 605, geboren am 20. August 1938. Dort stehen die Namen des Vaters und der Mutter sowie Ort und Uhrzeit. Riddersvik, Hässelby. Im Taufregister der Gemeinde Järfälla ist Birgittas Geburt ebenfalls verzeichnet, als Inger Birgitta. Ich will unbedingt mehr erfahren. Wie war die Schwangerschaft? Wie ist die Geburt verlaufen? Wie war Birgitta als Baby?

In Riddersvik wurde sie an den Säulen vorbei über die Türschwelle in den ersten Stock getragen. Dort hat sie langsam einen Tagesrhythmus gefunden, Geborgenheit und Wärme erfahren. Sie hat geweint, wurde herumgetragen und in den Schlaf gewiegt. Bekam ihre erste richtige Mahlzeit und ihren ersten Zahn. Sie ist runder geworden, lernte, über die breiten Dielen zu krabbeln, und hat ihren großen Bruder angelacht.

Als sie etwa ein Jahr alt ist, verlässt die Familie Stockholm und zieht weg. Valdemar hat eine leitende Position im Rönnskärsverken in Skellefteå angeboten bekommen. Ein Schmelzwerk. Viele Details dieser Geschichte sind anfänglich filmreif und romantisch, aber nicht dieser Teil. Es sieht wunderschön aus, wenn geschmolzenes Metall wie flüssiges Gold in Tiegel gegossen wird. Aber die Schutzausrüstung der Angestellten ist unzureichend, und die Ursache für Valdemars spätere Krebserkrankung ist vermutlich hier zu finden,

Blei und Arsen. Zu dem neuen Posten als Abteilungsleiter gehören ein neues Haus, ein Kindermädchen und eine Haushälterin.

Birgitta ist drei Jahre alt, als ihr kleiner Bruder 1941 zur Welt kommt – Erik wird an Allerheiligen geboren. Das Haus der Sivanders liegt in unmittelbarer Nähe der Eisenbahntrasse, und Karl und Birgitta schleichen heimlich dorthin und legen Münzen auf die Schienen. Wenn der Zug kommt, verstecken sie sich, um danach die platten, glänzenden Münzen wieder aufzusammeln. Birgitta ist fünf, als ihr Vater erneut seinen Arbeitsplatz wechselt. Er hat eine Anstellung in der Essigfabrik in Perstorp angeboten bekommen.

Es ist Anfang Mai, und es riecht nach Frühling, als ich in Lund aus dem Zug steige. Ein Jahr ist seit meinem denkwürdigen Abend in der Königlichen Bibliothek vergangen. Seit einem Jahr warte ich darauf, dass die Geheimhaltung aufgehoben und mir Akteneinsicht in die polizeilichen Ermittlungsunterlagen von 1948 gewährt wird. Die Tage sind ausgefüllt mit dem An- und Ausziehen von Overalls, dem Verfassen von Stadtführungen, Essen kochen und Lego spielen. Wenn Sam eingeschlafen ist, rede ich mit Justus über den Mordfall und gehe alle Einzelheiten wieder und wieder durch. Nachts träume ich von Birgitta, habe das vage Gefühl, als könne ich fast ihre Fingerspitzen berühren, bevor sie mir wieder ins Nichts entgleitet. Ich bin aufgeregt. Als würde ich ihr bald begegnen.

Meine Freundin Idha holt mich ab, und wir gehen durch die kleinen Gassen aus Kopfsteinpflaster. In Stockholm war es noch kalt, und die Knospen der Büsche warteten auf den großen Moment. Hier blüht der Flieder schon. Morgen werde ich ganz früh mit dem Bus zum Archiv fahren. Damit ich an einem Tag das gesamte Material abfotografieren kann. Ich bin nervös. Was erwartet mich dort? Ich weiß, dass es in den Akten auch Fotos gibt. Wie abstoßend werden sie sein? Mir wird bei dem Gedanken übel.

In meinem Bauch findet gerade eine rasante Zellteilung statt. In meiner Gebärmutter hat sich ein Embryo eingenistet, ein winziger Samen, aus dem ein kleines Mädchen entsteht. Eine kleine Schwester für meinen Sohn, der in den Kindergarten gebracht wird, während ich mich an meinen Schreibtisch im Archiv setze und die Schnur aufknöpfe, mit der die Akten der Mordermittlung umwickelt ist. Die Archivarin hat mich vorgewarnt, dass der Inhalt nicht für jedermanns Auge geeignet ist, und hat mir einen separaten Raum zugewiesen. Bei ihren Worten zieht sich mein Magen zusammen. Ich muss an meine Nichte denken, die bald acht Jahre alt wird. Ich versuche, mich zu wappnen. Meine süße kleine Nichte Maya. Mein erstes Baby. Mit den schwarzen, glänzenden Haaren. Ihr Körper ist so schmächtig, geschmeidig und kräftig wie eine Weide. Der Ausdruck in ihren dunklen Augen wechselt ständig, ist mal unsicher, dann fröhlich, verlegen und amüsiert. So sind Mädchen in diesem Alter.

Mein Herz macht jedes Mal einen Sprung, wenn ich eine Seite umblättere. Werde ich jetzt auf die Bilder stoßen? Oder jetzt? Ich mache von jeder Seite ein Foto. Einige der Unterlagen sind Kopien von Kopien, von Verhören oder rechtsmedizinischen Gutachten und liegen nur in Form von billigem, halb transparentem Papier vor. Einige Seiten sind fleckig. Ich sehe die ermittelnden Beamten mit ihren Bechern mit starkem Kaffee vor mir, damit sie nachts wach bleiben. Todmüde, aber entschlossen, nicht aufzugeben, bevor sie den Mörder gefasst haben. Der Kaffee schwappt über, als sie aufspringen, um erneut eine Nadel in die Karte zu stecken oder ein weiteres Detail an die Tafel zu schreiben. Auf einer Seite klebt eine tote Mücke. Mir wird schwindelig.

Das Unausweichliche tritt ein – ich bin bei der Seite mit dem Foto angekommen.

Da ist sie.

Beziehungsweise ihr Körper, der auf einem harten, glänzenden Metalltisch liegt. Sie hat ihn vor langer Zeit verlassen. Zumindest hoffe ich das. Im Mittelalter war man davon überzeugt, dass die Seele erst nach drei Tagen ihre Behausung verlässt und bis dahin immer wieder kommt und geht. Deshalb musste jemand Totenwache halten. Das Fenster blieb offen, damit sich die Seele frei bewegen konnte. Bei Mord konnte man die Seele befragen, wer der Täter war.

Birgittas Körper befand sich in diesen drei wichtigen Tagen in einer Kühlkammer, wenn sie nicht auf dem Obduktionstisch lag. Wie lange war sie schon tot, als das Foto gemacht wurde? Es ist nicht so abstoßend, wie ich befürchtet habe. Sie sieht hübsch aus. Ihre Haare sind etwa kinnlang. Sie ist nicht mager, aber sehr zart. Sie sieht aus wie ein Kind, das gern Rad fährt, damit in halsbrecherischer Geschwindigkeit den Berg hinunterrast. Sie sieht aus wie ein Kind, das mit seinen Freunden durch die Gegend rennt und sich abends nach einem langen, ausgelassenen Tag an den Küchentisch setzt und Berge von Wurstbroten verschlingt, um dann in ein schmales Bett zu klettern, sich mit dem Rücken gegen die Wand lehnt und ein Abenteuerbuch liest. Ihre Augenbrauen sind gerade, und sie hat eine kleine, runde Stupsnase. Sie sieht aus wie alle kleinen Mädchen. Obwohl sie blaue Flecke im Gesicht hat und ihre Augen geschlossen sind. Mein ungeschulter Blick kann nicht erkennen, dass sie schwerer, tödlicher Gewalt ausgesetzt gewesen ist. Ich habe den Eindruck, dass es *leicht* war, sie zu töten.

In den Unterlagen sind auch Fotos vom Tatort. Sie erzeugen einen Film in meinem Kopf, den ich nicht ausschalten kann. Auf den Fotos sieht man Fußabdrücke in einem flachen Graben, Kinderfüße, in Socken. Die kleinen Füße springen in den Graben und rennen weiter, ihnen folgen große Füße, in Turnschuhen der Marke Tretorn in Größe 42. Schneller Atem, ein pochendes Herz in dem kleinen Körper. Die Feuchtigkeit dringt durch die Socken. Diese Bilder sehe ich immer und immer wieder vor mir, als Tagtraum und im Schlaf. Ich spüre die Feuchtigkeit. Die Verzweiflung und die Panik. Die Hoffnung, doch zu entkommen. Und dann den Sturz ins braune Wasser. Sie stolpert und fällt hin. Kurz darauf ist es vorbei, und wir folgen ihr, als ihre Seele zuerst den Körper verlässt, dann den Graben, den Wald, Perstorp.

Perstorp. Noch vor Kurzem war diese Gegend von Sümpfen, Mooren und Wäldern beherrscht. Das Inlandseis hat einen mageren, sandigen und lehmigen Boden hinterlassen. Die Nordostmoräne. Dieser Landstrich war seit jeher dünn besiedelt. Im Riksantikvarieämbetet, Schwedens zentraler Verwaltungsbehörde im Bereich des kulturellen Erbes und für Denkmalpflege, kann man nachlesen, dass Archäologen einen alten Bauernhof unter einem Parkplatz ausgegraben haben. Viel mehr scheinen sie nicht entdeckt zu haben. Aber es gibt eine Kirche aus dem 12. Jahrhundert. Vor meinem inneren Auge sehe ich, wie die Bewohner von Perstorp jahrhundertelang strebsam und unermüdlich in die Kirche gegangen sind. Eine der ersten Schriftzeugnisse menschlicher Interaktion in Perstorp handelt von einem Streit. Zwischen Pastor Niels Lauritzsenn und dem Kirchendiener Erasmus Erasmi herrschte eine solche Uneinigkeit, »dass es eine Schande war, darüber zu sprechen«.

Der Vermerk steht in den Aufzeichnungen über den Besuch des Bischofs 1623. An gleicher Stelle beschweren sich die Gemeindemitglieder darüber, dass der Pastor jemanden verbannt hat, ohne mit ihm zu sprechen. Es heißt, er sei streitlustig und habe »schändliche Laster«. Die Kirche sei außerdem so verfallen, dass die Gemeinde Angst habe, die Kanzel könnte ihnen beim Gottesdienst auf den Kopf fallen.

Perstorp bleibt eine kleine Gemeinde, die von der Landwirtschaft lebt. Bis zum Jahr 1875, als eine gewaltige Veränderung eintritt. Die Eisenbahnstrecke zwischen Helsingborg und Hässleholm wird fertiggestellt, und die Industrie siedelt sich an. Perstorps spirituelle Mitte wandert von der Kirche zum Bahnhof. Daneben entsteht das

Industriegebiet und wächst und wächst wie eine Geschwulst. Industrie benötigt Arbeitskräfte, und aus Perstorp wird eine Stadt. Die Firma, die am Anfang das Bild der Stadt prägt, heißt Stensmölla Kemiska Tekniska Industri. Sie stellt unter anderem Essig, Teer und Formaldehyd her. Später wird der Name geändert in Skånska Ättiksfabriken, Essigfabrik Schonen.

Ende des Ersten Weltkrieges beginnt man in Skandinavien mit der Plastikproduktion, und zwar in Perstorp. Schwer liegt der Geruch von Essig, Teer, Formaldehyd und Plastik über der Stadt. Die Arbeiter verbringen ihre Tage in dichten Nebelschwaden und Dämpfen. Sie wohnen auf der einen Seite der Stadt, in Gemeinschaftswohnungen oder mit der ganzen Familie in Einzimmerwohnungen mit Küche. Ihre Vorgesetzten wohnen auf der anderen Seite der Stadt, in Einfamilienhäusern und Villen, in denen die Kinder eigene Zimmer haben und man Geld und Platz für Haushälterin und Kindermädchen hat. Alle Kinder gehen auf dieselbe Schule – die Centralskolan. Sie sind zwar Klassenkameraden, aber es ist bestimmt nicht immer leicht, wenn sie nach der Schule zu Hause miteinander spielen. Doch das kommt selten vor. Allerdings gibt einen Ort, an dem sie sich alle auf Augenhöhe treffen. Das ist der Sportplatz.

In Europa bricht der Krieg aus. Birgittas Leben ist davon bestimmt. Sie war achtzehn Tage alt, als es in Stockholm zum ersten Mal pechschwarz wurde. Die Luftwaffe hat sich auf den Notfall vorbereitet. Krieg war für Birgitta der Normalzustand. Krieg in weiter Ferne, mit Lebensmittelkarten und Hitlers Stimme im Radio. Birgittas erster Winter war kalt, und auch die drei darauffolgenden.

Kurz nach Neujahr 1944, nach den sogenannten Kriegswintern, zieht Familie Sivander nach Perstorp. Sie erleben einen ganz gewöhnlichen Winter in Schonen. Ich habe das Bild vor Augen, wie sie ihre Sachen in einem funkelnden, in Weiß gehüllten und sternenklaren Skellefteå gepackt haben und in einem matschigen, nebligen Perstorp mit seinen nackten Bäumen ankommen. Zuvor haben sie Weihnachten in der Dachwohnung bei den Eltern von Birgittas Mutter gefeiert. Wie ein Geist schwebe ich in die Luft und schaue durch die vereisten Scheiben. In den großen, gewölbten Fenstern hängen Sterne. Ich sehe den glänzenden Holzfußboden, die teuren Teppiche, goldgerahmte Spiegel und Gemälde und kleine, halbrunde Tische mit gedrechselten Beinen. Der Esstisch ist üppig gedeckt, die Kerzen im Weihnachtsbaum brennen. Auf dem Kaminsims steht die Weihnachtskrippe.

Margit sitzt in einem Sessel und unterhält sich leise mit ihrer Mutter. Sie tragen Pumps und schöne Kleider. Margit sieht aufgewühlt aus, aber ich kann nicht hören, was sie sagt. Plötzlich stürmen Karl und Birgitta durch die große, doppelflügelige Tür, und Margit richtet sich auf und lächelt sie an. Sigrid, Birgittas Großmutter, hat Angst, dass die Kinder den Baum umrennen und die Kerzen herunterfallen. Hinter den großen Kindern kommt das

Kindermädchen Cecilia mit dem kleinen, watschelnden Erik an der Hand. Sie macht einen Knicks, dann rennt sie den beiden anderen hinterher und zischt ihnen ermahnende Worte zu. Ich fange von vorne an und konzentriere mich dieses Mal auf Birgitta, beobachte, wie sie herumläuft und dann stehen bleibt.

Ich sehe ihr fröhliches Gesicht, höre ihr Lachen. »Warte, Karl!«

Ihr Samtkleid hat eine gedämpfte Farbe, einen Peter-Pan-Kragen und Puffärmel. Den Pony hat sie mit einer großen Spange an der Seite befestigt. Ihr blondes Haar tanzt auf und ab, es fliegt.

Nach Neujahr beziehen sie ihr neues Zuhause, ein modernes, zweigeschossiges Einfamilienhaus im Gustavsborgsvägen in Perstorp. Der Keller beherbergt ein Geheimnis – er gehört der Heimwehr und ist voller Waffen und Munition. Oft kommen Leute vorbei. Birgitta ist fünf Jahre alt. Ich versuche, mich daran zu erinnern, wie es ist, fünf Jahre alt zu sein. Aber das gelingt mir nicht. Sam ist fünf. Er hat sich alle Buchstaben beigebracht und liest Wörter, Buchstabe für Buchstabe. Er kostet die neuen Wörter und Ausdrücke. Wie ein Sommelier wendet, schmeckt und bewertet er sie in seinem Mund. »Wun-der-bar«.

Kurz darauf ziehen sie ins Nachbarhaus und freunden sich mit der Familie Blom an, die nebenan wohnt. Karl und Birgitta spielen mit ihren Kindern – Åke ist so alt wie Karl, Yngve so alt wie Birgitta, und dann ist da noch Lilian. Birgitta hat ein eigenes Zimmer mit Balkon. Wand an Wand mit dem Schlafzimmer ihrer Eltern. Das Kindermädchen schläft im Erdgeschoss. Zu wem geht Birgitta, wenn sie nachts verschwitzt aus einem Albtraum schreckt? Steht sie manchmal nachts auf dem Balkon, wenn alle schlafen? Ich sehe sie vor mir. Es ist Santa Lucia, der 13. Dezember 1945. Birgitta ist sieben Jahre alt. Sie liegt in ihrem Bett und lauscht dem Regen, der aufs Dach trommelt. Und den frisch gefallenen Schnee wegspült. Sie denkt an das, was am Morgen passiert ist.

Das Kindermädchen Cecilie hatte sie in ihrem Zimmer neben der Küche für den Lucia-Umzug hergerichtet. Draußen war es noch pechschwarz. Erik hatte keine Lust. Birgitta war Lucia und durfte die Kerze tragen. Karl, der Sternenjunge, hatte einen Bart, den sie mit Weizenmehl und Wasser angeklebt hatten. Leise schlichen sie die Treppe hoch zum Schlafzimmer ihrer Eltern, mit der einen Hand hoben sie ihre langen Gewänder an, in der anderen hielten sie die Kerze. Auf halbem Weg rief ihre Mutter von oben, dass Erik es sich anders überlegt habe und doch mitmachen wolle. Cecilia schob sich an den beiden vorbei und rannte hoch, um ihn zu holen. Birgitta und Karl blieben stehen und warteten. Plötzlich hörte Birgitta ein merkwürdiges Geräusch, und die Wand war hell erleuchtet von einem flackernden Lichtschein. Sie drehte sich um und sah, dass Karl brannte. Sein Bart hatte Feuer gefangen. Die Flammen spiegelten sich in seinen weit aufgerissenen Augen. Daran muss Birgitta denken, während Karl allein im Krankenhaus liegt. Sie haben ihm die Hände und Füße festgebunden, damit er seine verbrannte Haut nicht berühren kann.

Meine zweite Schwangerschaft ist eine mühsame und schwere Angelegenheit. Jede Woche sitze ich bei der Hebamme in der Sprechstunde und weine. Alle, denen ich begegne, neigen ihren Kopf zur Seite und fragen mich: »Wie geht es dir?« Sie erwarten, dass ich antworte: »Super. Aber es macht schon müde!«, oder: »Mir ist die ganze Zeit übel, aber man weiß ja, wofür man das aushält, deshalb ist es das wert!« Ich versuche zu lächeln, aber das Lächeln erstirbt, bevor es meine Augen erreicht hat. Die Leute haben alle so viel Verständnis. »Ich weiß, wie es dir geht«, sagen Frauen, die eine Schwangerschaft hinter sich haben. Ich würde ihnen am liebsten die Augen auskratzen. Die haben keine Ahnung, wie es mir geht. Ich war schon einmal schwanger, ich weiß, dass es so auf jeden Fall nicht sein soll. Ich schlafe nicht niedlich um sieben Uhr auf dem Sofa ein – ich bin ein Zombie.

Mein Sohn hat keine Mutter mehr. Seine Mama liegt Tag und Nacht in einem abgedunkelten Raum. Das Einzige, was ich zu mir nehme, sind Tabletten gegen die Übelkeit. Nachts eine, tagsüber eine mit Koffein, damit ich nicht so müde bin, was überhaupt nicht funktioniert. Es heißt, die Schwangerschaft ist schlimmer, wenn man eine Tochter erwartet. Das habe etwas mit den Hormonen zu tun. Der Volksmund behauptet auch, dass man hässlicher wird, als würden die Töchter der Mutter die Schönheit rauben. Das kann ich allerdings bestätigen. Meine Haut ist aschgrau, mein Haar stumpf und strähnig, und ich gehe so krumm wie eine alte Frau.

Eines Tages bekommt Sam Besuch von einem Freund. Ich werde davon wach, dass die Tür vom Schlafzimmer geöffnet wird. Störende Geräusche vom Flur dringen in den Raum. Ich höre flüsternde

Stimmen und schleichende Schritte. Erst als Justus ins Zimmer kommt und mit den beiden schimpft, dass sie mich in Ruhe lassen sollen, verstehe ich, was los ist.

»Ich wollte es ihm nur zeigen«, sagt mein Sohn.

Ich wollte es ihm nur zeigen. Dass er wirklich eine Mama hat? Dass seine Mutter ein Monster ist?

Es ist Freitag, ein Tag nach Christi Himmelfahrt. Birgitta ist neun Jahre alt. Zu ihrem großen Bruder Karl, ihrem kleinen Bruder Erik ist noch eine kleine Schwester hinzugekommen. Eva wurde wenige Tage vor Birgittas neuntem Geburtstag geboren.

Als Birgitta erfährt, dass es ein Mädchen ist, hat sie angeblich gesagt: »Soll sie mich jetzt ersetzen?«

Auch wenn sie sich unter Umständen beiseitegeschoben fühlte, ließ sie es nicht an Eva aus. Im Gegenteil, sie liebte das neue Geschwisterchen und umarmte und küsste es ständig. An diesem Morgen verlassen ihre Eltern schon früh das Haus. Im Hausflur wird es eng, als sich alle gleichzeitig die Schuhe und Jacken anziehen, denn Karl hat es eilig, er muss zur Schule. Er schnürt sich die Schuhe zu, wirft sich den Ranzen über die Schulter, ruft »Wiedersehen« und reißt die Tür auf. Er nimmt alle Stufen auf einmal und rennt los. Valdemar nimmt seinen Hut vom Regal, und Margit zieht ihren Mantel an.

»Cecilia, sag bitte Birgitta Bescheid, dass sie zu spät kommt, wenn sie sich jetzt nicht beeilt«, ruft Margit die Treppe hoch.

Das Kindermädchen eilt, mit Eva auf dem Arm, nach unten.

»Sie hat Bauchschmerzen, sagt sie.«

Margit seufzt. Dafür hat sie jetzt keine Zeit.

»Meinetwegen. Dann soll sie zu Hause bleiben.«

Eva protestiert lauthals, als sie begreift, dass ihre Eltern das Haus verlassen. Sie drehen sich um, winken ihr hektisch zu und rufen ihr wilde Versprechungen zu, dass sie bald wieder zurück sind. Evas herzergreifendes Weinen begleitet sie bis zum Auto.

Im ersten Stock liegt Birgitta im Bett und hört alles. Erleichtert seufzt sie auf, als der Motor anspringt und die Reifen knirschend über den Kies rollen. Kurz darauf erstirbt Evas Schluchzen, und es wird ganz still im Haus. Birgitta legt beide Hände auf den Bauch. Es tut ein bisschen weh, oder? Manchmal weiß man es nicht so genau, wenn man gefragt wird. Vielleicht hat sie es vorgeschoben, damit sie nicht in die Schule gehen muss. Vielleicht ist die Schule der Grund, *weshalb* sie Bauchschmerzen bekommt. Auf jeden Fall bleibt sie nicht zu Hause, weil es so viel Spaß macht. Es gibt nichts Spannendes zu tun, außer sich die Decke über den Kopf zu ziehen, sich auf die andere Seite zu drehen und wieder einzuschlafen.

Ein paar Stunden später steht sie auf und zieht sich an. Ein weißes Unterhemd. Kniestrümpfe. Ein bunt kariertes Kleid. Dazu eine blaue Wollstrickjacke, die ein bisschen kratzt. Sie freut sich auf den Sommer, wenn sie sie nicht mehr tragen muss. Die Sonne scheint verheißungsvoll durch das Fenster und zeichnet goldene Muster an die Wände. Als Birgitta in die Küche kommt, wird Eva gerade von Cecilia gefüttert.

»Warum bist du aufgestanden?«, fragt sie vorwurfsvoll.

Eva strahlt übers ganze Gesicht, und Birgitta schneidet eine lustige Grimasse. Dann umarmt sie ihre kleine Schwester und versucht, den schmierigen Händen der Kleinen zu entkommen.

»Mir geht es wieder besser«, sagt sie. »Darf ich rausgehen?«

Cecilia ist skeptisch, aber dann zuckt sie mit den Schultern. Es sind nicht ihre Kinder, sie ist nicht für die Erziehung verantwortlich.

»Und was hast du vor?«

»Ich wollte eine Runde mit dem Fahrrad fahren. Und Blumen pflücken.«

Als Birgitta das Haus verlässt, spürt sie eine unendliche Freiheit in sich. Der Gedanke, dass alle Schulkameraden in dem staubigen Klassenzimmer sitzen müssen, erzeugt ein prickelndes Gefühl in ihrem Bauch. Sie schnappt sich ihr Fahrrad und fährt los. Beim Bahnhof biegt sie nach links Richtung Hyllstofta ab. Auf der Bank vor dem Bahnhof sitzen ein paar alte Männer und sehen ihr hinterher, als sie an ihnen vorbeisaust. Die einen erinnern sich nur verschwommen daran, die anderen messerscharf. Heute wird sie etwas tun, was sie sonst nie machen kann – sie wird ganz weit wegfahren. Der Wind ist kühl, er weht ihr durch die Haare und die Strickjacke. Aber sie wollte keine richtige Jacke anziehen, um das Gefühl nicht zu zerstören, dass bald Sommer ist. Links von ihr rast der Zug vorbei, vor dem tiefen, durchdringenden Geräusch der Dampfpeife gruselt sie sich nachts. Aber es ist taghell, und sie heult lachend mit dem Zug um die Wette und radelt wie wild neben ihm her.

Etwa eine halbe Stunde später hat sie das Feld mit dem Wollgras erreicht, das sich sanft im Wind wiegt. Birgitta legt ihr Fahrrad an den Straßenrand und läuft durch die hohen Gräser und streicht mit den Händen über die weißen Schöpfe. Mitten im Feld sucht sie sich ein Plätzchen und legt sich auf den Rücken. Über sich sieht sie nur blauen Himmel, vereinzelte Wölkchen und sich wiegendes Wollgras. Sie schließt die Augen, alles wird rot, weil die Sonne auf die Augenlider scheint. So bleibt sie eine Weile liegen, hört den nächsten Zug vorbeifahren. Der Boden ist noch feucht und kühl, die Kälte kriecht durch die Kleidung. Aber ihr Gesicht und der Bauch werden von der Sonne gewärmt. Schließlich steht sie wieder auf und fängt an, Wollgras zu pflücken. Den üppigen Strauß legt sie in ihren Fahrradkorb, er sieht aus wie ein dickes weißes Kaninchen, dann macht sie sich widerstrebend auf den Nachhauseweg.

Gegen fünf Uhr kommen Birgittas Eltern zurück. Margit schimpft Birgitta aus, weil sie mit dem Fahrrad nicht immer auf der richtigen Seite der Straße fährt.

»Ich mache mir einfach Sorgen!«, sagt Margit.

»Ich war vorsichtig!«, antwortet Birgitta verärgert. Dann zeigt sie auf den Strauß auf dem Küchentisch und lächelt ihre Mutter an. »Sind die nicht schön?« Margit nickt und erwidert ihr Lächeln.

Zum Abendessen gibt es Reste und zum Nachtisch Pfannkuchen mit Marmelade. Birgitta isst und isst. Pfannkuchen ist ihre Lieblingsspeise. Sie bleibt länger am Tisch sitzen als die anderen. Na, da hat jemand auf jeden Fall keine Bauchschmerzen mehr, sagen ihre Eltern und heben die Augenbrauen. Birgitta isst so viel, dass sie einen kugelrunden Bauch bekommt. Dann geht sie zu Cecilia in die Küche, die fragt, ob sie ihr beim Abtrocknen helfen will. Aber dazu hat Birgitta keine Lust. Sie geht ins Wohnzimmer, wo ihr Vater Zeitung liest.

»Wer ist heute eigentlich dran, Löwenzahn zu rupfen?«, fragt er.

Es wird still. Dann seufzt Birgitta ergeben und zuckt mit den Schultern.

»Ich gehe.«

Es ist ein wunderschöner, rosa schimmernder Abend, aber mit der untergehenden Sonne verschwindet auch die Wärme und erinnert einen daran, dass es Frühling und noch nicht Sommer ist. Birgitta rupft ein bisschen Löwenzahn und wirft ihn in einen Eimer. Als sie keine Lust mehr hat, schaukelt sie eine Runde. Dann hilft sie ihrer Mutter dabei, Feuerholz ins Haus zu tragen. Sie schwitzen, und ihre Wangen röten sich.

»Solltest du jetzt nicht ins Bett gehen?«, sagt Margit, als sie fertig sind. »Du hattest doch so schlimme Bauchschmerzen?«

Birgitta wird ärgerlich. Sie will noch draußen bleiben. Alle anderen dürfen schließlich auch noch auf sein. Sie zeigt auf die jüngeren Nachbarskinder, die auf der Straße spielen.

»Sogar Babys dürfen noch auf sein, Mama!«

Margit gibt nach.

Valdemar sitzt im Wohnzimmer, hört mit Eva auf dem Schoß die Nachrichten. Es ist kurz vor sieben. Birgitta kniet sich vor die beiden hin und nimmt Evas kleine, dicke Hand in ihre, bohrt ihre kalte Nasenspitze in die weiche, warme Wange der Kleinen, bringt sie zum Glucksen. Dann verabschiedet sie sich und kommt nie wieder zurück.

Am 19. Juli habe ich meine erste Wehe. Wir sind am Hafen und warten darauf, an Bord der Finnlandfähre *Amorella* zu gehen. Justus, Sam und meine Schwiegermutter. Wir sind letzte Nacht aus dem Urlaub zurückgekommen, zwei Wochen Korfu. Auf dieser Reise konnte ich nur Joghurt mit Honig und Nüssen zu mir nehmen, ab und zu einen Happen Moussaka. Einmal habe ich mich in einem Restaurant in einer Ecke versteckt und geweint, weil ich einfach keinen Bissen herunterbekommen habe. Einer der Kellner hat mich getröstet. Meine Schwester und ihre Tochter Maya haben uns begleitet. Ich lag auf der Liege am Strand und habe die beiden zusammen mit Justus und unserem Kind beobachtet. Sie sahen aus, als würden sie zusammengehören.

Wir wollen Justus' Familie besuchen. Sie haben ein Haus außerhalb von Turku. Die Schlange ist lang, alle wollen an Bord. Das stresst mich. Mein Bauch wird hart wie ein Stein. Ich kenne das nicht, bei Sam hatte ich keine Kontraktionen. Deshalb kann ich es auch nicht sofort zuordnen. Meine Tochter ist so groß wie ein Apfel, ihr Herz ist noch so klein, dass es jederzeit einfach aufhören könnte zu schlagen. Sie könnte aus mir herausfallen, ohne dass ich es bemerken würde.

Erst nach der zwanzigsten Woche geht es mir endlich besser. Nicht gut, aber ich bin kein Zombie mehr. Ich kann mit Justus und Sam zusammen am Tisch sitzen und Babyportionen von dem Essen zu mir nehmen, das ich nicht selbst zubereitet habe. Ich kann weder abwaschen noch staubsaugen, Wäsche waschen oder einzukaufen, aber ich versuche, so viel Zeit wie möglich mit ihnen zu verbringen. Ich bin als Mutter vollkommen nutzlos. Ich schäme mich für die

Unordnung und den Dreck in unserer Wohnung, und weil ich Sam nicht zum Kindergarten begleiten oder abholen kann.

Ich bade jeden Abend. Ich lasse eine Badebombe nach der anderen ins heiße Wasser fallen und sehe zu, wie sie zischend und sprudelnd wieder an die Oberfläche kommt. Es ist jedes Mal eine Überraschung, weil ich nicht weiß, was sie enthält. Eine verwandelt das Wasser in eine Galaxie.

Manchmal muss ich meine ganze Kraft aufbringen, um mich in die Stadt zu schleppen, zum Östermalmstorg und vorbei an der Sturegallerian bis zur Königlichen Bibliothek. Ich muss arbeiten. Meine Arbeit macht mir eigentlich Spaß, aber jetzt fühlt es sich an, als müsste ich jedes einzelne Wort aus mir herauspressen. Diese Schwangerschaft lässt mich verdummen. Meine Gedanken sind so zäh wie Karamell. Nur eine Sache treibt mich an, mich aufzuraffen. Und das ist Birgitta. Obwohl ich ein schlechtes Gewissen bekomme, erlaube ich mir, hier und da einen Artikel über ihren Fall zu lesen. Jede Minute, die ich so verbringe, bin ich von meiner Familie getrennt. Diese Energie und Fürsorge kann ich dann nicht meinem Sohn zuteilwerden lassen. Und trotzdem sitze ich im kalten Keller des Archivs und lese einen Artikel nach dem anderen.

Ich kann das Kind in mir spüren. Ab und zu fühlt es sich an, als würde sich etwas Großes in mir wälzen. Als wir bei der Ultraschalluntersuchung erfahren haben, dass es ein Mädchen wird, war ich so überglücklich und Sekunden später voller Schuldgefühle. Als Sam damals auf dem Weg war, musste ich mich erst einmal an den Gedanken gewöhnen, einen Jungen zu bekommen. Dann aber habe ich mich in dem Gefühl eingerichtet, was das für Vorteile hat. Es ist einfacher, ein Junge zu sein. Jungen dürfen dümmer und hässlicher sein, unordentlich herumlaufen und müssen nicht gut riechen. Das ist in Ordnung. Aber es ist oberflächlich und nicht so wichtig. Ein Mädchen zu sein, kann eine reelle Gefahr bedeuten, eine Gefahr, die ich nur zu gut kenne. Deshalb machte mein Herz da auf der Liege, den Bauch voller Ultraschallgel, einen Sprung, als die Hebamme sagte: »Ich sehe da eine kleine Vulva!« Vor Freude und Sorge zugleich. Denn ich weiß, dass es hungrige Raubtiere dort draußen gibt, die hinter den kleinen Mädchen her sind. Wie soll ich sie nur davor beschützen?

Wochen, Monate verstreichen. Ich liege nach wie vor jeden Tag in der Badewanne. Mein Bauch erhebt sich wie das gewaltige Himmelsgewölbe am Horizont. Ich streiche kreisförmig mit den Händen darüber, taste nach den Konturen unter der Haut. Sind das Knie? Oder der Po, eine Schulter? Ich versuche abzumessen, wie groß sie jetzt schon ist.

Auf dem kräftezehrenden Weg aus der Badewanne zieht sich meine Gebärmutter zusammen. Der Schmerz fährt mir in den Rücken. Kleine Panikblitze durchzucken mich. Diese Kontraktionen kommen in letzter Zeit immer häufiger vor, ich lasse eine Urinprobe nach der anderen untersuchen, um eine Harnwegsinfektion auszuschließen. Aber es ist alles in Ordnung. Ich trockne mich ab und creme mich mit Öl ein. Schließe die Augen und reibe mit den öligen Händen über den Bauch, der jetzt wieder weich geworden ist. Aber sie reagiert nicht wie sonst auf meine Berührungen. Ich werde nachdrücklicher, stoße mich in die Seite. Nichts. Wann habe ich sie eigentlich das letzte Mal gespürt? Gestern Abend? Abends ist sie lebhaft. Dann bewegen sich die Gliedmaßen unter der prallen Haut, streichen, drücken, schieben, wie eine Katze, die in einem Sack gefangen ist.

Nackt gehe ich in die Küche und trinke ein Glas kaltes Wasser. Dann spüre ich nach. Nichts. Keine Reaktion. Ich gieße mir ein zweites Glas ein, dann noch eins. Kaskaden von eiskaltem Wasser schütte ich über mein Kind, ohne die geringste Reaktion. Ich rufe meine Hebamme an. Sie hebt mit fröhlicher Stimme ab, und ich schildere ihr mein Anliegen und relativiere es gleich im selben Satz wieder. Das ist bestimmt nicht schlimm. Aber du machst dir Sorgen, sagt sie. Ja, *ein bisschen* schon. Ich lache nervös. Ihrer Meinung nach soll ich ins Krankenhaus fahren.

Damit meint sie die Entbindungsstation. Mein Herz schlägt schneller, ich lege auf und rüste mich wie ein Ritter vor einer Schlacht. Jetzt ist es an mir, mutig zu sein, eine Mutter zu sein. Ich werde nicht gleich Justus anrufen. Ich werde auch kein Taxi nehmen. Das schaffe ich ganz allein. Für die vierhundertfünfzig Meter zur Straßenbahn brauche ich fünfzehn Minuten. Hilflos sehe ich zu, wie mir zwei Bahnen vor der Nase wegfahren. In die dritte steige ich ein, sie ist praktisch leer.

Normalerweise braucht man für die Strecke zum Krankenhaus mit Straßenbahn und Zug etwa fünfundvierzig Minuten. Ich benötige doppelt so lange. In Årstaberg verpasse ich den Anschlusszug und muss auf den nächsten warten. Der Weg von der Haltestelle zum Krankenhaus ist lang, das Gebäude befindet sich in einem gigantischen Komplex. Größer als der Stadtteil Gamla Stan. Mit seinen unzähligen Fenstern sieht das Krankenhaus aus wie die Spinne, die einen aus ihren Tausenden schwarzen Augen anstarrt. Mir ist schwindelig und schlecht, als ich endlich den Eingang erreiche. Das passiert oft, wenn ich vergesse zu essen. Deshalb kaufe ich mir ein belegtes Brötchen im Kiosk und stopfe es so schnell in mich rein, dass es beim Schlucken wehtut.

Ich habe die Vorstellung, dass es auf der Entbindungsstation immer hektisch zugeht, aber als ich dort ankomme, ist es ganz still. Ich soll mich im Flur kurz hinsetzen, im Behandlungszimmer nebenan hört man leise, gedämpfte Stimmen. Ab und zu erhebt sich ein helles Lachen, wie eine schlanke Kiefer aus weichem grünem Moos. Ich sitze vollkommen reglos auf einem Stuhl und warte. Die Tränen laufen mir übers Gesicht, eine junge, blonde Krankenschwester bringt mir ein Taschentuch. Sie sind gleich dran, beruhigt sie mich. Ich würde am liebsten die Frau im Zimmer hinter mir anschreien, dass sie mit dem Lachen aufhören und endlich nach Hause gehen soll. Ihr scheint es ja offensichtlich hervorragend zu gehen.

Die Hebamme, die mich behandelt, hat stahlgraue Haare, muskulöse Arme und trägt eine Hornbrille. Ich schmelze unter ihren tatkräftigen Händen dahin. Wenn ich schwanger bin, werde ich selbst zum Kind. Kaum liege ich auf der Liege, laufen mir die Tränen und tropfen auf das beige Papier unter mir. Ich ziehe meinen Pullover hoch, und sie bereitet den Apparat vor, mit dem sie den Herzschlag des Kindes abhört. Meine Nervosität ist verflogen, ich bin jetzt voller Selbstmitleid und erleichtert, dass es gleich vorbei sein wird. Sie lauscht. Verändert die Position des Sensors, lauscht erneut. Tastet meinen Bauch ab, verändert die Position erneut.

»Ich glaube, sie liegt auf dieser Seite«, versuche ich zu helfen.

Sie drückt und lauscht. Und drückt und lauscht. Ich versuche, ihren Gesichtsausdruck zu deuten. Fast unmerklich holt sie Luft und hält sie an, bevor sie es ausspricht.

»Ich kann den Herzschlag nicht hören.«

Ich wusste es. Irgendwo tief in mir wusste ich, dass ich sie nicht behalten darf. Ich falle, falle ins Bodenlose, durch das Papier, auf dem ich liege, durch die Liege, den Linoleumboden, die weiche Erde, das Gestein, bis ins Erdinnere. Ich begebe mich an die Tore des Hades, um nach ihr zu suchen. Wie Demeter nach ihrer Tochter Persephone. Wie Demeter weigere ich mich, den Tod zu akzeptieren. Es ist menschlich, dass man Hades verbieten will, einem einen geliebten Menschen zu nehmen. Mein blindes, stolperndes Herumtasten wird unterbrochen von einem Geräusch. Einem vertrauten Geräusch, zischend, rhythmisch. Wie Wasser, das sehr schnell über Kies fließt. Die Hebamme erklärt mir, meine Kleine habe so gelegen, dass sie den Herzschlag schwer hören konnte, aber jetzt hört sie ihn, und er klingt ganz normal. Ich verstehe ihre Worte kaum, aber mein Körper nimmt sie im Takt mit dem rhythmischen Laut auf. Mein geliebtes Kind. Mein geliebtes Herz. Verlass mich nie.

Meine Wagen brennen, als ich mich auf den Heimweg mache. Ich schäme mich für meine Angst. Es ist peinlich, so eine zu sein wie ich. Eine, die sich Sorgen macht.

Birgitta will mit ihrem Fahrrad fahren, aber es ist weg. Karl muss es genommen haben. Sie geht rüber zu den Bloms und klopft. Herr Blom öffnet die Tür und Birgitta macht einen Knicks.

»Darf Lilian mit zum Sportplatz kommen? Ich muss mein Fahrrad dort abholen.«

Bevor er antworten kann, ruft seine Frau aus einem der hinteren Zimmer, dass Lilian jetzt badet. Birgitta knickst erneut und macht sich auf den Weg. Herr Blom sieht ihr schweigend hinterher, dann schließt er die Tür.

Birgitta läuft langsam und in Schlangenlinien den Gustavsborgsvägen hinunter, als sie Fräulein Petrén auf der Straße entdeckt. Sie hat ein geblümtes Kleid an, was etwas Besonderes ist, denn in der Schule trägt sie immer nur Schwarz. Vor ein paar Tagen saß Birgitta im Klassenzimmer und betrachtete den durch die schwüle Luft tanzenden Staub, während das Fräulein über Flora und Fauna sprach. Dann nahm sie den Stab mit dem Haken an der Spitze und zog eine Schautafel herunter. Birgitta verschlug es den Atem, als sie die rosa Zapfen des Lärchenbaums sah.

»Die Lärche blüht im Mai und Juni und bekommt diese hübschen Zapfen«, erzählte das Fräulein.

Sie sehen aus wie Paradiesblumen, fand Birgitta.

Ihre Holzschuhe klappern, sodass ihre Beine zittern, als sie losrennt, um Fräulein Petrén einzuholen, die mit schnellen Schritten auf dem Weg in die Stadt ist. Birgitta ist außer Atem, als sie ihre Lehrerin einholt und vor ihr stehen bleibt.

»Guten Tag, Fräulein Petrén, wissen Sie, wo diese Vogelbäume wachsen?«, fragt sie.

Fräulein Petrén legt Birgitta eine Hand auf die Schulter, schiebt sie an den Straßenrand und sieht sie streng an.

»Ich dachte, du bist heute zu Hause geblieben, weil du Bauchschmerzen hast.«

Birgitta wird rot und tritt verlegen gegen einen Stein.

»Das stimmt. Aber mir geht es wieder besser.«

Abschätzend mustert die Lehrerin sie, um den Wahrheitsgehalt ihrer Worte zu überprüfen. Da sie aber zu keinem Ergebnis kommt, beschließt sie, dass ihr der Feierabend wichtiger ist, als ihren Schülern irgendwelche Verbote zu erteilen. Das muss sie schon während ihrer Arbeitszeit machen.

»Meinst du die Lärchen?«

Birgitta sieht sie verwirrt an, ehe sie antwortet.

»Ja, stimmt, die meine ich.«

Das Fräulein lächelt.

»Tatsächlich stehen ein paar hinter dem alten Sportplatz.«

Birgitta macht erneut einen Kicks und stürmt die Straße hinunter, biegt nach links ab, vorbei an dem neuen Sportplatz bis zum alten Sportplatz direkt am Waldrand. Es ist ein dichter Wald, in dem man sich leicht verlaufen kann. Keines der Kinder mag allein dorthin gehen. Die Tannen stehen eng und dunkel nebeneinander, der Boden ist uneben. Am Eingang stehen zwei Jungs, die Birgitta kennt. Der eine ist der älteste Junge der Nachbarsfamilie, Åke Blom, der andere ein Freund von Karl. Mit gerunzelter Stirn läuft sie zu ihnen.

»Wo ist Karl?«, fragt sie.

Karl sei losgefahren, um Åkes Fußball zu holen, erzählen sie ihr lässig und drehen ihr den Rücken zu. Kurz darauf kommt Karl auf Birgittas Fahrrad angesaust, als hätte er nichts Verbotenes getan. Birgitta will ihr Fahrrad zurückhaben, aber er bittet sie, es sich ausleihen zu dürfen, weil er so lange wie möglich Fußball spielen will.

»Ich muss schon um halb acht zu Hause sein.«

Birgitta murmelt, dass auch sie um diese Uhrzeit zu Hause sein muss. Sie schabt mit dem Fuß im Kies und gibt schließlich nach, wie es kleine Schwestern eben tun. Unschlüssig bleibt sie eine Weile am Eingang stehen. Jetzt schon nach Hause zu gehen, käme einer Niederlage gleich, sie sieht den Jungen beim Torwarttraining zu. Sie spielt oft mit den Jungen, kann schnell laufen und spielt gern Fangen. Aber beim Fußball sind Mädchen nicht mit von der Partie. Sie legt den Kopf in den Nacken, die hohen Tannen wiegen sich im Wind. Es ist windig geworden. Da kommt Bengt Sommer, er ist vierzehn Jahre alt. Karl ist mit seinem kleinen Bruder Axel befreundet, obwohl Bengts Vater in der Fabrik an der Kunststoffpresse arbeitet und Toilettensitze herstellt. Bengt lehnt sich mit dem Rücken gegen den Zaun. Einer der anderen Jungen fragt ihn, ob er mitspielen will, aber Bengt verneint, er müsse bald nach Hause zum Essen. Birgitta macht sich auf den Weg zum neuen Sportplatz, wirft einen letzten Blick über die Schulter.

Auf einmal kommt ein Junge angerannt, der seinen kleinen Bruder in einem Karren hinter sich herzieht.

»Åke!«, ruft er. »Sonja will ihr Fahrrad zurückhaben!«

Sonja ist das Kindermädchen der Familie Blom und musste auch feststellen, dass jemand unerlaubt ihr Fahrrad genommen hatte. Åke schnappt sich das Fahrrad und geht auf Sonja zu, seine Wangen leuchten, und seine Haare stehen ab. Irritiert nimmt Sonja das Fahrrad.

»Warum hast du es mir nicht zurückgebracht?«

Ohne auf eine Antwort zu warten, dreht sie sich um und läuft los, um Birgitta einzuholen, die langsam und scheinbar ziellos die Straße hinunterschlendert.

»Soll ich dich nach Hause begleiten?«, fragt Sonja. »Du kannst dich hinten draufsetzen, wenn du willst.«

Sie nähern sich dem neuen Sportplatz, an dem eine Gruppe von Jungen steht, die lachen und grölen.

»Nein, ich bleibe noch. Fahr ruhig schon los«, antwortet Birgitta kurz angebunden, den Blick zu Boden gesenkt.

Sonja kennt das Nachbarsmädchen ziemlich gut, weil es oft mit den Kindern ihres Arbeitgebers spielt. Außerdem ist Sonja mit Cecilia befreundet, dem Kindermädchen der Familie Sivander. Sie sind siebzehn und gleich alt. Birgittas Tonfall verwundert Sonja. Ihr Verhalten ist ungewöhnlich feindselig. Sonja sieht das Mädchen von der Seite an. Ihr Kopf ist gesenkt, ihre Lippen aufeinandergepresst. Ihre Körpersprache signalisiert, dass sie allein gelassen werden will. Sonja lässt sich zurückfallen und hebt fragend die Augenbrauen. Ein Junge in schwarzen Knickerbockern und Stoffschuhen rennt an ihnen vorbei und läuft zu der Umkleidekabine neben dem neuen Sportplatz. Es ist Bengt Sommer. Birgitta und er sehen sich an, Bengt lächelt, sie erwidert das Lächeln.

»Ach so, seinetwegen willst du also noch länger draußen bleiben?«, neckt Sonja sie, um die Stimmung aufzulockern.

»Du bist so dumm, Sonja«, sagt Birgitta wütend.

Sie haben den Eingang zum neuen Sportplatz passiert, als ihnen ein Mann in einem dunklen Anzug auf dem Fahrrad entgegenkommt. Es ist Karls Fußballtrainer, Edvin Oskarsson.

»Pass auf!«, ruft Sonja Birgitta zu, aber in diesem Augenblick dreht sich Birgitta um und geht denselben Weg zurück, den sie gerade gekommen ist. Am Eingang zum neuen Sportplatz, durch den Bengt gerade gelaufen und Edvin Oskarsson gefahren ist, bleibt sie unschlüssig stehen.

Auf dem Sportplatz tummeln sich ein paar Jungs, die Speerwurf üben, weiter hinten recht ein Mann die Bahnen. Sonja findet es unangemessen, das Mädchen allein zurückzulassen. Sie sieht sich um, ob noch andere Frauen oder Mädchen in der Nähe sind. Aber sie sieht niemanden. Es ist kurz vor halb acht, die Sonne ist noch nicht untergegangen. Sie weiß, dass die Kinder der Familie Sivander bis spätestens halb acht zu Hause sein sollen. Birgitta macht sich bestimmt bald auf den Nachhauseweg, denkt Sonja, zuckt mit den Schultern und steigt aufs Rad, um zu ihrer Familie in den Nachbarort zu fahren.

Zurück bleibt Birgitta. Ihr Gesichtsausdruck ist entschlossen und ernst. Der Wind hat zugenommen, er bläst ihr die Haare ins Gesicht. Sie dreht sich um und macht einen zögerlichen Schritt auf den dunklen Wald zu. Dann verliert sich ihre Spur.

Es ist das Jahr 1948. Kinder und Jugendliche hatten auch schon damals kein Zeitgefühl. Menschen irren sich, erinnern sich falsch. Erwachsene werfen vielleicht einen Blick auf die Bahnhofsuhr, die Kindermädchen stellen ihre Wecker nach dem Radio oder den Fabriksirenen, die morgens und abends ertönen, Uhren im Allgemeinen gehen vor oder nach. Einige stellen ihre Uhren ein paar Minuten vor, um morgens rechtzeitig aufzustehen und trotzdem das Gefühl zu haben, ausgeschlafen zu sein. Dann aber vergessen sie wieder, dass sie es getan haben.

Nimmt man den Durchschnitt von allen Zeitangaben, die bezüglich Birgittas Verschwinden gemacht wurden, landet man bei halb acht Uhr abends. Diese Uhrzeit dient der Polizei als Zeitpunkt, an dem Birgitta das letzte Mal lebend gesehen wurde. Da aber die Zeugen, mit wenigen Ausnahmen, über kein gutes Zeitgefühl verfügten, ist es fast unmöglich festzustellen, wer genug Zeit gehabt hätte, Birgitta zu ermorden.

Ich gebe Birgittas Namen in die Suchmaske ein und lande auf einer Seite, die sich mit ungeklärten Mordfällen in Schweden beschäftigt. Über ihren Fall stehen dort exakt fünf Zeilen. Und ein Kommentar.

Die Angaben auf dieser Seite stimmen überhaupt nicht.
Ich weiß das, WEIL ICH BIRGITTAS GROSSER BRUDER *bin.*
Meldet euch bei mir, wenn ihr mehr erfahren wollt.
Mit freundlichen Grüßen
Karl Sivander

Dieser Eintrag ist fast vier Jahre alt. Im Handumdrehen habe ich Karls Adresse herausgefunden. Von Birgittas großem Bruder. Ein paar Tage später schreibe ich seine Adresse auf einen Briefumschlag. Ich finde es höflicher und respektvoller, ihm einen Brief zu schreiben. Nachdem ich wochenlang an seinem Inhalt gefeilt habe, bin ich endlich bereit, ihn abzuschicken. Ich unterschreibe ihn und füge meinen Namen, meine Anschrift, Telefonnummer und Mailadresse hinzu.

Ich muss nicht lange auf Karls Antwort warten. Er schreibt mir eine Mail. Sie beginnt mit einer Abschrift meines Briefes, und er hat ein vierseitiges Worddokument angehängt. Es ist eine Zusammenfassung, in der es um seine Familiengeschichte, den Mord und die Zeit unmittelbar danach geht. Ich antworte ihm und frage ihn, ob er bereit wäre, mich zu treffen. Ich nehme mir selbst das Versprechen ab, dass ich die Sache für immer ruhen lassen werde, wenn er nicht zustimmt, und hoffe innerlich, dass er ablehnt. Aber das tut er nicht.

Ich empfange Sie herzlich mit offenen Armen.
Sagen Sie, wann es Ihnen passt, ich lade Sie auf einen Kaffee und eine Scheibe Brot ein.
Mit freundlichen Grüßen
Karl

Herzlich und mit offenen Armen erwartet er mich.

In den Ermittlungsakten habe ich ein Blatt Papier gefunden. Es ist im Laufe der Jahrzehnte braun geworden. Darauf steht in schwarzer Tinte:

Achtung! Der Name des Jungen darf nicht preisgegeben werden.

Der Junge, auf den sich diese Notiz bezieht, ist der Hauptverdächtige. Wenn man Birgittas Namen im Katalog der Königlichen Bibliothek nachschlägt, findet man neunundneunzig Einträge. In keinem wird der Name des Jungen erwähnt. Als ich die Notiz das erste Mal lese, zieht sich in mir alles zusammen. Bengt Sommer. Zu meiner Überraschung finde ich heraus, dass er noch lebt. Ich brauche noch länger, bis ich den Brief an ihn losschicke. Ich versuche, unvoreingenommen und offen zu klingen, aus Angst, ihn zu vergraulen. Aber auch aus anderen Gründen.

Bis heute habe ich keine Antwort erhalten.

Justus und ich fahren Anfang Oktober nach Göteborg. Wir kommen erst gegen halb elf Uhr abends an. Die Pension ist in einem alten Schiff untergebracht, in der herbstlichen Dunkelheit ein beeindruckender Anblick. Wir beziehen unsere winzige Kabine tief unten im Schiff. Man vergisst, dass man auf einem Schiff ist, es schaukelt nicht. Und es gibt keine Fenster. Da ich es gewohnt bin, mich schon um neun Uhr abends hinzulegen, falle ich wie erschlagen ins Bett und schlafe tief und traumlos durch. Nach dem Frühstück am Buffet brechen wir auf. Es regnet in Strömen, und ich kaufe einen Regenschirm in einem Laden am Hafen, der sich auf Regenwetter spezialisiert hat. Der Laden heißt Plums! Und auf der Quittung steht *Mach dir bloß keinen Kopf im regnerischen Göteborg!* Der Regenschirm ist teuer, ich komme mir so mondän vor, wenn ich ihn aufspanne. Ich mache noch Witze, dass er mir bestimmt gestohlen wird oder ich ihn irgendwo liegen lasse. Und das passiert zwei Wochen später auch. Wir gehen ein bisschen shoppen und essen zu Mittag in der Stadt, bevor wir in den Bus steigen und zu Karl fahren. Als wir aussteigen, rufe ich ihn an.

Seine Stimme klingt wie ein tiefes Gurgeln, das ganz unten in seiner Brust beginnt und immer höher steigt.

»Ja-a-a, Karl hier.«

Ich bin überrascht, dass er weder Schonisch noch Göteborger Dialekt spricht, sondern eher wie jemand aus Stockholm. Er begrüßt uns am Gartentor in Begleitung seines kleinen schwarzen Pudels. Am Himmel hängen schwere graue Regenwolken. Karl sieht viel jünger aus als zweiundachtzig. Wir geben uns die Hand und plaudern ein wenig, während er uns zu seinem Haus führt, das auf einer kleinen Anhöhe steht. Beim Gehen schwanke ich hin und her und atme schwer. Mein Bauch ist schon ziemlich groß, ich bin in der dreißigsten Woche. Während ich keuche und versuche zu lächeln, erzählt mir Karl, dass er eigentlich nicht mehr mit Journalisten sprechen wollte. Das kann ich gut verstehen, und ich bekomme Schuldgefühle, weil ich ihn kontaktiert habe. Seine Familie wurde damals, 1948, von der Presse wie Tiere gejagt. Warum tue ich das? Ist das moralisch überhaupt vertretbar? Mir wurde mein Leben lang eingetrichtert, dass es am wichtigsten ist, ein guter Mensch zu sein. Es ist nicht das erste Mal, dass ich zwischen Eigennutz und Tugend jongliere. Karl entschuldigt sich, dass er uns gar nichts anbieten kann, aber dann stellt sich heraus, dass er sowohl Kaffee als auch Kuchen mit Schlagsahne hat. Den hat seine Frau gebacken, bevor sie verreist ist. Ich kann leider keinen Kaffee trinken, weil mir davon schlecht wird. Ich nehme ein Glas Wasser.

Karl führt uns ins Wohnzimmer und erzählt uns von Erik, seinem kleinen Bruder. Über ihn weiß ich so gut wie nichts, und da ich im Netz nichts über ihn gefunden habe, bin ich davon ausgegangen, dass er schon gestorben ist. Bei meinen Recherchen bin ich nur auf ein einziges Foto von ihm gestoßen. Auf einer Seite wurden Aufnahmen aus dem Archiv der Tageszeitung *Svenska Dagbladet* zum Verkauf angeboten. Das eine Foto, von Birgitta, war die Aufnahme, die damals in allen Zeitungen abgedruckt wurde. Die beiden anderen stammten von ihrer Beerdigung, und für hundertachtzig Kronen bekam ich alle drei.

Auf dem einen Foto von der Beerdigung sieht man sechs Mädchen mit ernsten Gesichtern, die Birgittas Sarg tragen. Sie haben weiße Kleider, Kniestrümpfe und Schuhe an. Und große Schleifen im Haar. Auf dem anderen sieht man die trauernde Familie. Der kleine Junge auf der linken Seite, auch er in Weiß gekleidet und mit verstörtem Gesichtsausdruck, ist Erik. Sein Vater hat seine Hand genommen, in der anderen hält er einen Strauß Maiglöckchen. Birgittas Eltern und Harald, der Großvater mütterlicherseits, wirken wie eine geschlossene Einheit. Sie schauen zwar in unterschiedliche Richtungen, und ihre Gesichter drücken unterschiedliche Gefühle aus, aber die Männer haben Margit in der Mitte untergehakt, als wäre sie eine wunderschöne, große Vase mit zwei Henkeln. Sie trägt dramatischen Trauerflor und hat den Kopf zur Seite gedreht, als wäre sie mitten in einem filmreifen Augenblick fotografiert worden. Valdemar und sein Schwiegervater tragen beide hohe Hüte, Valdemar wirkt erschöpft und traurig. Auf der anderen Seite steht Karl. Ihn hält niemand an der Hand. Beide Brüder tragen Weiß und stehen getrennt voneinander am Rand der Szene. Warum ich die Aufnahmen gekauft habe, kann ich nicht erklären. Sie liegen zu Hause in meiner Schreibtischschublade, weil ich nicht weiß, was ich mit ihnen anfangen soll. Jetzt muss ich wieder an sie denken, als ich mit Karl zusammensitze. Und ich schäme mich. Es fühlt sich an, als hätte ich ihm etwas gestohlen.

»Erik ist krank geworden«, sagt Karl.

Er ist immer ein guter Schüler gewesen, hatte gute Noten, aber am Ende brachte ihn eine mündliche Prüfung zu Fall. Eine Prüfung lief nicht gut, und er konnte den Abschluss nicht machen. Dann ging es bergab mit ihm. In meiner Vorstellung ist Erik ein Kind, das seine Eltern stolz machen will und sich sehr anstrengt. Als das nicht funktioniert, nicht genügt, verliert er den Halt und stürzt ab. Karl erzählt uns Bruchstücke aus seiner Erinnerung: Als Erik sich ein Paar neue Hosen kaufen soll, versteift er sich im Laden auf ein bestimmtes Exemplar. Er ist so darauf fixiert, dass er die ganze Nacht mit seiner Mutter über dieses Paar Hosen redet. Er wird daraufhin nach Lund gebracht und dort behandelt. Während seines Aufenthaltes lernt er eine Krankenschwester kennen, und sie verlieben sich. Sie bekommen eine Tochter. Am Tag nach ihrem sechsten Geburtstag legt sich Erik in die Badewanne und bringt sich um.

Karl geht in den Keller und kommt mit einem verstaubten Gemälde zurück. Der Künstler hat Birgitta von dem Foto abgemalt, das damals in der Tageszeitung veröffentlicht wurde. Sie trägt ein weißes Kleid mit Puffärmeln und rundem Kragen, in ihrem für diese Zeit typischen, gerade geschnittenen Bob steckt an der Seite eine große Schleife. Sie sieht exakt so aus wie die Mädchen, die ihren Sarg getragen haben. Ist das ein Zufall? Es wirkt wie eine kollektive Uniform für Mädchen.

Karl erzählt, dass dieses Gemälde etwas Besonderes ist, weil sich darunter ein Foto befindet. Er hat es einem Museum auf Åland versprochen, das auf solche Porträts spezialisiert ist. Das Museum steht in engem Kontakt mit Rosengrens Fotostudio in Perstorp, in dem das Foto von Birgitta damals aufgenommen wurde. Ob ihn das traurig mache, das Gemälde wegzugeben? Er verneint.

»Verstehen Sie das bitte nicht falsch, ich will Birgitta nicht vergessen«, sagt er. »Aber hier steht es nur herum und verstaubt.«

Wir gehen mit dem Bild vor die Tür, damit ich im Tageslicht ein Foto davon machen kann. Der Himmel ist grau, die Luft voller Wassertröpfchen. Karl hält das Gemälde hoch, und ich fotografiere es.

»Trifft es Birgitta gut?«, frage ich ihn. »Sah sie so aus?«

»Ja«, antwortet Karl. »So sah sie aus.«

Ich betrachte es eingehend. Das Porträt ähnelt dem Foto sehr, schließlich befindet es sich auch direkt darunter. Und trotzdem habe ich das Gefühl, dass noch etwas hinzugefügt wurde. Die Birgitta auf der Leinwand sieht älter aus, und ihr Blick hat eine Schwere und zugleich eine Entschlossenheit. Soweit ich verstanden habe, war sie kein angepasstes und unterwürfiges Kind. Ich stelle sie mir als die Anführerin einer Gruppe vor, die keine Angst hat, laut zu werden. Vielleicht hat sie den anderen Mädchen in einer Ecke des Schulhofs das Fluchen beigebracht. Ich frage mich, ob ich ihr damit unrecht tue, wenn ich sie wie ein leeres Gefäß behandele, in das ich meine eigenen Ideale und Vorstellungen fülle.

Während des eigentlichen Interviews ist Karl sehr redselig. Wenn wir ein schmerzvolles Thema berühren, huscht ein Schatten über sein Gesicht, und es wirkt für einen Moment alterslos. Dann sehe ich wieder den Jungen von Birgittas Beerdigung vor mir. Dasselbe geschieht, als ich ihn bitte, mir Birgitta als Mensch zu beschreiben. Er sucht nach den richtigen Worten, verliert sich in Erinnerungen. Ich kann ihm ansehen, wie sie wachsen, sich in einem Tornado sammeln und verschwinden.

Die Abendsonne scheint zwischen den schmächtigen Bäumen nördlich vom Ybbarpsvägen hindurch, als Elin Sjöberg vor die Tür geht, um ihr Gemüsebeet umzugraben. Es ist der Abend, an dem Birgitta verschwindet. Kaum öffnet sie die Tür, fängt ihr Hund, ein Bernhardiner, an zu bellen. Er ist draußen angekettet und bellt wie ein Verrückter in Richtung Wald, wo der Bach Ybbarpsån entlangfließt. Elin runzelt die Stirn, der Hund ist sonst immer freundlich und friedlich. Jetzt aber hat er seine Rute gesenkt, und seine ansonsten gutmütigen Augen starren in den Wald und sind so weit aufgerissen, dass man das Weiße sehen kann. Der Hund macht einen Satz, wird aber von seiner Leine zurückgehalten. Verzweifelt und wütend reißt und zerrt er daran, stranguliert sich fast. Elin wirft ihrem Mann, der zu ihr nach draußen gekommen ist, einen fragenden Blick zu.

»Ich bringe sie ins Haus«, sagt er.

Mit vereinten Kräften gelingt es ihnen, die aufgebrachte Hündin ins Haus zu zerren. Was ist bloß los mit ihr? Sie beruhigt sich nicht. Im Gegenteil, bellend springt sie immer wieder am Fenster hoch, will unbedingt nach draußen. Elin geht hinaus zum Gemüsebeet.

Es liegt etwa fünfundzwanzig Meter vom Haus entfernt. Sie wird vom unaufhörlichen Bellen des Hundes begleitet. Etwa eine Viertelstunde später hat sie die Hälfte des Beetes umgegraben und gönnt sich eine kleine Pause, um sich den Schweiß von der Stirn zu wischen. Als sie den Blick hebt, sieht sie etwas Sonderbares. Etwas Unerwartetes. Die letzten Sonnenstrahlen treffen auf die kleine Birkenlichtung am Bach. Ein Mann geht zwischen den Bäumen entlang. Er ist fast nackt – das Einzige, was er trägt, sieht aus wie eine schwarze Badehose. Auf dem Kopf hat er eine dunkle Baskenmütze, oder es sind seine dunklen Haare. Sie schaut ihm nur kurz hinterher, ehe sie mit ihrer Arbeit fortfährt. Als sie ins Haus zurückkehrt, bellt ihr Hund immer noch.

»Welcher Verrückte nimmt so spät am Tag noch ein Sonnenbad?«, fragt sie.

Aber ihr Mann hat den Fremden gar nicht gesehen. Der Hund beruhigt sich erst gegen neun Uhr abends.

Mimmi holt mich mit dem Auto ihrer Schwiegermutter ab. Sie soll in ein paar Monaten die Patentante meiner Tochter werden. Und dieses Wochenende ist der maßgebliche Auslöser. Wir sind gute Freundinnen gewesen und werden danach enge Freundinnen sein. So wie Menschen, die gemeinsam etwas Traumatisches erlebt haben, was sie für immer zusammenschweißt. Sie fährt mich nach Perstorp. Ich habe keinen Führerschein, außerdem kann man mit Mimmi großartige Ausflüge machen. Sie liebt es, sich den Alltag zu versüßen, und ist schnell zu begeistern.

Sam war noch ziemlich klein, als wir einen Ausflug zur Kyrkogårdsön in den Stockholmer Schären unternahmen. Dort gibt es einen alten Friedhof. Pack deinen Badeanzug ein, sagte sie. Sie hatte Cava dabei und richtige Gläser, Decken und Essen. Wir saßen in der Sonne und tranken, bis wir innerlich warm und weich waren. Dann kletterten wir auf eine verwilderte Anhöhe und setzten uns auf einen Stein. Unter uns Hunderte vor langer Zeit verstorbene Seeleute und Opfer der Cholera. Mit geschlossenen Augen blieben wir sitzen und schwiegen.

Später saßen wir im Biergarten der einzigen Pension auf der Insel und hörten, wie eine Mutter nach ihrem Kind rief. Ihre Stimme war gellend und wurde immer schriller, immer verzweifelter. Zu ihrer Stimme gesellte sich die eines Mannes. Und es kamen immer mehr dazu. Die Frau stapfte mit großen Schritten durch den Biergarten und sah sich um. Sie suchte ihre Tochter. Auf der Insel befindet sich ein großes Fort, das man besichtigen kann. Seine Gänge und Räume liegen unter der Erde, die Gefahr zu stürzen ist groß. Wir beteiligten uns an der Suche, rannten durch das Fort, riefen ihren Namen. Ich erinnere mich, dass ich in die Sonne lief, die stark und weiß war, und plötzlich an einem Graben stand. Mein Herzschlag fühlte sich metallisch an. Ich sah alles genau vor mir – ein kleiner Körper, reglos und mit merkwürdig verdrehten Gliedmaßen. Aber als ich hinuntersah, war da nichts. Kurz darauf hat man das Kind gefunden. Später sah ich die Familie an einem Picknicktisch sitzen, bevor wir die Fähre nahmen. Sie aßen, als wäre nichts geschehen. Aber in einem Paralleluniversum hat das Mädchen vielleicht im Graben gelegen, mit gebrochenen Augen, während die Wellen über sie schwappten.

Es ist Spätherbst, und ich bin hochschwanger. Wir sind insgesamt zwei Nächte unterwegs, und ich bin ein bisschen nervös. Was mache ich, wenn die Geburt schon früher einsetzt? Außerdem habe ich das unheimliche Gefühl, dass ich eine dunkle Kraft in meinen Körper einlade, zu meinem Baby. Dass ich meine Tochter etwas Schrecklichem aussetze. Aber das Gefühl verfliegt schnell, weil wir eine großartige Zeit zusammen haben. Unsere erste Station ist das Hotel Gyllene Uttern nördlich von Jönköping am Vätternsee, das in den Fünfzigern ein beliebter Ort für Hochzeiten war. Im Keller ist deshalb eine Kapelle. In dem großen hoteleigenen Restaurant mit Blick auf den See sind wir beim Mittagessen fast allein. Nach dem Kaffee setzen wir uns wieder in den Wagen und fahren weiter.

Gegen Abend checken wir im Hotel Slotsvillan in Huskvarna ein. Dort erzählt mir Mimmi von ihrer Kindheit, zeigt mir, wo sie gewohnt hat. Später legen wir uns Tarotkarten. Ich ziehe den Turm, was mich traurig macht. Auf der Karte ist es Nacht, der Turm steht auf einem zerklüfteten Felsen, und ein Blitz hat in ihn eingeschlagen. Die Königskrone wird von seiner Spitze geschlagen, aus drei Fenstern lecken die Flammen, und zwei Menschen stürzen kopfüber zu Boden. Die Karte steht für Chaos und verkündet eine bevorstehende Katastrophe.

»Aber man kann sie auch so lesen, dass erst etwas Altes aus dem Weg geschafft werden muss, damit Platz für Neues ist«, sagt Mimmi und legt ihre Hand beruhigend auf meine.

Am nächsten Tag kommen wir in Perstorp später an als geplant. Ich bin erleichtert, dass wir endlich da sind. Wir sehen schöne alte Häuser, viel Grün. Es regnet, sanft und lebensspendend. Aber wir sind reingelegt worden. Das hier ist nicht Perstorp, diese Siedlung gehört zum Umland und konnte sich den Hauch von Romantik bewahren, im Gegensatz zum Zentrum mit seiner Industrie. Als wir den eigentlichen Stadtkern erreichen, ist die Stimmung eine vollkommen andere. Der Regen hat zugenommen. Viele Häuser sind verlassen, die Fenster verrammelt. Ein Vater zerrt sein Kind hinter sich her, zwei Frauen streiten auf dem Weg über den Parkplatz vor dem Supermarkt. Wir fahren durchs Zentrum und fühlen uns wie zwei komische Vögel mit Playlist und Luftbefeuchter im Auto.

Ich habe mich erkundigt und neue und alte Landkarten miteinander verglichen und kann Mimmi zum Sportplatz leiten. Der neue Sportplatz, wie er in den Ermittlungsakten bezeichnet wird, existiert noch. Allerdings ist er ziemlich heruntergekommen. Aus dem alten Sportplatz ist ein Parkplatz geworden. Es regnet jetzt ungewöhnlich stark. Der Regen prasselt laut und durchdringend aufs Dach und gegen die Fenster.

Die Leute hier sind misstrauisch. Das wird uns bewusst, als die Autos plötzlich abbremsen. Einer fährt ganz langsam an uns vorbei und parkt ein Stück weiter. Aber es steigt niemand aus. Das macht uns Angst.

»Wollen wir wirklich …?«, fragt Mimmi.

Obwohl wir diesen weiten Weg gefahren sind und die Stadt das eigentliche Ziel der Reise ist, zögern wir. Sollen wir bei diesem Unwetter überhaupt aus dem Auto steigen?

»Du kannst gerne hierbleiben«, sage ich schließlich.

Ich muss aussteigen, obwohl alles in mir Nein schreit. Ich streife mir meinen Regenponcho über und versuche, ihn im Auto zuzuknöpfen. Ich bin so schwerfällig, mein Bauch ist groß und rund und meine Beine unterm Handschuhfach eingeklemmt. Ich wälze mich aus dem Wagen und ziehe mir die Kapuze über den Kopf.

Es ist Viertel vor acht. Valdemar hat Schrott weggefahren und auf dem Rückweg den Förster getroffen, mit dem er sich eine Weile unterhalten hat. Als er das Grundstück betritt, kommt ihm Margit entgegen.

»Der Rasen ist voller Maulwurfshügel«, sagt sie und wirft die Arme in die Luft.

Sie besprechen, was sie dagegen unternehmen wollen, als Karl seinen Kopf aus seinem Zimmerfenster im ersten Stock streckt.

»Ist Birgitta noch nicht da?«, ruft er seinen Eltern zu.

Margit schüttelt den Kopf.

»Merkwürdig!«, sagt Karl. »Ich war bis gerade eben beim Sportplatz, und sie ist vor mir gegangen.«

Margit bittet ihn, noch einmal mit dem Rad loszufahren und Birgitta zu suchen. Karl springt die Treppe hinunter, schnappt sich das Fahrrad und klingelt fröhlich, bevor er losfährt. Auf dem Weg trifft er seinen Freund Åke und fragt ihn, ob er seine Schwester gesehen hätte. Nein, hat er nicht. Karl bleibt bei ihm stehen und vergisst den Grund, warum er aufgebrochen ist. Es ist noch hell draußen, die Kinder spielen, und niemand macht sich Sorgen.

Valdemar schaltet das Radio ein, es wird ein Sportquiz gesendet. Das Programm geht bis acht Uhr, dann wird es für ihn Zeit, zur Nachtschicht in die Fabrik zu radeln. Sein Weg führt ihn am Sportplatz vorbei. Er sieht sich suchend nach Birgitta um, aber dort sind nur zwei Männer, die den Platz rechen. Er vernimmt Kinderstimmen. Sie lachen oder schreien, die Geräusche scheinen aus der Umkleidekabine zu kommen. Zur Sicherheit wirft er noch einen Blick in den Bach am Wald, dann radelt er weiter.

Valdemar ist etwa eine Stunde bei der Arbeit, als er die Stimme seiner Frau vor dem Fenster seines Büros hört.

»Ist Birgitta bei dir?«

Er rennt die Treppe hinunter. Sie verhaspelt sich, als sie ihm schildert, dass sie überall nach Birgitta gesucht, nach ihr gerufen hat. Valdemar muss an die vielen Arbeiter in der Fabrik denken. Gesichtslose Männer, die kommen und gehen. Gemeinsam radeln sie zurück zum neuen Sportplatz. Aber es ist dunkel geworden, sie können nichts sehen. Sie fahren nach Hause und rufen alle Freunde und Bekannte an, ob Birgitta bei ihnen ist. Aber niemand weiß etwas. Dann bittet Valdemar alle, sich mit Lampen auszurüsten und nach ihr zu suchen. Danach ruft er bei der Heimwehr an. Der Förster und Herr Blom machen sich sofort auf den Weg, Valdemar sucht in der Zwischenzeit in seinem Schuppen Teile, aus denen er Laternen basteln kann. Es gibt nicht genügend Lampen und Laternen für alle. Und der Wald ist dunkel und starrt die Häuser schweigend an.

Ich stehe auf dem neuen Sportplatz. Heute nur Sportplatz, ohne neu, denn das ist er schon sehr lange nicht mehr. Am Eingang steht ein kleiner Ticketkiosk, der verlassen aussieht. Mein Blick wandert in den Wald und in die andere Richtung, dort geht es zum Zentrum. Dort lebten damals die meisten Arbeiter mit ihren Kindern. Weiter rechts stand das Haus der Familie Sivander, in der feineren Gegend von Perstorp, wo man Geld für Dienstpersonal hatte. Und noch ein bisschen weiter rechts, unterhalb des Waldes, stand Elin Sjöbergs Haus. Dort hatte sie den halb nackten Mann auf der Lichtung gesehen.

Ich mache mich auf den Weg in den Wald, als hinter mir die Wagentür geöffnet und wieder zugeschlagen wird. Mimmi kommt auf mich zugelaufen. Sie ist ganz in Schwarz gekleidet, trägt High Heels, Kunstpelz und hat einen Regenschirm in der Hand. Sie ist für einen Waldspaziergang im Regen nicht passend angezogen, aber besteht darauf mitzukommen, weil sie eine schwangere Frau nicht sich selbst überlassen kann. Es regnet wie aus Kübeln. Es ist glatt auf der Straße. Die Autos, die an uns vorbeifahren, mustern uns aus schwarzen Fensteraugen. Wir betreten den Wald. Dann trennen sich unsere Wege, weil Mimmi pinkeln muss. Sie geht nach links, ich nach rechts.

Es ist drei Uhr nachts, als die Heimwehr eine Suchkette bildet und sich vom Gustavsborgsvägen aus in östlicher Richtung bewegt. Es sind mehrere Hundert Mann, die mit nur wenigen Metern Abstand den Wald durchkämmen. Birgittas Name wird unrhythmisch in der Dunkelheit gesungen. Der Wald bewegt sich unruhig, wenn das Licht der Lampen und Laternen die Stämme, Steine und das Moos streifen. Winzige weiße Punkte reflektieren das Licht. Maiglöckchen.

Einer von Valdemars Kollegen, Ingenieur Näs, hat sich dem Suchtrupp angeschlossen. Im flackernden Licht seiner Lampe entdeckt er etwas. Was ist das – ein Kreis? Als er näher herangeht, erkennt er, dass es tatsächlich ein niedergetrampelter Kreis ist.

Er schreit »Halt!«, und die wurmförmige Menschenschlange, an deren Spitze er sich befindet, erstarrt in ihrer Bewegung.

Neben dem Kreis liegt ein Gegenstand. Er hebt die Lampe. Es sind ein Paar Holzschuhe, die eines Kindes. Die Schuhe stehen in einem Abstand von etwas mehr als sechzig Zentimetern nebeneinander. Als hätte jemand beide Schuhe in der Hand gehabt und sie ganz in Ruhe hingestellt. Näs ergreift den einen Schuh. Die Sohle hat einen Riss. Aber da ist noch etwas anderes. Etwas Dunkles. Näs erschaudert. Und rennt aus dem Wald zum Sportplatz.

Dort steht eine Traube aus Männern, unter ihnen Valdemar.

»Ist das Birgittas Schuh?«, fragt Näs und hält ihm den Holzschuh hin.

Valdemars Gesichtsausdruck ändert sich schlagartig, als er den Schuh sieht, sein Gesicht fällt in sich zusammen, er hat dunkle Ringe unter den Augen. Er nickt.

»Ja, der gehört Birgitta.«

Margit hat die Stelle mit den Schuhen erreicht. Ein gellender Schrei hallt durch den Wald, steigt bis in die Baumwipfel.

Auch der Förster steht an der Stelle mit dem Kreis. Während sich die anderen mit gedämpften Stimmen unterhalten, blickt er sich um. Wie würde sich ein Tier verhalten? Er sieht eine Gestalt, eine Bewegung, auf dem Waldboden, zwischen Ästen und Gestrüpp. Die Spuren führen ihn tiefer in den Wald hinein. Es ist jetzt fast windstill. Die Baumstämme tauchen im Licht seiner Lampe auf und starren ihn an. Die Wolken sind weitergezogen, sodass auch die Sterne dem Förster dabei zusehen können, wie er durch den Wald geht, langsam und bedächtig. Es dauert nur fünf Minuten, aber es hätten auch tausend Jahre sein können. Er kommt zu einem Graben, in dem Wasser steht, darin ein großer Haufen aus Steinen. Ein plötzliches Fieber scheint den Förster zu befallen, in seinen Ohren rauscht es, als würde auf dem Meer ein Sturm toben. Unter dem Haufen ragt eine blasse Hand aus dem Wasser hervor. Er spürt, wie sein Körper anfängt zu zittern. Seine Stimme hört sich nicht wie seine an, als er nach dem Distriktshauptmann ruft.

Wonach suche ich eigentlich? Ich sehe die Polizeifotos vom Tatort vor mir. Ein schmaler Graben mit Fußabdrücken im Matsch und im Moos, von Kinderfüßen in Strümpfen. An der Stelle, an der sich der Graben mit Wasser gefüllt hat, liegt ein großer Stein. Darunter ein Kleid. Blind mache ich mich auf die Suche. Mir spuckt ein Satz aus dem Buch *Agnes Cecilia* von Maria Gripe durch den Kopf: *Geh los, ich weiß nicht, wohin, und suche, ich weiß nicht, was.*

Es regnet in Strömen. Es ist unwürdig, dass Birgitta an so einem widerwärtigen Ort sterben musste. Dunkle, heimtückische Tannen. Unappetitlich weiches, altes Laub. Nackte Äste. Ich habe keine Ahnung, wo Mimmi steckt. Ich habe Angst, dass mich jemand fragt, was ich hier zu suchen habe. Und wütend auf mich wird. Ich überquere den schmalen Zufahrtsweg und betrete ein Waldstück, das stehen geblieben ist, nachdem sie Platz für Straßen freigesprengt haben. Ich rufe zaghaft nach ihr, als ob ich mir nicht sicher bin, dass mich jemand hört.

»Mimmi?«

Keine Antwort. Mir läuft das Wasser von der Kapuze in die Augen und in den Mund. Ich wische mir mit den feuchten Händen übers Gesicht. Auf einmal fällt mein Blick auf etwas.

Hinter den Bäumen zwischen dem Bruks- und dem Gustavsborgsvägen befindet sich ein Graben. Und da! Was ist das? Ein weißer Kreis? Ich höre eine Stimme, die sagt: *Hier ist es.* Es ist meine Stimme, aber es sind nicht meine Worte. Ein Lastwagen donnert auf der Straße vorbei, die ich gerade überquert habe. Die Stimme wiederholt den Satz: *Hier ist es. Hier ist es. Hier ist es.* Unförmig und schwerfällig wanke ich durch Zweige und Unterholz. Als ich näher komme, sehe ich, dass der Kreis aus Federn besteht. Weiße Federn. Hier ist ein Vogel getötet worden. Der Körper des Tieres ist nicht mehr da, nur noch die Federn. Und direkt daneben, neben dem Kreis, befindet sich der Graben. Ich habe sie gefunden.

Wachtmeister Ivar Björk und Oberwachtmeister Knut Magnusson hören die Rufe und laufen darauf zu. Tannenzweige schlagen ihnen ins Gesicht, und sie stolpern über Steine. Neben einem Graben sehen sie den Förster stehen. Sein Gesicht wird vom Licht der Lampe verzerrt. Stumm zeigt er mit einem bleichen Finger in den Graben. Bisher hat sich nichts gerührt. Aber jetzt setzt sich alles in Bewegung, als würde sich ein gigantisches Meeresungeheuer unten in der Tiefe winden. Das laute Rascheln und Knacken von Ästen und Zweigen kommt immer näher, dann taucht der Distriktshauptmann Tydén auf. Im Schlepptau hat er Landjäger Gottfrid Andersson. Tydén bleibt stehen, Andersson geht weiter.

Die anderen bilden einen Halbkreis, während er in den Graben steigt und einen Stein hochhebt. Darunter kommt das Gesicht eines Mädchens zum Vorschein. Ihre linke Gesichtshälfte ist zu sehen. Ohne nachzudenken, taucht Andersson seine Hände ins kalte Wasser und dreht ihren Kopf. Nun blicken die leeren Augen in den Himmel, an dem die Milchstraße zu erkennen ist. Er sieht sofort, dass die Tote Birgitta ist. Aber Birgitta ist nicht mehr da. Sie sitzt hoch oben in der riesigen Fichte und sieht auf die Männer herab. Dann erhebt sie sich und schwebt hinauf in den Himmel.

Wir sitzen schweigend im Auto, während wir Perstorp hinter uns lassen. Ein dichter Nebel hat den heftigen Regen abgelöst. Das Baby in meinem Bauch schläft. Die Fahrt in die Pension Borkhult Lapphem dauert etwa vier Stunden. Wir haben dort für eine Nacht gebucht. Das letzte Stück wirkt ein bisschen surrealistisch. Es ist pechschwarz draußen, und wir fahren auf schmalen, gewundenen Wegen durch Wälder und Felder. Im Licht der Scheinwerfer tauchen überall wilde Tiere auf. Sie kriechen durch die Gräben am Straßenrand, überqueren wie Geister die Fahrbahn. Ihre Augen glühen und leuchten in der Dunkelheit. Mimmi fährt langsam, schleicht eher, und ich starre hoch konzentriert aus dem Fenster und halte Ausschau nach den Tieren, dass ich ein Pochen im Kopf verspüre, als wir endlich gegen halb elf ankommen.

Die Pension ist eine ehemalige Arbeiterunterkunft aus dem späten 19. Jahrhundert. Wir werden von einer Frau in Empfang genommen, die uns erzählt, dass wir die einzigen Gäste sind. Sie führt uns eine schmale Treppe hinauf, die Dielen knarren, als wir unser Zimmer betreten und von einer Tapete begrüßt werden, auf der ein hypnotisches Durcheinander aus grünen Pflanzen herrscht. An den Wänden hängen alte, verzerrte Spiegel. Weiße Spitzengardinen, hinter denen sich unendliche Felder, Wälder und die Dunkelheit befinden. Wir haben kein Essen mitgebracht, und man kann auch nichts einkaufen, deshalb müssen wir uns mit den Nüssen begnügen, die wir zum Glück dabeihaben. Mimmi findet die Stimmung unheimlich. Ich gehe ins Badezimmer und wasche mir das Gesicht. Eine große Spinne seilt sich an der Toilettenrolle ab. Panisch verfolge ich aus größtmöglicher Entfernung jede ihrer Bewegungen und greife nach der Zahnpasta. Plötzlich ertönt ein ohrenbetäubendes Piepen. Bereits am Ende meiner Nerven, drücke ich aus Schreck die Zahnpasta aus der Tube, die auf dem Boden landet. Es dauert ein paar Sekunden, bis ich begreife, dass nicht die Spinne dieses Geräusch erzeugt, sondern der Rauchmelder. Mimmi steht auf einem Stuhl in der Mitte des Zimmers und drückt hektisch auf dem Rauchmelder herum, aber es passiert nichts. Am Ende reißt sie das Gerät von der Decke und nimmt die Batterien heraus. Die Stille ist fast erdrückend. Wir lüften und sehen uns um, wollen herausfinden, warum das Ding losgegangen ist. Aber es war wohl falscher Alarm.

»Was ist denn passiert?«, frage ich.

»Ich habe die Tarotkarten dorthin gelegt.« Das Kartenset liegt auf einem kleinen Tischchen, direkt unter dem Rauchmelder. »Und plötzlich hat er angefangen zu piepen.«

Wir beide lieben Gespenstergeschichten, so hat unsere Freundschaft angefangen. Aber ich merke ihr an, dass sie richtig Angst hat. Ich hingegen, die sonst sehr ängstlich ist, bin die Ruhe selbst. Mimmi zeigt auf den Schaukelstuhl, der in der Ecke steht.

»Es kommt mir so vor, als würde jemand in diesem Schaukelstuhl sitzen. Eine sehr religiöse Frau, und sie findet es überhaupt nicht gut, dass ich die Tarotkarten dort hingelegt habe.«

»Du hast also keine Kerze oder so etwas angezündet?«

»Nein, nichts.«

In dieser Nacht träume ich, dass es hier in den Arbeiterunterkünften nur so vor Leute wimmelt, die von einem Haus zum anderen gehen. Mimmi hat einen intensiven Albtraum, ebenfalls von der ehemaligen Arbeitersiedlung. Sie träumt, sie sei ein unerwünschter Gast. Als wir am nächsten Morgen aufwachen, ist der Himmel hellgrau und das Licht gedämpft. Im Keller des Hauses ist fürs Frühstück gedeckt. Wir plaudern ein bisschen mit der Mutter der Besitzerin und erzählen ihr von dem falschen Alarm. Die Frau kichert.

»Da hat sich die feine Dame wohl einen Scherz mit Ihnen erlaubt«, sagt sie.

Am Boden zerstört und stumm vor Entsetzen, machen Valdemar und Margit sich auf den Nachhauseweg. Die Sonne geht gerade auf. Wachtmeister Björk weist einen Kollegen an, mit den Suchhunden am Tatort zu bleiben, während er nach Verstärkung ruft. Dann sucht er Landjäger Gottfrid Andersson, um mit ihm zu sprechen. Er hat nämlich einen Mann erwähnt, der sich auffällig benommen hat und im Begriff war, Perstorp zu verlassen. Gemeinsam gehen sie zu den Baracken auf dem Gelände der Fabrik, nehmen ihn fest und durchsuchen sein Zimmer. Da sie nichts finden, wird er wieder freigelassen und der Zettel mit seinem Namen vernichtet.

Viertel vor sieben steht die Sonne bereits hoch am Himmel, und die Vögel singen laut. Oberwachtmeister Magnusson und Wachtmeister Björk steigen aus ihrem Dienstwagen am Sportplatz und knallen die Türen zu. Sie kehren an den Tatort im Wald zurück, an die Stelle, an der die Holzschuhe stehen. Der rechte Schuh hat vorne einen Riss in Form eines T. Daran klebt Blut, und in dem T hat sich eine Haarsträhne verfangen. Der Kreis, mit einem Durchmesser von etwa einem halben Meter, besteht aus heruntergetrampeltem Moos. In nächster Nähe entdecken sie vereinzelte Blutspuren im Laub, die wie kleine Rubine aussehen.

Im Graben kann man deutlich Fußabdrücke erkennen, von kleinen Füßen in Strümpfen. Ihnen folgen große Abdrücke, von Schuhen. Diese haben das Gleichgewicht verloren, sind einen halben Schritt rückwärtsgestolpert, dann haben sie die Verfolgung wieder aufgenommen. Birgitta scheint an der Stelle, an der die Schuhe gefunden wurden, zuerst angegriffen worden zu sein. Dann ist es ihr gelungen, etwa sechzig Meter weit zu rennen, in den Graben zu springen, wo sie plötzlich die Richtung geändert hat. Neun Schritte konnte sie noch machen, dann wurde sie ein zweites Mal angegriffen und erschlagen. Wachtmeister Björk gießt Gips in den Schuhabdruck.

Dort, wo die Abdrücke enden, ist der Steinhaufen, unter dem Birgittas Körper nach wie vor liegt. Offensichtlich wollte der Mörder ihren Leichnam verstecken. Ein sehr unbeholfener Versuch. Ihr helles Profil hebt sich im dunklen Wasser ab, in dem ihr Kopf fast ganz versunken ist. Der Stein, den Andersson hochgehoben hat, liegt jetzt unter ihrem Kinn. Er ist glatt, etwa fünfzehn mal zwanzig Zentimeter groß. Auf dem Brustkorb und dem Bauch liegt der größte Stein. Um an ihn heranzukommen, müssen erst vier kleinere entfernt werden. Man sieht am Rand des Grabens noch die Stellen, an denen sie vorher gelegen und jahrhundertelang gewartet haben. Jetzt haben sie ihren Zweck erfüllt. Ich muss an Blumen denken, die man in ein offenes Grab wirft.

Als alle Steine beseitigt sind, sieht man, dass Birgitta auf dem Rücken liegt, ihre Füße eng beieinander. Ihr rechter Arm ist in einem rechten Winkel abgespreizt, die Handfläche zeigt nach oben, die andere Hand liegt auf ihrem Brustkorb.

Das Mädchen ist ohne Kopfbedeckung, sie trägt eine blaue Wollstrickjacke, die etwas zerknittert, aber nicht zerrissen ist, dazu ein kariertes buntes Kleid, das auf der linken Seite zerknittert ist, Unterwäsche, Strümpfe, der linke ist bis zum Knöchel heruntergerollt.

Unter der Wasseroberfläche, dort, wo ihr Kopf gelegen hat, wird ein pyramidenförmiger Stein gefunden, dessen Spitze nach oben zeigt. Er sitzt tief im Boden. Ein ausgewachsener Mann kann sich daraufstellen, ohne dass er versinkt. Die Polizei gräbt ihn aus und nimmt ihn als Beweismittel mit. Sie suchen die Mordwaffe, aber finden sie nicht.

Justus und ich sitzen auf dem Sofa, ich habe alle Kissen, die wir haben, geholt. Wie ein Sultan throne ich dort mit meinem gigantischen Bauch. Sam ist bei meinen Eltern. Dreimal hatte ich schon Vorwehen, die aber nach ein paar Stunden wieder nachließen. Wir sehen uns den letzten Teil von Harry Potter an. Ich habe die Marabou-Pralinen quasi allein aufgegessen. Es sind nur noch die übrig, die ich nicht mag. In meiner linken Hand halte ich eine kleine Fernbedienung, die über Drähte mit Elektroden mit meinem Rücken verbunden sind. Das ist ein sogenannter TENS-Apparat, ein Elektrostimulationsgerät, das die Schmerzen der Wehen lindern soll. Sams Geburt hat lange gedauert, deshalb bin ich darauf eingestellt, dass ich auch dieses Mal lange Wehen haben werde. Womit ich allerdings nicht gerechnet habe, ist, dass sie kommen und gehen. Sturm und Windstille. Abwechselnd. Mit jeder neuen Wehe drehe ich den Apparat höher. Das elektrische Brummen im unteren Rücken ist angenehm.

Ich bitte Justus, den Film zurückzuspulen. Ich kann ihm nicht folgen. Die Wehen kommen in kürzeren Abständen und sind intensiver. Ich schließe die Augen, atme tief und gleichmäßig. Wie ein prähistorisches Tier, das im Schlamm liegt. Mein Körper hebt und senkt sich wie ein Berg, der gleich in sich zusammenstürzt und im Erdinnern verschwindet. Justus sagt, ich solle doch ein Bad nehmen. Bisher haben die Wehen immer nachgelassen, wenn ich in der Badewanne lag, ein sicheres Zeichen, dass es noch nicht so weit ist. Es widerstrebt mir, die Fernbedienung loszulassen und die Elektroden abzunehmen. Aber er hat recht. Er lässt ein Bad ein und hievt mich aus dem Sofa hoch. Ich lasse mich ins warme Wasser sinken. Justus geht zurück ins Wohnzimmer. Aber es dauert nicht lange, und ich rufe nach ihm. Die Wehen lassen nicht nach. Im Gegenteil. Sie nehmen zu.

Draußen scheint ein eiskalter Mond, aber auf der Entbindungsstation ist es warm, und die Kerzen auf dem Adventskranz brennen. Ich habe mich schon von meiner Playlist verabschiedet, die ich vorbereitet hatte. Ich ertrage nichts Energisches. Aber Shida Shahabi kann ich hören, ihr Album *Homes* läuft immer, wenn ich schreibe. Mir ist jeder Ton vertraut. Ich tauche in den Klang des Klaviers ein und wandere durch ein Bergmassiv, einen Schritt nach dem anderen. Jede Wehe wird von einem Schwall Quellwasser überspült, das von oben herabstürzt. Ich weiß, dass ich niemals oben ankommen werde, ich werde vorher sterben. Aber das vergesse ich sofort wieder.

Zu den perlenden Klängen des Stückes *Vassen* stemme ich mich hoch auf den Steinhügel, und sie macht ihren ersten Atemzug, noch in mir. Die Hebamme weist mich an, mit dem Pressen aufzuhören. Ich brülle. Ich bin das Universum, das gegen die unüberwindbare Kraft ankämpft, die alle Himmelskörper in Bewegung hält. Alles erstarrt. Eine Milliarde Jahre vergehen. Zwei. Und drei. Dann kommt der Sturm, und ich lasse mich mitreißen, falle von höchster Höhe in den tiefsten Abgrund. Ich stürze ins Meer, dort empfange ich sie. Es ist Punkt sechs Uhr morgens.

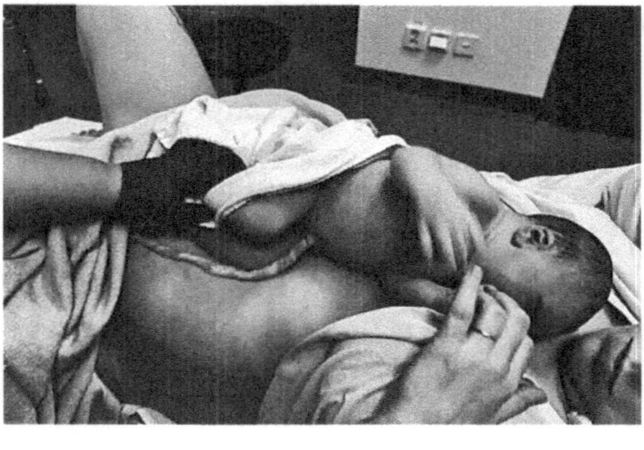

Ich sehe Justus zu, wie er die Nabelschnur durchtrennt. Ihm stehen die Tränen in den Augen, gleich werden sie ihm über die Wangen laufen. Er schluchzt, als die Hebamme mir Vivi auf die Brust legt, und ich schluchze bei seinem Anblick. Erst jetzt weiß ich ganz sicher, dass sie auch sein Wunschkind ist. Sie ist weich und warm, die Haare kleben ihr am Kopf. Ich wickle sie in die gelbe Decke des Krankenhauses, sie sucht nach meiner Brust und beruhigt sich erst, als sie endlich trinken kann. Auf ihrer Stirn sehe ich ein Zeichen, ein V. Das steht eindeutig für Viviane. »Mein Liebling«, flüstere ich immer wieder und weine und lache. Ich bin bis obenhin mit Hormonen vollgepumpt und spüre nicht, wie das Blut aus mir herausfließt. Ich registriere nur, dass die Unterlage mehrmals ausgewechselt wird. Die Hebamme fragt, ob ich noch Nachwehen habe. Ich verneine. Ich habe es doch jetzt hinter mir? Sie massieren meinen Bauch. Eine ziemlich unfreundliche Frau kommt ins Zimmer und setzt mir Akupunkturnadeln. Es dauert eine Weile, und erst als ich Justus' Gesichtsausdruck sehe, begreife ich, dass irgendetwas nicht stimmt. Eine weitere Frau kommt ins Zimmer.

»Können Sie das hier spüren?«, fragt sie.

Ich spüre gar nichts. Ich lächele und schüttele den Kopf.

»Haben wir keine längeren Handschuhe?«, fragt sie.

Ihre Stimme klingt gestresst.

»Dann muss ich das mit denen hier machen.«

Sie schiebt ihre Hand tief in mich hinein und fragt unentwegt, ob ich etwas spüre, ob es wehtut. Nein. Die PDA scheint noch zu wirken. Aber es ist ein unangenehmes Gefühl, ihre Hand in meiner Gebärmutter, die mein Baby bis vor Kurzem noch vor der Umwelt geschützt hat. Alle sind lieb und verhalten sich ruhig, aber es fühlt sich trotzdem an wie ein Eingriff. Ein Eindringen. Sie ist in mir, in meinem Heiligtum. Sie löst die Ränder der Nachgeburt, die sie in einem Stück herausnimmt. Das Blut reicht weit über die Kanten ihrer blauen Handschuhe. Ich erfahre, dass ich hätte operiert werden müssen, wenn ihr das nicht gelungen wäre.

Ich darf nicht aufstehen. Sie leeren meine Blase mit einem Katheter. Später werde ich gefragt, ob ich es mir zutraue, selbst auf die Toilette zu gehen. Ich habe keine Ahnung, will es ihnen aber recht machen, kompetent und stark wirken. Ich schwanke ins Badezimmer. Das Licht der Neonröhre blendet. Ich sehe mein Gesicht im Spiegel, es sieht mitgenommen aus. Ich setze mich aufs Klo, höre die gedämpften Stimmen hinter der Tür. Sie stehen an der Krippe, in der das Jesuskind jetzt schläft. Plötzlich wird mir schwindelig, und mein Magen dreht sich um. Ich habe Angst, dass sie mich für wehleidig und schwach halten.

»Mir geht es nicht so gut.«

Mein Körper kippt zur Seite, aber sie stehen in derselben Sekunde neben mir, stützen mich und halten mir eine Tüte hin. Ich erbreche mich. Immer und immer wieder.

Als wir das Krankenhaus verlassen, darf ich Vivi nicht im Arm halten. Ich bin zu wackelig auf den Beinen. Ich klammere mich an dem Geländer fest, das an allen Wänden im gesamten Gebäude entlangläuft. Mein Vater holt uns ab. Er hat Sam dabei. Sam will danach wieder mit zu den Großeltern fahren. Er sitzt zu Hause in einem Sessel und hat seine kleine Schwester im Arm. Wir helfen ihm, sie richtig zu halten. Sein langer Pony fällt ihm ins Gesicht, als er sich über sie beugt.

»Sie ist so klein«, flüstert er.

»Ich weiß«, sage ich.

Er hebt einen Finger nach dem anderen hoch und lacht.

»Winzig kleine Fingerchen.«

Dann inspiziert er ihre Füße.

»Winzig kleine Zehen.«

Er hält ihre Füße, wiegt sie in seiner Hand.

»Ich will doch hierbleiben.«

Oberwachtmeister Knut Magnusson und Landjäger Gottfrid Andersson gehen mit entschlossenen Schritten zu den Baracken auf dem Fabriksgelände. Sie tragen beide Trenchcoats und Hüte. Es ist ein schöner Tag, und obwohl es noch so früh ist, halten sich viele Familien im Freien auf, um der dunklen Enge ihrer Unterkünfte zu entkommen. Verwundert sehen sie den beiden Männern hinterher und fragen ihre Nachbarn, was los ist. In den Baracken wohnen viele Kriegsflüchtlinge, die es auf unterschiedlichsten Umwegen nach Perstorp verschlagen hat. Die meisten sind Sudetendeutsche, Polen und Ungarn. Ein Mann kommt ihnen entgegen, er spricht Schwedisch und wird häufig als Dolmetscher eingesetzt.

»Wir benötigen das Schuhwerk aller erwachsener Männer«, sagt Magnusson barsch. Seine buschigen blonden Augenbrauen sind zusammengezogen.

Eine weitere Erklärung bekommt der Dolmetscher nicht. Er hebt ergeben die Hände und geht zu der kleinen Menschenmenge, die sich hinter ihm versammelt hat. Kurz darauf wird an alle Türen geklopft, und die Bewohner stellen ihre verschlissenen Schuhe raus. Begleitet von dem Murmeln der Wartenden, geht der Oberwachtmeister systematisch die Reihen ab und mustert jeden linken Schuh, inspiziert die Sohle und stellt ihn wieder hin. Es dauert lange, bis die Bewohner wieder gehen können, und erst bei Arbeitsantritt erfahren sie den Grund für diesen ungewöhnlichen Besuch. Im Donnern der Maschinen verbreitet sich die Nachricht, dass die kleine Tochter von Ingenieur Sivander ermordet wurde. Sie haben Fußspuren im Graben gefunden, am Tatort. Sie reagieren mit Empörung und Wut. Natürlich werden sie von der Polizei als Erste verdächtigt.

Vivi. Sie ist mit einer komischen Frisur auf die Welt gekommen. Dunkles, glattes Haar am Hinterkopf. Mit einem kleinen Pony oben am Scheitel. Man kann sehen, wo sie ihren Kopf gegen mein Becken gedrückt und gerieben hat, sodass ich vor Schmerzen geschrien habe. Sie hat einen Wirbel, wodurch das Haar senkrecht und seitlich absteht. Stupsnase und Schmollmund. Sie sieht aus wie Justus.

Wir kommen früher als geplant nach Hause, ich wickle sie in eine weiche graue Strickjacke, die ich monatelang getragen habe, damit sie meinen Geruch annimmt und ihr Geborgenheit schenkt. Die Familie kommt zu Besuch. Sie wechseln sich ab, alle wollen sie im Arm halten. Ich habe ihr den gelben Schlafanzug von Sam angezogen, der viel zu groß für sie ist. Sie ist so klein. Viel kleiner als ihr Bruder bei seiner Geburt. Sobald der Besuch abgereist ist, ziehe ich sie wieder aus. Kleidungsstücke fühlen sich bei ihr unnatürlich an. Sie ist viel eher Tier als Mensch. Ich trage sie direkt auf meiner Haut. Sie hat Schluckauf und gähnt. Sie trinkt und schläft mit der Nase an meiner Brust. Sam und Justus sind zum Kindergarten gefahren, und wir sind allein. Ich genieße das. Die Zeit steht still. Ich betrachte ihre Dellen und Rundungen. Streichele ihr über die Haare, die flaumigen, kleinen Arme und den weichen Nacken. Wie eine nackte Bulldogge. Sie ist so unbeschreiblich weich. Ihre Haut duftet sanft nach hellem Moschus und cremigem Sandelholz.

Am dritten Tag gehen wir vor die Tür, und ich setze mich auf die Bank vor unserem Haus. Meine Freundin Lovisa schiebt keuchend ihren Kinderwagen den Berg hoch. Ihre Tochter Lena ist einen Monat vor Vivi geboren. Lovisa hat schon Routine. Sie macht jeden Tag lange, sehr lange Spaziergänge.

»Gestern bin ich fast zehn Kilometer gelaufen«, erzählt sie.

Ich fühle mich noch klapprig und schwach. Nach sieben Tagen gehen Justus und ich die kurze Strecke zum Café Färgfabrik, um dort zu Mittag zu essen. Alle bleiben an unserem Tisch stehen und bekommen glänzende, warme Augen. Mir tut alles weh, jede Faser meines Körpers, und ich halte es fast nicht aus. Ich laufe so langsam, als wäre ich todkrank. Vor der Holzhandlung muss ich eine Pause einlegen und Vivi in der Januarsonne im Stehen stillen.

Vor unserem Wohnzimmerfenster steht ein Baum mit einem Elsternest. Das Elsterpaar kommt jedes Jahr und putzt das Nest für die Brut heraus. Wir machen uns über sie lustig, als wären sie unsere Nachbarn. Sieh nur, sie renovieren schon wieder, sie bauen an. Justus ist im Badezimmer und wickelt Vivi. Ich stehe am Fenster in dem kalten Winterlicht und beobachte die Elster. Auf einmal kommt ein anderer Vogel angeflogen, der sich merkwürdig benimmt. Offenbar will er im Nest der Elster landen. Ich schaukele wie eine Verrückte hin und her, von einem Fuß auf den anderen. So, wie man es macht, wenn man es gewohnt ist, ein Baby im Arm zu haben. Ich bin verwirrt und rufe Justus. »Komm schnell, hier gibt es gleich ein Drama.« Plötzlich wird mir klar, dass der andere Vogel keine Taube ist, sondern ein Falke, der die Elster jagt. Mit wachsendem Entsetzen sehen wir zu, wie unser Nachbar, die Elster, beinahe entkommt, dann aber doch vom Falken überwältigt und zu Boden gerissen wird. Der Raubvogel frisst sie an Ort und Stelle. Der Lebensgefährte der Elster kreist verzweifelt über ihm und krächzt seinen Kummer und seine Trauer heraus.

Elf Tage nach der Geburt fahren wir mit meinen Eltern und Sam in den Tyresta Nationalpark. Ich habe Schuldgefühle. Mein Sohn musste seine Mutter schon so lange entbehren. Jetzt ist die Schwangerschaft endlich vorbei, und Vivi ist da, und ich will am liebsten nur mit ihr allein sein. Aber ich komme trotzdem mit und stille in einem kleinen Schuppen, obwohl ich mich ausgeliefert fühle und Panik bekomme. Bei meinem nächsten Termin bei der Hebamme erzähle ich ihr von meinem Herzrasen und frage sie, ob ich die Beruhigungstabletten wieder nehmen kann. Aber das darf man nicht, wenn man stillt. Es gibt keine Medikamente, die helfen.

»Spul das Band zurück!«, sagt meine Hebamme. »Verkriech dich wieder in deiner Babyblase. Und fahr nirgendwohin.«

Ich folge ihrem Rat. Wir schließen uns ein, verstecken uns unter Decken und hinter heruntergelassenen Gardinen. Ich bewege mich nur soweit, wie ich laufen kann und gehe nicht einkaufen. Es funktioniert. Ich komme zur Ruhe. Mein Herz schlägt wieder langsam.

Ein Schatten geistert an diesem Maiabend durch Perstorp. Was geht in einem Menschen vor, der einen Mord begangen hat? Quält ihn die Angst, dass er festgenommen wird? Diese Angst muss der Täter nicht haben. Niemand wird jemals für den Mord an Birgitta verurteilt werden, zumindest nicht juristisch gesehen. Verurteilt sich der Mörder selbst? Verspürt er ein Hochgefühl, wenn er abends an den hell erleuchteten Fenstern vorbeigeht und die Bewohner beim Radiohören und Abendbrot beobachtet, ihnen zusieht, wie sie ihre Kinder ins Bett bringen? Vielleicht geht es ihm wie der Kindermörderin Mary Bell zwanzig Jahre später. Ich erinnere mich genau, wie die erwachsene Mary Bell es der Journalistin Gitta Sereny gegenüber beschrieben hat. Sie sei nicht wütend, sondern sie habe einfach nichts gespürt. Nur eine Leere und einen tiefen Abgrund.

In meiner Welt gibt es zwei Alternativen, wie sich der Mörder gefühlt haben kann. In der einen Version überwältigt ihn nach dieser grotesken Tat die Angst wie eine Flutwelle. In der anderen war der Körper schon vor der Tat von der Angst besessen, aber sie ist jetzt verschwunden und wurde von einer stummen Leere ersetzt.

Ich hoffe, dass Ersteres der Wahrheit am nächsten kommt, weil es sich dann niemals wiederholen wird. Dann stellt die Gewalt keine Bewältigungsstrategie gegen die eigene Angst dar, die mit jeder Tat gesteigert werden muss. Ansonsten wird noch mehr passieren.

Bengt Sommer wird von den Stimmen seiner Eltern geweckt. Die seines Vaters ist gedämpft, die seiner Mutter schrill. Ihn durchfährt ein Schaudern, als sich ihre Stimme überschlägt. Bengt setzt sich auf. Sein Bruder Axel, mit dem er sich das Bett teilt, kneift verschlafen die Augen zusammen. Bengt stupst ihn an, damit er aufwacht. Gemeinsam starren sie auf die geschlossene Zimmertür und lauschen. Als Bengt Schritte hört, ruft er nach seinen Eltern.

»Mama? Papa?«

Die Tür öffnet sich, und seine Mutter Rut Sommer kommt ins Zimmer und setzt sich auf die Bettkante. Der Vater, Otto Sommer, lehnt sich gegen den Türrahmen.

»Was ist denn passiert?«, fragt Axel und reibt sich die Augen.

Ruts Augen haben sich mit Tränen gefüllt, sie schluchzt und legt die Hand auf Axels Wange, die andere auf Bengts. Ihre Hände sind schwielig und trocken.

»Vater hat etwas Schreckliches erfahren. Die Tochter von Ingenieur Sivander ist im Wald gefunden worden. Tot. Ermordet.«

Axel hält die Luft an. Er ist mit Birgittas Bruder Karl Sivander gut befreundet. Bengt sieht zu seinem Vater, der nickt.

»Sie haben sie in der Nähe vom Sportplatz gefunden.« Er schweigt, bevor er weiterspricht. »Du warst doch gestern auf dem Sportplatz, Bengt. Hast du etwas Merkwürdiges gesehen oder gehört? Dann musst du uns das erzählen. Das ist sehr wichtig.«

»Nein, ich …« Bengt verschränkt seine Arme vor der Brust, wendet den Kopf ab, sieht aus dem Fenster und erst dann wieder seinen Vater an. »Ich habe ein bisschen Fußball gespielt, danach bin ich nach Hause gegangen.«

Rut Sommer steht auf und lächelt gezwungen.

»Ich mache euch Kakao. Das muss ein großer Schock für euch sein.«

Es ist Samstagnachmittag, Zeit fürs Fußballtraining. Aber das wird heute nicht stattfinden. Der Trainer und Fabrikarbeiter Edvin Oskarsson mustert die Jungs in seinem Team. Sie stehen in kleinen Gruppen zusammen und flüstern miteinander. Ein Kollege hat ihm erzählt, was passiert ist, als er am frühen Morgen zusammen mit seinem Hauswirt Börje zur Schicht erschien. Mittlerweile wissen alle, dass Sivanders Tochter ermordet wurde. Edvin steht mit einem der anderen Trainer zusammen, lässt aber seine Jungs nicht aus den Augen.

»Kannst du dir vorstellen, dass ein Vierzehnjähriger so etwas tun könnte?«, fragt er leise.

Der andere sieht ihn verwundert an.

»Wie kommst du denn da drauf?«

Edvin schaut hinüber zu Bengt, der über die Worte eines anderen Jungen lacht. Er zögert, bevor er zu ihm geht.

»Bengt, hast du gestern niemanden beim alten Sportplatz gesehen? Du bist doch von dort gekommen.«

Die Jungen, die neben Bengt stehen, blicken ihn neugierig an.

»Nein, ich habe niemanden gesehen.«

»Bist du gleich nach dem Fußballspielen nach Hause?«

»Ja.«

Edvin mustert Bengt, der verlegen mit dem Fuß im Kies kratzt. Dann sagt er mit lauter Stimme, damit ihn alle hören können: »Wollen wir an die Stelle gehen, wo sie das Mädchen gefunden haben?«

Fast alle wollen mitkommen. Sie sind neugierig. Nur ein paar bleiben unschlüssig und mit gesenkten Köpfen zurück. Darunter auch Bengt.

Als Edvin mit der Gruppe aus dem Wald zurückkommt, geht er direkt auf Bengt zu.

»Bist du oben im Wald gewesen, Bengt?«

»Nein.«

Als Edvin am Abend nach Hause kommt, wartet Börje auf ihn. Er will über die schreckliche Tat sprechen.

»Du warst doch auf dem Sportplatz gestern. Weißt du was Genaueres?«

Edvin holt scharf Luft, hält sie an.

»Da ist ein Junge in meinem Fußballteam, der sich ein bisschen sonderbar verhält.«

»Wenn sich jemand sonderbar oder verdächtig verhält, musst du das der Polizei sagen«, drängt ihn Börje.

Edvin zieht die Schultern hoch, schaut aus dem Fenster und lässt sie dann mit einem Seufzer wieder fallen.

»Ich weiß. Aber ich glaube nicht, dass er es getan hat. Vielleicht klärt sich alles von selbst auf, ehe ich die Gelegenheit dazu bekomme, meinen Verdacht zu melden.«

Aber Edvin wartet nicht so lange. Schon am nächsten Morgen um zehn Uhr findet er sich im Polizeirevier ein und macht eine Meldung. Er habe gesehen, wie Bengt Sommer am Freitagabend vom Sportplatz in den Wald gegangen ist.

Jedes Mal, wenn ich auf beide Kinder aufpassen muss, habe ich das Gefühl, vor Stress zu explodieren. Ich kann nicht mehr als ein Kind betreuen. Außerdem will Sam sowieso nur mit Justus zusammen sein und stößt mich weg. Liebevoll biete ich ihm an, dass ich ihn ins Bett bringen kann, wenn er mag. Ich lächele ihn an und bin mir sicher, dass er mich zurückhaben will.

»Neiienn«, sagt er mit leiser Stimme und sieht Justus flehend an. »Papa …«

Die Tränen stehen ihm in den Augen. Sein Vater soll ihn ins Bett bringen. Obwohl er auf einem Stuhl vor dem Etagenbett sitzt und nicht wie ich ins Bett krabbelt. Ich versuche, mir meine Enttäuschung nicht anmerken zu lassen. Und auch das nächste Mal werde ich ein Nein bekommen. Sam spürt meine Unsicherheit, das sehe ich ihm an.

Wenn ich mit Vivi zusammen bin, ist mein Körper voll mit Endorphinen. Ich will immer bei ihr sein. Nur wir beide. Ich kann nicht verstehen, warum ich damals mit meinem ersten Kind das Alleinsein so anstrengend fand. Gleichzeitig habe ich Schuldgefühle, weil ich jetzt so glücklich darüber bin. Ich bin so vernarrt in sie, so verliebt. Ich will nur, ausschließlich nur mit ihr zusammen sein. Mir macht es auch nichts aus, nachts aufzustehen, nur ab und zu, wenn sie stundenlang schreit. Das hat etwas mit dem Magen zu tun. Wir massieren ihr den Bauch jeden Abend. Wir versuchen es mit den beliebtesten Massagetechniken, dem Wasserrad und Sonne und Mond, drücken ihre Beine sechs Sekunden lang gegen ihren Bauch und schütteln sie dann. Das stresst mich alles überhaupt nicht. Es ist meine glücklichste Zeit. Ich mache mir auch keine Sorgen. Zwischendurch überprüfe ich, ob sie noch atmet, aber das lässt auch wieder nach und macht mir keine Angst. Als Sam klein war, hatte ich den Eindruck, dass sein Vater wie ein Autodieb fuhr. Ich fand alle Verkehrsteilnehmer aggressiv und schrecklich. Damals hatte ich viel mehr Ängste.

Im Februar feiern wir Justus' Geburtstag und Vivis Taufe bei meinen Schwiegereltern. Meine Eltern, meine Schwester, ihre Tochter Maya und Justus' Cousin sind auch dabei. Vivi trägt einen Body und eine Hose mit Leopardenmuster. Meine Schwiegermutter hat einen Schokoladenkuchen gebacken, und wir trinken Kaffee aus winzigen Tassen. Wir haben keine Ahnung, dass dieses unbekümmerte Treffen das letzte für sehr lange Zeit sein wird. Mitte Februar gehen Lovisa und ich mit Lena und Vivi ins Kinderwagenkino. Das Kino Rio zeigt *Little Women*, und danach sehne ich mich wie verrückt nach dem Wilden Westen. Lovisa und ich hätten so gerne die Elternzeit zusammen verbracht. Ich habe mir vorgestellt, dass unsere Töchter die besten Freundinnen werden. Aber in Wirklichkeit werden sie sich kaum sehen.

»Das machen wir jetzt jeden Dienstag!«, beschließen wir.

Ende Februar bin ich mit einer anderen Freundin im Winterviken essen und mache ein Foto von ihr mit der schlafenden Vivi im Arm. Ihr Pullover hat dieselbe Farbe wie Vivis rosa Wangen. Die beiden sehen aus wie ein Gemälde von William Adolphe Bouguereau. Am Tag darauf sitze ich mit meiner Freundin Sigrid in der Konditorei Chic und esse ein Teilchen. Sie hat in der Türkei gelebt und ist endlich zurück nach Stockholm gezogen. Ich habe sie so vermisst.

Auf Netflix läuft die Serie *Pandemie*, die ich mir beim Stillen angucke. Ein paar Tage später erfahre ich in den Nachrichten von einem Virus, der in Wuhan ausgebrochen ist.

»Das ist genau wie in dieser Serie«, sage ich zu Justus beim Abendbrot.

Kurz darauf kommt die Dokumentation über den Ausbruch in

Wuhan. Familien werden von bewaffneten Polizisten auseinandergerissen, Türen und Fenster werden zugenagelt, während man die Bewohner dahinter schreien und weinen hört. Der Virus erreicht auch Stockholm. Die Leute fangen an, Lebensmittel zu horten. Ich auch, heimlich. Ich will schließlich nicht, dass nur *meine* Familie ohne Lebensmittel dasteht. Ich kaufe Dinge, die wir sonst nicht essen. Weiße Bohnen in Tomatensoße. Fischkonserven. Die Dosen schiebe ich im Schrank ganz nach hinten.

Am Samstag sind wir auf einen Geburtstag eingeladen. Das Kind wird ein Jahr alt. Es fühlt sich nicht richtig an. Ich erzähle Justus von meinem Unbehagen, und er sagt, dass wir nicht hingehen müssen, wenn ich nicht will. Aber ich habe keine Lust, immer die Ängstliche zu sein. Trotzdem schreibe ich der Mutter, dass wir alle ein wenig erkältet sind und es vielleicht besser wäre, wenn wir nicht kämen.

Ach was. Kein Problem!, antwortet sie.

Wir gehen hin. Aber sehr früh, in der Hoffnung, dass noch nicht so viele Gäste da sind. Es ist knackevoll. Alle umarmen sich zur Begrüßung. Freunde, die man schon seit Jahren nicht mehr gesehen hat. Ich vergesse, welche Kaffeetasse meine ist, und trinke am Ende aus einer anderen. Es ist das letzte Mal, dass alles wie immer ist.

Bengt steht mit den Jungs aus seiner Fußballmannschaft am Bahnhof in Perstorp. Sie sind auf dem Weg zu einem Spiel in Tyringe. Einer seiner Freunde hat eine Tageszeitung dabei, einer der Artikel handelt vom Mord an Birgitta.

»Darf ich mal sehen?«, fragt Bengt und streckt die Hand aus.

Sein Freund gibt ihm die Zeitung, und er liest den Absatz, in dem es um die großen Steine geht, mit denen Birgittas Körper bedeckt wurde.

»Das muss ein richtiges Muskelpaket gewesen sein«, sagt er und gibt die Zeitung zurück.

Hinter ihnen auf dem Bahnsteig hören sie ein Raunen und drehen sich um. Zwei Polizisten kommen auf sie zu.

»Wer von euch ist Bengt Sommer?«

Die Jungen sehen Bengt an. »Das ist Bengt«, murmeln sie.

Die beiden Beamten haben Blicke wie Stahl, als sie ihn ansprechen.

»Du musst mit auf die Polizeiwache kommen, Bengt.«

Es ist Vormittag, halb zwölf, als Oberwachtmeister Magnusson und Wachtmeister Björk sich gegenüber von Bengt an den Tisch setzen. Er ist ein schmächtiger Junge, mit Zahnlücken und zerzausten blonden Haaren. Er sieht viel jünger aus als vierzehn. Er hat seine schmalen Schultern hochgezogen und sinkt immer tiefer in den unbequemen, harten Stuhl. Sein Blick ist nervös, er hält kaum Augenkontakt. Die Beamten wollen wissen, was er am Freitagabend gemacht hat. Bengt gibt an, dass er zum Sportplatz gegangen ist, als um sieben Uhr die Abendnachrichten begannen. Er wohnt ganz in der Nähe, nur etwa zehn Minuten entfernt. Auf dem alten Sportplatz waren zwei Mannschaften, die Kindermannschaft und eine Gruppe junger Männer aus der Buchhaltung. Letztere hatten ihr Spiel gerade beendet und zogen sich um. Danach ging er mit zwei Freunden, zwei Brüdern, zurück zum neuen Sportplatz und spielte ein bisschen Fußball mit ihnen. Dann lief er erneut zum alten Sportplatz, wo er Karl und seine Freunde traf. Birgitta war auch da. Bengt meint, dass sie etwa fünf Meter von ihm entfernt gestanden hat. Aber ganz sicher ist er sich nicht.

»Hast du mit ihr gesprochen?«

»Nein.«

Er verabschiedete sich von den anderen und machte sich auf den Weg zum neuen Sportplatz. Dabei überholte er Birgitta und eine junge Frau, die ein Fahrrad schob. Sie sahen sich kurz an, dann passierte ihn sein Trainer Edvin Oskarsson auf seinem Rad und hielt an, als Bengt hinter ihm herrief.

»Wann spielt die zweite Mannschaft am Sonntag?«, fragte er.

»Um halb zehn.«

Bengt gibt zu Protokoll, dass er Oskarsson zur Umkleidekabine begleitet hat, in der drei Männer waren, deren Namen er nicht kannte. Er hat etwas Wasser getrunken und ist dann nach Hause gegangen.

»Wann warst du zu Hause?«

»Ungefähr Viertel nach acht.«

»Woher weißt du das?«

»Weil ich auf die Uhr gesehen habe.«

Die Beamten durchbohren den Jungen mit ihren Blicken.

»Sagst du die Wahrheit, Bengt? Bist du direkt nach Hause gegangen?«

Bengt schluckt.

»Ja, das ist die Wahrheit. Ich bin direkt nach Hause.«

Wir sehen uns nach größeren Wohnungen um. Die erste Besichtigung, im Stadtteil Kärrtorp südlich von der Innenstadt, ist an einem Samstag im März. Wir haben keine Beziehung zu diesem Bezirk, ich würde auch am liebsten in Gröndal bleiben, wo wir seit sechs Jahren im selben Haus leben. Zuerst im fünften Stock mit großen Fenstern und mit Blick aufs Wasser. Ich habe dort sehr gerne gelebt. Aber als sich die Gelegenheit bot, zogen wir in eine größere, dunklere Wohnung im zweiten Stock. Mir hat es da nie gefallen. Es hat sich immer angefühlt, als würde uns das Gewicht aller Menschen, die über uns wohnen, wie eine Decke aus Eisen erdrücken. Schwerfällig, unnachgiebig und wütend schleppen wir uns durch die Zimmer und streiten. Die Wohnung in Kärrtorp hat zwei Stockwerke, sie ist hell, und von dort hat man eine Aussicht auf das Naturreservat Nacka. Ich gehe jeden Tag im Park Vinterviken spazieren, im Gedränge mit allen, die wegen der Pandemie im Homeoffice arbeiten. Ich träume vom Wald und davon, in Sicherheit zu sein. Justus und Sam fahren jeden Tag mit der U-Bahn in den Kindergarten und wieder zurück. Ich befrage Google nach dem Coronaverlauf bei Kindern und Säuglingen. Mir kommt es vor, als hätte ich ein enges Band um meine Brust, das mir das Atmen erschwert und mein Herz rasen lässt. Vielleicht habe ich Corona? Werde ich sterben? Werden wir alle sterben?

»Ich hoffe sehr, dass es uns nicht gefällt«, sagt Justus, als wir in Kärrtorp aussteigen. »Dann müssen wir nicht hierherziehen.«

Es sind viele Interessenten da. Ich strahle übers ganze Gesicht, als ich die Wohnung betrete und aus dem Küchenfenster sehe. Zaghaft setze ich mich aufs Sofa im Wohnzimmer. Von hier aus sieht man nur die Baumwipfel im Naturreservat. Als hätte jemand ein Hochhaus mitten in der Wildnis platziert. Vivi schläft in der Babytrage, und ich gehe die Treppe hoch ins Obergeschoss. Im hinteren Teil der Wohnung führt eine Tür in ein kleines Arbeitszimmer, das einen kleinen französischen Balkon mit Austritt hat. Es ist ein grauer Tag, und es weht ein starker Wind. Als hätte man einen Berggipfel bestiegen. Als ich zurück ins Arbeitszimmer komme, höre ich die anderen Dinge sagen wie »Ich will das Zimmer hier haben« und »Hier könnte man ein Kinderzimmer einrichten«. Sie klingen wie unerwünschte Eindringlinge, und sie machen mich wütend. Unten an der Treppe treffe ich auf Justus, wir sehen uns an. Und nicken uns stumm zu.

Es ist Sonntag, zwei Tage nach dem Mord. Der Schweißer Roland Nilsson ist auf dem Weg in den Stadtpark. Die Stimmung in Perstorp ist gedrückt. Die Flaggen sind auf halbmast, und die Mütter lassen ihre Kinder keine Sekunde aus den Augen. Von Weitem sieht Roland seine Nachbarin Rut Sommer und läuft auf sie zu, um sie zu begrüßen. Erst als er näher kommt, bemerkt er, dass ihre Schultern zucken und sie ihr Gesicht in den Händen verbirgt. Roland bleibt stehen und zählt eins und eins zusammen. Am Freitagabend hatte er vor der Haustür gestanden und mit der Uhr in der Hand auf den Bäckerwagen gewartet. Er wollte auf keinen Fall die Radiosendung *Kolar-Fredrik* verpassen, die um fünf vor halb neun anfing. Kurz nach acht lief Bengt vorbei. Das Haus seiner Eltern ist nur hundert Meter von seinem entfernt. Sie grüßten sich mit einem Nicken.

»Hattet ihr ein Spiel?«, fragte Roland und zählte währenddessen die Brotcoupons in seiner Hand.

»Nein, wir hatten Training auf dem alten Sportplatz«, hatte Bengt geantwortet.

Dann hatte er Roland noch gefragt, ob er einen Film im Kino sehen dürfte, der nur für Erwachsene sei. Roland arbeitet nebenbei im Kino als Aufpasser. Roland hatte den Kopf geschüttelt, das dürfe er leider nicht.

Erst am Samstagmorgen hatte Roland von dem schrecklichen Mord erfahren. Am Nachmittag unterhielt er sich mit Landjäger Andersson darüber. Anderssons Tochter und deren Verlobter waren auch dabei. Einer von ihnen erwähnte beiläufig, dass das Fußballtraining bis sieben Uhr gegangen sei. Roland neigte daraufhin nachdenklich seinen Kopf auf die Seite. Warum war der Junge dann noch so spät unterwegs gewesen?

»Jemand sollte sich mit Ottos Sohn mal unterhalten. Er muss ungefähr zur gleichen Zeit am Sportplatz gewesen sein, als Birgitta verschwand.«

Andersson sah ihn fragend an.

»Woher wissen Sie das?«

»Er kam nach Hause, als ich draußen stand und auf den Bäckerwagen wartete.«

»Und was hat er für einen Eindruck auf Sie gemacht?«

Roland dachte nach, sein Blick schweifte in die Ferne. Der Junge hatte sich eigentlich nicht merkwürdig verhalten.

»Wie immer, würde ich sagen.«

Andersson schnaubte und wandte den Kopf ab. Seine Tochter riss ihre blauen Augen auf, die Augen ihres Verlobten hingegen wurden noch schmaler. Dann blickte er zum Wald hinüber, zündete sich eine Zigarette an und sagte: »Sie werden sehen, das hat ein Jugendlicher getan.«

»Wie kommen Sie denn darauf?«

»Nur so ein Gefühl.«

Die Tochter sah ihren Zukünftigen wie ein verschreckter Hase an.

»Wie fürchterlich! Wenn das der junge Sommer gewesen ist, dann stimmt etwas nicht mit ihm! Man kann eine solche Tat doch nicht begehen und dann davon völlig unberührt sein? Schon gar nicht, wenn man so jung ist!«

Rut Sommer steht im Park und schluchzt. Ihr Fahrrad liegt neben ihr auf dem Boden. Roland wischt sich die Hände an der Hose ab und geht zu ihr. Seine Nachbarin war schon immer ein sensibles Wesen, und er empfindet eine besondere Zuneigung für sie. Als er mit seiner warmen, schwieligen Hand ihre Schulter berührt, zuckt sie zusammen, legt dann aber ihren Kopf an seine Brust. Roland nimmt sie in den Arm.

»Sie haben Bengt festgenommen.«

Schluchzend bringt sie hervor, dass ihr Mann Otto nach Hause gekommen ist und von ihrem jüngsten Sohn Axel erfahren hat, dass Bengt nicht mit zum Fußballspiel gefahren ist, sondern auf der Polizeiwache sitzt. Er wird des Mordes an Birgitta Sivander verdächtigt. Ihre Stimme ist hoch und schrill.

»Und ich habe gesagt: ›Mein Bengt? Er ist auf der Wache? Festgenommen?‹ Und Otto hat geantwortet: ›Beruhige dich, Rut!‹ Ich hab mir sein Fahrrad geschnappt und bin losgefahren, weil ich einfach nicht glauben kann, dass es w–«

Rut bricht ab, sie zittert am ganzen Körper und bricht zusammen. Roland hält sie fest im Arm.

Kaum ist Rut Sommer nach Hause zurückgekehrt und hat sich etwas beruhigt, klopft es an der Tür. Oberwachtmeister Magnusson und Landjäger Gottfrid Andersson wollen Rut und Otto zu den Ereignissen am Freitagabend befragen. Rut ist außer sich.

»Bengt wollte zum Sportplatz, aber ich habe ihn gezwungen, den Anzug vorher anzuprobieren. Unsere Tochter Siv heiratet an Pfingsten, und es gibt noch so viel zu erledigen. Deshalb musste er ihn anziehen, damit ich übers Wochenende noch die notwendigen Änderungen vornehmen kann. Als wir fertig waren, ist er sofort losgerannt. Und kam kurz nach acht wieder nach Hause. Mir ist aufgefallen, dass er nicht die Schuhe trug, die er von seinem Trainer fürs Fußballspielen bekommen hatte. Seine waren nämlich schmutzig. Ich habe ihn wütend angesehen, und er hat gesagt: ›Ja, Mama, die sind leider schmutzig geworden.‹ Und ich habe geantwortet: ›Dann musst du sie putzen. Nimm die Schuhbürste, die liegt in der Schublade.‹ Dann habe ich nicht mehr darüber nachgedacht.«

Ihr Tonfall ist defensiv, fast aufsässig. Otto legt ihr entschuldigend die Hand auf die Schulter.

»Und was hat er für einen Eindruck auf Sie gemacht?«, will Oberwachtmeister Magnussen wissen.

»Er hat überhaupt keinen Eindruck auf mich gemacht«, faucht ihn Rut Sommer an. »Er war ganz ruhig und froh, wie immer.«

Ihr steigen Tränen in die Augen, als Magnusson sie bittet, ihm die Schuhe und die Kleidung auszuhändigen, die Bengt am besagten Abend getragen hat. Magnusson wendet sich von den Eltern ab, als er Bengts Jacke inspiziert. Sein Herz schlägt ihm bis zum Hals, als er die kleinen dunklen Flecke darauf entdeckt. Dann greift er nach den Schuhen, Turnschuhe der Marke Tretorn, und untersucht die Sohlen.

»Ich würde die Sachen gerne mit auf die Wache nehmen, Frau Sommer«, sagt er und nickt Andersson zu, der zwei braune Papiertüten hervorholt.

Unter beklemmendem Schweigen sehen Rut und Otto zu, wie die beiden Beamten die Tüten laut knisternd öffnen, die Kleidungsstücke zusammenlegen und sie und die Schuhe einpacken.

Ich sitze auf der Treppe in unserer neuen Wohnung und sehe den Schwalben bei ihrem Spiel zu. Man hat eine atemberaubende Aussicht von hier. Trotzdem habe ich immer Angst, dass jemand sich zu Tode stürzt. Manchmal stehe ich mit Vivi dort draußen, ich habe sie fest im Arm, und ich erzähle ihr etwas, singe und zeige auf Bäume und Häuser. Und urplötzlich ergreift mich Panik, und ich sehe, wie ihr kleiner Körper kopfüber in die Tiefe fällt. Ich mache sofort einen Schritt zurück. Aber dann bekomme ich Angst, dass der ganze Balkon abreißt. Ich kann es fast spüren, wie wir zehn Stockwerke hinunterstürzen. Morgens steht Justus auf und kümmert sich um die Kinder, damit ich weiterschlafen kann, weil ich nachts stille. Aber ich kann nicht schlafen, sondern liege regungslos im Bett und warte auf panisches Geschrei und Gebrüll. Ich stelle mir vor, dass einer von ihnen aus dem Fenster stürzt oder Justus Vivi auf der Treppe zwischen den Stockwerken fallen lässt.

Die Kinder schlafen jetzt. Ich sitze in einem schwarz-weiß karierten Ohrensessel, den ich bei einer Auktion ergattert habe. Wenn die Kinder eingeschlafen sind, sitze ich jeden Abend hier und blättere durch die Ermittlungsakten. Immer und immer wieder.

In regelmäßigen Abständen rufe ich Karl an oder schreibe ihm eine SMS. Bei unserem letzten Telefonat habe ich ihn gefragt, ob er sich an Birgittas Freundinnen erinnert. Aber das tut er nicht. Jetzt hat er mir eine Mail geschrieben und mir einen Namen genannt. Ich finde sie auf Facebook. Das Profilbild zeigt eine ältere Frau mit kurzen hellgrauen Haaren und einer Lesebrille auf der Nase. Ich schlage sie auch im Zentralregister nach und stelle fest, dass sie keine ehemalige Klassenkameradin von Birgitta sein kann, weil sie erst im Jahr ihres Todes geboren wurde.

Aber über ihre Profilseite finde ich eine Gruppe, die sich *Perstorpgruppe* nennt. Ein Teilnehmer hat eine Frage zu Birgitta gestellt.

Pär Siegård hat 1949 ein Fresko für die Grundschule gemalt, das die Familie Sivander zum Gedenken ihrer Tochter gestiftet hat. Weiß jemand, wo das Fresko jetzt ist?

Es ist in der alten Aula der Centralskolan. Karl hat die Vorlage bei sich über dem Klavier hängen und zeigte es mir stolz, als ich ihn besuchte. *Die Natur. In Gedenken an ein Mädchen* heißt es. Seine Mutter hat es ihm vermacht. Ein anderes Mitglied der Perstorpgruppe hat ein Foto von dem Fresko hochgeladen. Ich betrachte es lange. Es hängt hinter einer Reihe von Sitzplätzen und bedeckt die ganze Wand. Darauf sind Tiere zu sehen, die sich in der grünen Natur versammeln. Rehe, Hasen und ganz rechts zwei große Vögel. Ist nicht so einen Vogel über die Straße geflogen, als ich vor Kurzem mit Mimmi und Vivi nach Katrineholm gefahren bin? In der Mitte des Bildes ist eine große, leuchtende Sonne, und die Tiere sind umgeben von gigantischen Maiglöckchen.

Es ist der 11. August, ich wechsle meiner Tochter die Windel. Es ist warm, und ich beschließe, ihr nichts anzuziehen. »Nackt und frei«, singe ich und ziehe das i in die Länge. Sie juchzt vor Freude. Da-da-da. Sie lächelt etwas an der Decke an, was nur sie sehen kann. Aber dann schlägt ihre Laune um, sie fängt an zu weinen, und ich nehme sie hoch. Auch ich bin nackt und spüre, dass sie das genießt. Haut an Haut. Sie beruhigt sich und legt ihren Kopf auf meine Schulter.

Über dem Wickeltisch hängt ein alter Spiegel mit goldenem Rahmen. Ich betrachte uns, gerührt über ihren kleinen Körper. Sieben Monate und einen Tag ist es her, dass ich ihn aus mir herausgepresst habe. Sie ist klein für ihr Alter, bekommt aber langsam dieses Knubbelige, typisch für Babys zwischen sechs und zwölf Monaten. Der Bauch ist rund und weich, die Schultern schmal und abfallend, die Arme zart und flaumig. Ihre Füße liegen an meinem Bauch, die Zehen zeigen zueinander. Unser Spiegelbild sieht aus wie ein Gemälde. Mutter mit Kind. Wie auf einer Ikone. Alles ist still, man hört nur einen sanften Luftzug, während meine bedingungslose Liebe wie ein brausender, brennender Strom in sie fließt. Ich streiche mit den Fingern über die weichen Falten auf ihrem Rücken. Ich will zu einem Gemälde werden und für immer hier mit ihr stehen.

Sie zu bekommen, bedeutete für mich das größte Glück und die größte Sorge zugleich. Ich kitzle sie mit der Nase am Hals und lache, weil sie lacht. Im nächsten Augenblick erstarre ich vor Angst bei dem Gedanken daran, was sie erleben könnte. Durchmachen muss. Ich hatte zuerst *was sie erleben wird* geschrieben, habe es aber sofort wieder gelöscht. Wie kann ich sie nur am besten für dieses Leben rüsten?

Als ich ein Kind war, habe ich einen Sommer lang mit einem benachbarten Schwesternpaar gespielt. Daran muss ich manchmal denken. Die eine war sieben, die andere fünf Jahre alt, und ihre Eltern hatten ein Sommerhaus in Söderbärke, wo mein Großvater lebte. Die Mädchen waren beide weißblond und braun gebrannt. Einmal habe ich bei ihnen übernachtet, und als wir ins Bett gehen sollten, zog sich die jüngere splitterfasernackt aus.

Der großen Schwester war das peinlich, aber die Kleine meinte: »Mama hat gesagt, dass es gut ist, nackt zu schlafen, weil man sich dann dort unten auslüftet!«

Das war neu für mich. Ich hatte bisher noch nie über meine … ja, wie heißt es denn eigentlich? In der Tageszeitung *Aftonbladet* gab es eine Abstimmung, wie man es nennen soll. Die Gewinnerin war *Muschi*. Als ich das las, wollte ich ihr überhaupt keinen Namen geben. Ich bin als kleines Mädchen beim Baden im Mörtviken ausgerutscht und auf einen spitzen Stein gefallen. Der Schmerz durchschoss mich wie ein glühender Speer, und das Blut lief mir am Bein hinunter. Aber ich konnte zu Hause nicht erzählen, was passiert war, weil ich keine Worte dafür hatte. Ich hatte mich an einer Körperstelle verletzt, die keinen Namen besaß. Aber ich erkannte immerhin, dass es mir peinlich war.

Heute, fast dreißig Jahre später, kommt einem diese Diskussion ein bisschen überholt vor. Alle scheinen weitergezogen zu sein. Aber für mich ist das Wort nach wie ungewohnt. Die anderen haben den Raum schon längst verlassen, bevor ich den Mund nur geöffnet habe. Sie diskutieren jetzt andere Dinge, in anderen Räumen. Die Sache gilt als gelöst. Für Vivi wird das so sein, hoffe ich zumindest. Aber ich bin noch hier. Und ich bin doch bestimmt nicht die Einzige, oder?

Karl antwortet zögernd, als ich ihn frage, was man als Kind damals 1948 für ein Verhältnis zu seinem Körper hatte. Ich glaube, er will mir zu verstehen geben, dass im Wald durchaus eine Annäherung stattgefunden haben könnte. Ohne dass Birgitta sich gewehrt oder einen Laut von sich gegeben hat. Denn wie reagiert man bei solch einem Angriff auf den eigenen Körper, der unbekanntes Terrain ist, das auch nicht erforscht werden durfte? Zum Zeitpunkt des Mordes fragten sich Presse und Polizei, warum man weder Schreie noch Hilferufe gehört hatte. Heutzutage überrascht das niemanden, wir haben auch ein Wort dafür. Dieses Erstarren nennt man *frozen fright*. Das ist ein Überlebensmechanismus, eine archaische Verteidigungsstrategie unserer Vorfahren. Wenn uns ein Raubtier angreift, erstarren wir, ob wir ein Wort dafür haben oder nicht. Birgitta lebte in einer Zeit, in der Kinder gehorchen sollten und keine Widerworte geben durften.

Ich lese die gerichtliche Anhörung von Familie Bloms Kindermädchen Sonja. Im Zeugenstand wurde sie gefragt, ob sie Birgitta als *schwärmerisch* erlebt habe. Das bejahte Sonja, sie habe sich immer mit Jungen unterhalten und ihnen hinterhergesehen. Sie gab auch zu Protokoll, dass sie sich mit dem Kindermädchen der Sivanders unterhalten und sie beide Birgitta als schwärmerisch bezeichnet hätten. Was war damit gemeint? Wollte sie damit zum Ausdruck bringen, ein neunjähriges Mädchen habe durch ihr Verhalten eine Annäherung provoziert und sich unzüchtig verhalten? Mich sollte es nicht überraschen, dass man 1948 nicht davor zurückschreckte, dem Opfer die Schuld zu geben. Aber ich bin überrascht und bemühe mich sehr, das Verhör mit wohlwollendem Blick zu lesen. Und letztendlich komme ich zu der einzig möglichen Schlussfolgerung: Die Polizei hat zu ermitteln versucht, ob Birgitta sich in irgendeiner Weise so verhalten hat, dass sie zu einem potenziellen Opfer eines sexuellen Übergriffes wurde.

Als Professor Einar Sjöwall den Obduktionssaal betritt, ist Birgitta bereits aufgebahrt. Kalt und leblos. Sie ist voller Schlamm, und an ihrem Körper klebt altes Laub. Ich sehe diese Szene vor mir, wie auf einem kleinen Fernsehgerät in der Küche, wo der Empfang schlecht ist. Fünf Männer sind Sjöwall gefolgt und frösteln, weil die Kälte in ihre Kleidung kriecht. Der leitende Oberarzt des Krankenhauses, der Distrikts- und der Landeshauptmann, der Oberwachtmeister sowie der Hausmeister des Krankenhauses. Warum sind es so viele? Warum ist der Hausmeister dabei? Einer der Beamten übergibt dem Professor einen Umschlag, in dem sich Birkenlaub mit winzigen dunklen Blutspuren befindet. Einar Sjöwall beginnt mit der Untersuchung und widmet sich zunächst den Holzschuhen, die separat auf einem kleinen Metalltisch stehen. Sie sind, wie das Mädchen, voller Lehm und altem Laub. Vorsichtig kratzt er die trockenen Lehmreste ab. Im rechten Schuh ist vorne an der Spitze ein Riss. Darin steckt eine Haarsträhne. Einar Sjöwall entfernt die Strähne und betrachtete sie im Licht, bevor er sie vermisst. Zwölf Zentimeter lang, hellblond und dünn. In den Schuh ist Blut getropft und bis nach vorne zu den Zehen gelaufen. In absoluter Stille werden Birgittas Kleidungsstücke auf einem Beistelltisch ausgebreitet. Auf der Strickjacke sind keine Blutspuren, nicht einmal am Kragen. Auch auf dem Kleid findet sich kein Blut. Das Mieder, das Unterhemd, die kurze Unterhose und die Kniestrümpfe. Die weißen Kleidungsstücke sind allesamt frei von Blut.

Ich will die Obduktion nicht weiter beschreiben. Es muss genügen, die Details zu nennen, die Erkenntnisse über den Tathergang lieferten. Das ist deshalb wichtig, weil sich viele im Laufe der Jahre immer wieder gefragt haben, ob es doch ein Unfall gewesen sein könnte. Bevor ich den Obduktionsbericht gelesen hatte, habe ich mir diese Frage auch gestellt. Aber es war kein Unfall.

Der erste Schlag traf Birgitta vermutlich an der Wange. Und zwar an der Stelle im Wald, an der man ihre Holzschuhe gefunden hat. Von dort stammt nämlich das blutbesprenkelte Laub. Warum hat sie ihre Schuhe ausgezogen? Oder wurden sie ihr ausgezogen? Ich sehe sie vor mir, wie sie ihre Schuhe rechts und links neben ihre Füße stellt. Aber warum? Von dort ist Birgitta auf Strümpfen durch den Wald gerannt. Etwa sechzig Meter weiter, dann ist sie in den Graben gesprungen, wo der Täter sie eingeholt und ihr mehrmals auf den Hinterkopf geschlagen hat. Wahrscheinlich mit einem Stein, der aber niemals gefunden wurde. Dann ist sie entweder auf den Rücken gefallen, oder sie wurde, was wahrscheinlicher ist, vom Täter auf den Rücken gedreht. Am Kiefer auf ihrer linken Seite hat sie eine kleine tiefe Wunde. Der Knochen darunter ist gesplittert. Unter ihrem Kopf hat man vor Ort einen pyramidenförmigen Stein gefunden, der auch die Verletzungen am Schädel erklärt.

Nach der Lektüre des Obduktionsberichtes muss ich eine Pause einlegen. Ich sitze auf dem Sofa. Es ist still in der Wohnung, man hört nur die U-Bahn, die in regelmäßigen Abständen vorbeifährt, sowie Sams Hörbuch, das in seinem Zimmer läuft. Viele kleine Lampen tauchen den Raum in ein goldenes Licht. Mir ist übel, ich habe Kopfschmerzen. Der Tathergang spielt sich immer wieder in meinem Kopf ab. Wird zurückgespult und von vorne abgespielt. Ich versuche, alles zu sehen, zu hören und zu verstehen. Birgitta steht auf der Lichtung. Jemand mit Schuhgröße zweiundvierzig kommt auf sie zu. Kennt sie ihn? Beide oder nur einer trampelt den Kreis ins Moos. Dann zieht sie ihre Schuhe aus, oder er zieht sie ihr aus. Sie werden ordentlich auf den Waldboden gestellt, in einem Abstand von etwa sechzig Zentimetern. Hat er auch den Socken heruntergekrempelt? Sie bekommt einen Schlag ins Gesicht und blutet. Aber der Schlag ist nicht so hart, und sie rennt tiefer in den Wald hinein, springt in den Graben und läuft in die entgegengesetzte Richtung. Neun Schritte. Dann bekommt sie den ersten Schlag auf den Hinterkopf. Sie stürzt und wird dann durch weitere Schläge getötet. Aller Wahrscheinlichkeit nach hat der Mörder sie auf den Rücken gedreht, denn laut Einar Sjöwalls Einschätzung ist der Tod schnell eingetreten. Ihr wurde auch ins Gesicht geschlagen. Trotzdem gibt es keinen einzigen Blutfleck auf ihrer Kleidung. Wie ist das möglich? Der Täter sammelt Steine und findet einen Baumstumpf am Rand des Grabens und bedeckt den Leichnam damit. Das dauert, und derjenige muss dabei schmutzig geworden sein. Der schwerste Stein wiegt 51,4 Kilo. »Das muss ein richtiges Muskelpaket gewesen sein«, hat Bengt gesagt.

Einar Sjöwall kann keine Anzeichen von sexueller Gewalt feststellen. Obwohl ich im Laufe eines Jahres seinen Bericht mehrmals durchgelesen habe, scheint mein Gehirn bestimmte Informationen blockiert zu haben. Sie sind nicht zu mir durchgedrungen. Deshalb habe ich das Gefühl, als würde ich den Bericht zum ersten Mal lesen. Ich vermag auch erst jetzt das Foto genauer anzusehen. Von der Obduktion gibt es nur eine Aufnahme, sie zeigt Birgittas Gesicht und Schultern im Halbprofil. Sie ist so schmal. Ihre Augenbrauen verleihen ihrem Gesicht einen besorgten Ausdruck. Aus Verhörprotokollen geht hervor, dass es mehr Aufnahmen gegeben hat als diese eine. Jemand muss die anderen entsorgt haben.

An einem Donnerstag überwinde ich mich und setze das in die Tat um, was ich schon lange vor mir hergeschoben habe. Ich feile seit einiger Zeit an einem Eintrag für die Perstorpgruppe auf Facebook. Einen ganzen Tag lang gehe ich mit Vivi im Tragegurt spazieren und überprüfe jedes einzelne Wort. Sie schläft, solange ich in Bewegung bin, deshalb bin ich permanent unterwegs, Kilometer um Kilometer. Von Lilla Sickla, Söderbysjön, Skogskyrkogården bis nach Gamla Enskede. Als ich abends nach Hause komme, steht die Formulierung. Justus gibt mir den guten Rat, den Post erst am nächsten Morgen zu senden, damit ich nicht vor Aufregung die ganze Nacht wach liege.

Es ist nicht das erste Mal, dass ich in kleinen, lokalen Foren auf Facebook unterwegs bin. Wenn ich Stadtführungen schreibe, nehme ich bei meiner Jagd nach guten Geschichten oft Kontakt mit den Anwohnern eines Stadtviertels auf. Aber die Perstorpgruppe ist anders. Die Stimmung ist eine ganz andere. Einträge zu Birgitta haben sehr oft ablehnende oder sogar aufgebrachte Reaktionen hervorgerufen. Jemand hat ein paar Zeitungsausschnitte hochgeladen, in denen es um den Mord geht. In einem war ein Foto eines Jungen abgedruckt. Die Bildunterschrift lautete: *Der vierzehnjährige Tatverdächtige*. Aus den Kommentaren geht hervor, dass auch sein vollständiger Name im Text gestanden hat, aber der Admin der Seite hat den Eintrag gelöscht. Andere Posts, aus denen sich eine Diskussion hätte entwickeln können, wurden unkommentiert gelassen. Das ist ungewöhnlich. Normalerweise interessieren sich die Leute doch für so etwas? Die Perstorper wehren sich, und ich frage mich, warum. Einer schreibt, dass es aus Rücksicht auf die Angehörigen nicht in Ordnung ist, in den alten Sachen zu wühlen. Geht es hier wirklich um Rücksicht oder um etwas anderes? Um Schmerz? Vielleicht sogar Angst? Oder Loyalität? Aber wem gegenüber? Birgittas Familie? Sie sind vor langer Zeit weggezogen. Oder geht es um Perstorp? Viele Familien leben dort seit Generationen, anders als in vielen anderen Städten, in denen die Fluktuation groß ist und die Bevölkerung ständig wechselt. Ich weiß es nicht. Mir kommt Perstorp vor wie eine Burg mit sehr hohen Mauern.

Die meisten Quellen meiner unvollendeten Masterarbeit in Geschichte bestanden aus handschriftlichen Berichten von Frauen, die in den Dreißiger- bis in die Sechzigerjahre Kinder bekommen haben. Diese Frauen hatten einen Katalog von Fragen zu ihrer Schwangerschaft und der Geburt vorgelegt bekommen. Das Material wurde Anfang der Neunziger in mehreren Seniorenheimen im Auftrag von Archiven zusammengetragen, die sich mit der Bewahrung von Sprache und Kultur beschäftigen. Einige Aussagen waren kurz und nüchtern. Andere ausführlich und mehr oder weniger flüssig. Eine Frau hatte die Geburt ihres Kindes auf zehn Seiten beschrieben, wobei sich ihre Erregung mit jeder Seite steigerte. Das ließ sich auch an ihrer Handschrift ablesen, die immer enger wurde und sich zur Seite neigte, die Buchstaben wurden immer kleiner. Am Ende konnte man nichts mehr entziffern. Zum Schluss musste ich abbrechen. Allerdings konnte ich deutlich herauslesen, dass sie ein Trauma erlitten hatte. Sie war jahrelang von ihrem Mann sexuell missbraucht worden. Der Bericht einer anderen Frau irritierte mich, weil er so kurz angebunden klang, ohne jede Gefühlsregung. Fragen, die Gefühle ansprachen, übersprang sie einfach. Meine Arbeit behandelte die Geschichte der Emotionen, und ich war frustriert, weil ich ihre Aussage nicht verwenden konnte. Aber dann wies mich mein Dozent auf das Buch *Oral History Theory* von der Historikerin Lynn Abrams hin. Ich werde nie das Gefühl vergessen, als mir aufging, dass ich auch das Schweigen deuten konnte. Abrams sagt, traumatisierten Menschen falle es oft schwer, zusammenhängend über das Erlebte zu berichten. Ein Trauma kann sich in Form von emotionalem Kontrollverlust äußern, oder in Form von Schweigen. Diese Frauen beschrieben beide ein Trauma, die eine in fast filmreifem Wahnsinn, als bemale sie zwanghaft eine Zellenwand in einer psychiatrischen Klinik, die andere, indem sie schwieg. Der Soziologe Ken Plummer schreibt in seinem Buch *Telling Sexual Stories*, dass eine Geschichte, in der es um sexuelle Zugehörigkeit oder ein Trauma geht, ein Publikum braucht. Nur so kann sie existieren. Und das gilt auch für andere Arten von Erfahrungen.

In der Geschichte vom Mord an Birgitta stehen zwei Familien im Zentrum: Familie Sivander und Familie Sommer. Von Karl weiß ich, dass Familie Sivander über das Geschehene geschwiegen hat. Karl bekam keine Hilfe, um das Erlebte zu verarbeiten, weder vonseiten der Lehrer noch von der Kirche. Seine Freunde trauten sich nicht zu fragen, aus Angst, alte Wunden aufzureißen. Und Karl wurde verboten, mit Journalisten zu sprechen. Aber er hatte ein schreckliches Trauma erlitten, und es war niemand da, der ihm zuhörte. Dieser Umgang mit Birgittas Tod hat sich wie eine Schockwelle ausgebreitet, und man kann die Nachwirkungen bis heute spüren. Weit über Perstorp hinaus.

Am 14. August poste ich meinen Eintrag in der Facebook-Gruppe. Ich erzähle, dass ich über Birgittas Fall schreibe und mich freuen würde, wenn jemand Lust hätte, mit mir darüber zu sprechen. Die erste Reaktion, die ich erhalte, ist eine Privatnachricht von einer Frau. Sie findet es unangemessen, dass ich mich damit beschäftige. Ich frage sie, ob sie vor etwas Angst hat, und wenn ja, wovor, aber sie meldet sich nie wieder bei mir. Die zweite Nachricht stammt von einem Mann, der zu berichten weiß, dass frühere Einträge zu diesem Thema aus der Gruppe entfernt wurden. Mein Post würde die Leute nur unnötig aufregen. Ansonsten erhalte ich hauptsächlich Likes, allerdings nicht so viele wie andere Einträge. Einige teilen meinen Post sogar.

Ich erinnere mich, dass ich bei meinem ersten Interview mit Karl lachen musste und mich bei ihm für meine Interviewtechnik entschuldigt habe. »Ich bin keine Journalistin, wie Sie sich vielleicht schon gedacht haben.« Er sah mich skeptisch an und fragte, warum ich ihn dann interviewen würde. Ich hatte keine gute Antwort parat. Aber jetzt habe ich eine. Ich möchte ein Buch daraus machen. Unbedingt.

Anfang September fahren wir nach Strängnäs, weil Justus dort einen Intensivkurs belegt hat, um den Führerschein zu machen. Ich habe eine kleine Wohnung im Erdgeschoss eines alten Holzhauses gemietet, das um 1900 gebaut wurde. Im ersten Stock wohnt ein Mann, den wir im Laufe der zwei Wochen kein einziges Mal zu Gesicht bekommen. Dafür hören wir jeden seiner Schritte. Sam sucht sich das Zimmer hinter der Küche aus, weil dort ein Porträt von König Oskar II. hängt. Der Apfel fällt nicht weit vom Stamm, heißt es im Volksmund. Und da ist was Wahres dran. Das hat er von mir. Wenn wir unterwegs sind, erzähle ich ihm immer von den Menschen, die mit den jeweiligen Orten verbunden sind. So wie es meine Mutter mit mir gemacht hat. Allerdings sind unsere Interessen sehr verschieden. Er will nichts von Frauen hören, von normalen Menschen oder vom Alltag. Dafür verschlingt er förmlich alles, was mit Königen und Kriegen zu tun hat. Zuerst war er von der *Vasa* besessen, dem schwedischen Kriegsschiff aus dem 17. Jahrhundert. Danach hat er alles über den Tower of London, das größte Schiff der Welt, den Segeldampfer *SS Great Eastern*, den Ersten und Zweiten Weltkrieg sowie über König Karl XII. auswendig gelernt. Vielleicht war er in einem früheren Leben ein Geschichtsprofessor. Aber von der alten Schule.

Sam und Justus teilen sich das Zimmer. Vivi und ich schlafen in dem anderen, das vom Wohnzimmer abgeht. Der Fußboden besteht aus alten, schiefen Dielen, und die Kassettentür geht immer wieder auf, außer man drückt sie ganz fest zu. Das Schlafzimmer hat zwei Betten à neunzig Zentimeter, die ich zusammenschiebe. Vivi lege ich ins hintere Bett, direkt an der Wand. Ich stille sie abends und nachts, tagsüber isst sie mit uns zusammen. Ich sehne mich danach, mit dem Stillen aufzuhören, damit ich mal wieder Snus nehmen und länger schlafen kann. Gleichzeitig aber will ich, dass es niemals aufhört. Sie ist wie ein Tier, wenn sie trinkt. Wie ein Welpe. Und sie ist von mir abhängig. Ich weiß, dass ich es vermissen werde. Ich singe ihr dasselbe Wiegenlied vor, in Dauerschleife, bis sie meine Brust loslässt und eingeschlafen ist. Dann schleiche ich mich aus dem Zimmer.

Im Zentrum des Ortes gibt es ein Geschäft, in dem man unfassbar leckeren Käse kaufen kann. Wir zeigen Sam, dass man Käse mit Keks und Marmelade essen kann, und zünden die Kerzen auf dem rot-weiß karierten Tischtuch an. Sam schmeckt der Brie am besten, und er sieht dabei aus dem Fenster in den dunklen Garten. Justus und ich trinken ein Glas Rotwein. Vivi wacht immer wieder auf, ich lege mich jedes Mal zu ihr und stille sie. Dabei rutschen die Betten immer weiter auseinander. Am nächsten Morgen wirkt es, als würden wir in zwei getrennten Betten schlafen. Seit ihrer Geburt haben wir jede Nacht miteinander verbracht, ganz nah beieinander. Auf der rechten Seite. Ich habe verkrampfte Muskeln, weil ich meinen Arm immer über ihr kleines schnaufendes Köpfchen lege.

Am zweiten Abend in Strängnäs bekomme ich eine Mail mit den Aufzeichnungen der Zeugenaussagen von der Gerichtsverhandlung. Ich habe mir vor Ewigkeiten die Kopien bestellt und die Hoffnung schon beinahe aufgegeben. Meine Anfrage, was mit dem Beweismaterial passiert ist, zum Beispiel mit Birgittas und Bengts Kleidung, wurde ignoriert. Hungrig lese ich die fast dreihundert Seiten, während ich zwischendurch immer wieder stille.

Morgens gehe ich mit den Kindern spazieren, und wir erforschen neue Ecken der Stadt. Sam ist etwas aufgefallen, das wie eine verlassene Burg aussieht. Ich kann es auf der Karte nicht finden, aber ich bin neugierig geworden. Wir gehen über die Brücke und schlängeln uns zwischen den Häusern hindurch den Berg hoch. Es stellt sich heraus, dass die Burg ein alter Wasserturm ist und zu einer ehemaligen psychiatrischen Klinik gehört hat. Als wir auf der anderen Seite der Anhöhe hinuntergehen, kommen wir zu einer großen Schule. Der Schulhof liegt zum Wald und der Anhöhe mit dem Wasserturm hin. Ein paar schreiende Jungen mit Stöcken in den Händen jagen sich, sie bleiben abrupt stehen, als sie uns sehen. Weiter hinten sitzt eine Gruppe von Mädchen in ein Spiel vertieft. Als wir an ihnen vorbeigehen, höre ich eine Stimme hinter mir.

»Sie dürfen hier nicht sein.«

Ich drehe mich um und erblicke die Mädchen, die sich in einer Reihe aufgestellt haben und mich feindselig anstarren. Die Größte von ihnen, mit krausem Haar, ist die Wortführerin. Ich lache sie an.

»Okay, wir müssen nur wieder zurückfinden.«

Ich spüre ihre brennenden Blicke in meinem Rücken, während wir unseren Weg an der Schule vorbei fortsetzen. Wir gelangen in eine Siedlung mit Einfamilienhäusern, und ein Stück weiter befindet sich ein verwunschener Park, der von verfallenen Steinmauern umgeben ist. An einer Stelle ist die Mauer in sich zusammengestürzt, und wir klettern darüber. Es ist kein Park, sondern ein alter Friedhof, der durch niedrige Büsche in mehrere Abteilungen unterteilt ist. Dort stehen nur ein paar spärliche, teilweise stark in Mitleidenschaft gezogene Grabsteine. Es ist der ehemalige Friedhof der psychiatrischen Klinik.

Als wir zurückkommen, recherchiere ich. Das Schulgebäude, an dem wir vorbeigegangen sind, ist in einem ehemaligen Gebäude der Klinik untergebracht. Wie die Kinder das wohl finden? Als Kind fand ich solche Sachen spannend und aufregend, solange ich nicht allein war. Die Idee, in eine ehemalige psychiatrische Klinik zur Schule zu gehen, hätte mir bestimmt gefallen, gleichzeitig aber hatte ich furchtbare Angst vor Gespenstern und Geistern. Und zwar mehr als andere Kinder, glaube ich.

Meine Großmutter wohnte neben einem Haus, in dem es spukte. Ihre Haustür befand sich auf der Rückseite, und das Grundstück endete am Gartentor. Dahinter nämlich begann der verwunschene Garten des Spukhauses, das schon lange unbewohnt war. Der Gartenzaun war an einer Stelle kaputt, sodass man auf das ausgedehnte Nachbargrundstück klettern konnte. Und mittendrin stand ein großes Holzhaus mit drei Stockwerken und einem Keller. Mein Vater erzählte mir, dass drei Schwestern darin gewohnt haben, als er klein war. Deren Vater hat sich im Haus erhängt, und die drei haben den Ort nie verlassen und nicht geheiratet. Sie starben in dem Haus, irgendwann in den Siebzigern.

Ich war acht Jahre alt, als meine große Schwester vorschlug, eine Nacht im Garten des Spukhauses zu zelten. Sie, ich und meine beste Freundin Rannveig. Als es dunkel wurde, fing meine Schwester an, Gruselgeschichten zu erzählen. Von einem Mann, der sich in einen Wurm verwandelte. Ich bekam Angst und wollte zu meiner Großmutter. Aber sie wollten nicht mitkommen. Am Ende hielt ich es nicht mehr aus und stürmte in die Dunkelheit der Spätsommernacht, raste in panischer Angst durch den Garten, sprang die Treppenstufen hoch, riss die Tür auf und knallte sie hinter mir zu. In der hell erleuchteten Diele blieb ich stehen und stützte mich auf meinen Knien ab, bis ich wieder normal atmen konnte. Dann ging ich zu den Erwachsenen ins Wohnzimmer, die vor dem Fernseher saßen und eine Folge von *Inspector Barnaby* sahen, als wäre nichts gewesen. Ich hatte mein Leben lang eine Todesangst vor dem Spukhaus. Gleichzeitig liebte ich Gruselgeschichten und Horrorfilme. Die Leute glauben, dass das Unheimliche nur für Menschen gedacht ist, die keine Angst haben. Aber das Gegenteil ist der Fall. Es zieht einen magisch an und jagt einem zugleich eine schreckliche Angst ein. Du musst deinen Feind kennen. Ich bin wie ein neugieriges, witterndes Reh, das bei der geringsten Bewegung bereit ist, zu fliehen.

Als wir von unserer Reise nach Strängnäs zurückkehren und wieder unser großes Doppelbett in Beschlag nehmen, hat sich Vivi daran gewöhnt, allein zu schlafen. Wenn ich neben ihr liege, während sie einschläft, und mich bewege, sie berühre, wecke ich sie jedes Mal auf. Also wende ich ihr den Rücken zu und habe eine eigene Decke. Seit acht Monaten war das nicht mehr so, und ich genieße es. Ich schlafe auch viel besser. Doch manchmal schrecke ich auf und habe Angst, dass sie nicht mehr atmet. Dann schmiege ich mich dicht an ihren kleinen, warmen Körper und höre ihren ruhigen Atemzügen zu. Aber dann wird sie unruhig, ihr Atem wird schneller, und ich bekomme ein schlechtes Gewissen und ziehe mich wieder zurück.

Eines Abends, Sam ist zu Besuch bei seinem Großvater, sitzen Justus und ich bei einem Glas Wein zusammen und essen dazu den Käse, den wir in dem hervorragenden Käseladen in Strängnäs gekauft haben. Ich erzähle ihm von den auseinanderrutschenden Betten in unserer Ferienwohnung und dass Vivi jetzt allein schläft und bin überrascht, als plötzlich die Tränen fließen.

»Ich habe das Gefühl, dass sie sich von mir entfernt«, sage ich.

»Aber das stimmt doch gar nicht«, sagt Justus.

»Das verstehst du nicht.«

Wir waren eins, sie war in mir. Als sie auf die Welt kam, war sie so hilflos und brauchte mich.

»Aber sie braucht dich doch nach wie vor«, wendet er ein.

Aber der Kreis ist durchbrochen. Sie wird auch immer unruhiger, will nicht mehr im Bauchgurt herumgetragen werden.

»Sie will die ganze Zeit getragen werden«, sage ich jedem, der mir zuhören will, mit einem geduldigen Lächeln auf den Lippen. Insgeheim frage ich mich, ob nicht ich diejenige bin, die abhängig von ihr ist. Ich will sie herumtragen. Ich bin noch nicht bereit. Ich will noch eins mit ihr sein.

»Die Vorstellung, dass dieses Band für immer gekappt wird, ist unerträglich. So wie bei Birgittas Mutter«, sage ich, und die Tränen fließen in Strömen.

Wir tragen unsere Kinder aus, gebären sie, tragen sie herum und stillen sie. Dieses kleine Wesen, das nachts blind nach der Brust sucht. Wir waren allein, nur wir beide, umhüllt von der Dunkelheit, allein im Licht. Man stelle sich vor, jemand nimmt sich das Recht heraus, sich über dieses Band zu erheben und es zu durchtrennen. Einzudringen in diese Einheit und eine Hälfte davon zu zerstören. Oder war das bei Birgitta und ihrer Mutter gar nicht so? Karl hat mir seine Mutter Margit als hart beschrieben. Nach Birgittas Tod war sie nach außen die zärtliche, fürsorgliche Mutter, aber hinter verschlossener Tür eher kaltherzig. Über den Mord wurde kein Wort verloren, das Leben musste weitergehen.

Margit starb erst vor ein paar Jahren. Als ihre Kinder ihren Hausstand auflösten, waren Sachen von Birgitta darunter. Ich sehe Margit zwischen den Strickjacken und Zeichnungen ihrer verlorenen Tochter sitzen. Ihre schönen Augen, die ihre Tochter geerbt hatte, sind von tiefen Falten umrahmt. Wie lange hat sie ihr Gesicht in den Kleidungsstücken vergraben? Irgendwann wird sich der Geruch gewandelt haben. Zu Staub und Salz.

Vivi und ich sind auf dem Nachhauseweg von Lilla Sickla, als sie dieses Geräusch macht. Zum wiederholten Mal. Es klingt, als würde sie lachen, aber eher nach innen gerichtet, wie ein umgedrehtes Lachen. Das macht sie seit ein paar Wochen immer mal wieder. Wir haben bisher gedacht, es sei die Freude an einem neuen Geräusch, das sie gelernt hat. Aber in letzter Zeit sehe ich das anders. Es hört sich nicht an, als hätte sie Spaß dabei. Es hört sich unfreiwillig an. Sie sitzt im Kinderwagen. Ist die Stelle zwischen Oberlippe und Nase ein bisschen lila? Ein blauer Schatten. Mein Herz schlägt sofort schneller. Vielleicht friert sie, weil sie allein im Wagen sitzt statt an meiner Brust in der Babytrage? Ich rufe Justus an und bitte ihn, beim notärztlichen Bereitschaftsdienst anzurufen und in der Warteschleife zu bleiben, bis wir zu Hause sind. Vivi fängt an zu quengeln, und ich setze sie in den Tragegurt. Wir sind in Björkhagen, bei der Markuskirche. Ich wiege sie hin und her und singe ein Lied.

Kaum sind wir zu Hause, tausche ich Vivi gegen das Telefon. Sie protestiert lautstark. Eine automatische Stimme teilt mir mit, dass ich als Nächste dran bin. Kurz darauf habe ich eine Krankenschwester am Apparat und erzähle ihr hektisch von meiner Beobachtung, während ich das Essen auf dem Herd umrühre.

»Hat sie die lila Verfärbung nach wie vor?«

Ich sehe nach. Vivi sitzt bei Sam und Justus auf dem Sofa. Sie strahlt übers ganze Gesicht, als ich komme, und weint herzerweichend, als ich wieder hinausgehe. Und zwar so laut, dass ich mich woanders hinstellen muss, um die Krankenschwester verstehen zu können.

»Nein. Sie sieht wieder ganz normal aus.«

Es gäbe keinen Grund zur Beunruhigung, aber sie rät mir, es zur Sicherheit abklären lassen. Ich rufe Vivis Hebamme an, die einen Termin beim Kinderarzt für den nächsten Tag vereinbart.

Justus fährt mit Vivi am nächsten Tag dorthin. Ich laufe rastlos durch die Wohnung. In meiner Horrorvorstellung schreit und weint meine Kleine, während sie ihr den Body ausziehen und sie festhalten, um sie zu untersuchen. Mein Telefon klingelt. Ich bin sofort dran.

»Mach dir jetzt bitte keine unnötigen Sorgen«, sagt Justus.

Mein Herz schlägt laut gegen den Brustkorb. Ich wusste, dass etwas nicht stimmt.

»Vivi hat ein Herzgeräusch, aber der Arzt hat gesagt, dass es ziemlich sicher nichts Schlimmes ist und es keinen Grund zur Sorge gibt. Im schlimmsten Fall kann es ein Problem werden, falls sie eine Thrombose mit fünfzig bekommt.«

Er betont das Wort *falls*. Justus kennt mich. Ich bin diejenige in unserer Beziehung, die sich immer Sorgen macht. Die Ängstliche übernimmt meistens auch die Rolle der Irrationalen.

»Die schicken uns eine Überweisung für einen Herzultraschall.«

Als die beiden nach Hause kommen, nehme ich Vivi mit ausgestreckten Armen in Empfang. Auch sie streckt mir ihre Ärmchen entgegen.

»Das ist wie gesagt vermutlich überhaupt nichts Schlimmes«, sagt Justus. »Aber das Geräusch ist laut. Man kann es auch hören, wenn man sein Ohr an ihren Brustkorb legt.«

Ich drücke mein Ohr an ihren Rücken und höre das Rauschen. Es klingt wie das Meeresrauschen, wenn man sich eine Muschel ans Ohr hält.

Als Sam anderthalb Jahre alt war, lebten wir im Frühling 2017 für ein paar Monate in Budapest. Kurz nach unserer Ankunft wurde Sam krank. Die Nacht war anstrengend, weil er ständig aufwachte und ich am liebsten nur schlafen wollte. Gegen neun Uhr morgens wachte ich auf und war erleichtert, dass ich wenigstens ein paar Stunden Schlaf bekommen hatte. Als ich mich zu Sam umdrehte, sah ich in ein aschgraues Gesicht. Sein Brustkorb hob und senkte sich flach und schnell. Ich hob ihn hoch, er war wie eine leblose Puppe. Ich rannte zu Justus, der im Wohnzimmer saß, und wir sprangen in ein Taxi und fuhren zum nächsten Krankenhaus. Dort erwartete uns in einem gigantischen Warteraum eine ganze Horde von weinenden Kindern und frustrierten Eltern. Ich lief durch den Raum und wiegte Sam die ganze Zeit hin und her. Eine Frau überließ mir ihren Stuhl, und ich legte Sam über meine Knie wie Pietà. Ich war die Mater Dolorosa und beweinte meinen Sohn, weil ich Angst um sein Leben hatte. Eine Krankenschwester kam zu mir und schob mich wortlos in ein Behandlungszimmer. Und auf einmal schwirrten Unmengen von Krankenschwestern und Ärzten um uns herum.

Sam wurde stationär aufgenommen. Die erste Nacht verbrachte ich wie ein Storch stehend an seinem stählernen Gitterbett. Ich musste die Sauerstoffmaske über sein kleines Gesicht halten, weil er mit der Maske nicht einschlafen konnte. Es war das erste Mal, dass er allein in einem Bett lag. Wenn der Sauerstoffgehalt seines Blutes zu tief sank, ging ein wahnsinnig lauter Alarm los, der alle anderen acht Kinder und ihre Eltern im Zimmer aufweckte. Auch Sam wachte davon auf und wollte nicht allein sein. Also kletterte ich in sein Bettchen. Sekunden später erschien eine Krankenschwester und sagte mir, dass ich nicht neben ihm liegen dürfe. Ich versuchte, auf mein Recht zu pochen, und betonte wütend, dass das Bett stabil sei. Es entwickelte sich ein lautstarker Streit. Alle Kinder weinten. Ein Arzt kam dazu und befahl mir mit barscher Stimme, augenblicklich das Bett zu verlassen. Ab diesem Zeitpunkt behielten sie mich unentwegt im Auge. Ich war gezwungen, neben meinem kranken Kind zu stehen, und durfte ihm nur durch das Gitter die Hand halten. Wie bei einem Gefangenen. Er weinte und weinte.

Zwei Wochen lang mussten wir im Krankenhaus bleiben, und ich weiß bis heute nicht, was für eine Krankheit er gehabt hat. In gebrochenem Englisch versuchten die Ärzte, es mir zu erklären, und ich bemühte mich sehr, sie zu verstehen. Ich schickte meiner Freundin Rannveig ein Foto von der Krankenakte. Sie ist Ärztin und konnte mir wenigstens sagen, dass es etwas mit den Lungen zu tun hatte. Die anderen Eltern, deren Kinder auch krank waren, sagten mir, dass es an der schlechten Luft in Budapest läge. Alle Kinder seien lungenkrank.

Während unseres Aufenthaltes in Strängnäs war ich im Laden des Rotes Kreuzes und habe dort eine kleine Figurine aus weißem Porzellan gekauft. Es ist ein Mädchen, das mit einem Buch im Schoß dasitzt und liest. Zwischen dem anderen Kram machte sie nicht viel her, aber ich habe sie trotzdem gekauft. Ich habe sie in die kleine Nische über dem Kamin gestellt und erst da erkannt, dass es Birgitta ist. Ich habe eine grüne Vase mit Eukalyptus danebengestellt, der sich wie ein Baum über das Mädchen beugt. Jetzt hat Birgitta einen sicheren Ort. Ich habe Vivi im Arm und zeige auf die Figur.

»Guck mal, Vivi! Das ist Birgitta.«

Vivi winkt ihr zaghaft zu.

Ich zünde die Teelichter in den zwei weiß gestreiften, dicken Gläsern an, die neben Birgitta stehen. Das flackernde Licht streicht warm über ihr Gesicht.

Es ist gleich fünf Uhr am Nachmittag, Zeit für die *stille Stunde*. Ich habe sie eingeführt, damit Vivi abends schneller einschläft. Ab fünf Uhr muss das Licht in der Wohnung sanft und warm sein. Die Stimmen und die Spiele sind gedämpft. Sam wird im Minutentakt aufgefordert, leise zu sein. Dann badet Vivi. Baden macht müde. Nicht weil der Körper wohlig warm wird, sondern weil die Körpertemperatur sinkt, wenn man wieder aus der Badewanne steigt. Menschen, die erfrieren, werden auch ganz ruhig und müde.

Ich bin eine Gefangene, eingeschnürt zwischen Tragen, Füttern, Spielen und geduldigem Nicken und Zuhören, wenn Sam endlos von Kriegen, Schiffen und Monstern erzählt. Ich werfe Justus einen verzweifelten Blick zu und verkünde, dass ich vorgehe und mich in die heiße Badewanne lege. Wenn das Wasser abgekühlt ist, kann Vivi dazukommen. Als ich die Tür hinter mir schließe, höre ich ihre Stimmen zwar noch, aber das Rauschen des Wasserhahns dämpft die Geräusche, und wenn ich meinen Kopf unter Wasser sinken lasse, höre ich gar nichts mehr.

Justus kommt mit Vivi ins Badezimmer. Als sie mich sieht, streckt sie ihre Ärmchen aus und ruft *Eeeh! Eeeh! Eeeh!*. Justus schafft es gerade noch, ihr die Sachen und die Windel auszuziehen, bevor die Tränen laufen. Sie zappelt mit den Beinen. Ich nehme sie in den Arm und tauche vorsichtig ihre Füße ins Wasser, aus Angst, dass es doch noch zu warm ist. Sie verzieht ihr Gesicht, planscht dann aber mit den Beinen und will ihre Hände ins Wasser tauchen. Die Badezimmertür wird geschlossen, und wir sind allein. Endlich. Ich halte sie in meinem linken Arm, sodass sie an meiner Brust liegt. Sie verharrt einen Augenblick lang, dann aber interessieren sie die Flaschen und Tuben. Ich lasse sie spielen, sorge nur dafür, dass ihr Kopf über Wasser bleibt. Ab und zu legt sie die Hand auf meine Brust und sagt *Da!*. Dann geht sie erneut auf Entdeckungsreise. Sie klatscht mit den Händen aufs Wasser und gibt glucksende Geräusche von sich. Ihr fällt die Flasche mit dem Mandelöl aus der Hand. Sie ist ganz ölig und glitschig, ich auch. Die Wärme und Feuchtigkeit machen mein Haar kraus, und die Maske, die ich mir aufgetragen habe, läuft mir die Wangen hinunter.

Justus kommt, hebt Vivi aus dem Wasser und wickelt sie in ein großes graues Handtuch aus meiner Kindheit. Es ist alt und kratzig. Vivi ist glitschig wie ein Fisch, und ich brauche einen Moment, bis ich sicher bin, dass ich sie loslassen kann und Justus sie richtig festhält. Er sitzt mit ihr im Schoß auf dem Toilettendeckel. Ruhig hat sie ihre Hände auf den Beinen liegen, während er sie vorsichtig abtrocknet. Ein goldenes Licht umgibt ihren kugelrunden Bauch. Dieses Bild erinnert mich daran, dass die beiden auch eine Einheit sind, nicht nur ich und sie. Meistens denke ich, sie ist nur glücklich, wenn sie mit mir zusammen ist. Aber dann sehe ich sie in einem Lichtkokon. So wie in diesem Moment.

Den ich in einem Atemzug zerstöre, als ich aus der Badewanne steige. Ich muss mich beeilen, mich abtrocknen und unter hektischen Bekundungen, dass Mama gleich für sie da ist, eincremen. Dann übernehme ich sie. Sie ist noch warm und dampft wie ein Dumpling. Sie duftet zart nach der parfümfreien Creme, die ich verwende. Ihre Haut ist weich und ölig, ich muss sie gut festhalten, damit sie mir nicht wegrutscht. Ich hebe den Kopf und bemerke Justus' Blick im Spiegel. Seine Augen glänzen, und sein Gesichtsausdruck ist zärtlich und mild. Ich sehe ihm an, wie sehr er uns liebt.

Zögernd geht Karl die Treppe hinunter. Er trägt einen Anzug und ein Hemd. Unten wartet seine Familie. Seine Eltern sitzen auf der Chaiselongue, beide in Schwarz. Sein Großvater Harald steht am Fenster. Erik ist blass und sitzt schweigend auf dem Sofa am anderen Ende des Raumes. Neben ihm hat das Kindermädchen Cecilia Platz genommen. Warnend hebt sie den Finger und signalisiert Karl, dass er sich still verhalten soll. Karl hat das Gefühl, Birgitta würde jeden Augenblick hinter ihm die Treppe herunterlaufen. Er kann sie fast spüren. Und riechen. Eine gelockte blonde Haarsträhne segelt zu Boden.

Auf dem Esszimmertisch in der Mitte des Raumes ist seine kleine Schwester Birgitta aufgebahrt. Die Wanduhr tickt. Eine Kerze ist angezündet. Ihre Flamme flackert nicht. Als gäbe es keinen Luftzug im Zimmer. Kein Leben, keine Bewegung. Zu dieser Zeit war es in Schweden nicht üblich, die Toten aufzubahren. Das war hauptsächlich bedeutenden Persönlichkeiten wie Königen vorbehalten. Birgittas Gesicht ist mit einem weißen Taschentuch bedeckt. Es war nicht möglich, sie zurechtzumachen. Niemand soll ihr geschundenes Gesicht sehen. Aber wie soll man sich sicher sein können, dass sie es wirklich ist? Dass sie tot ist?

Die Frühjahrsonne scheint unbarmherzig durch die Fenster. Nichts bleibt ihr verborgen.

»Ich will wissen, wie sie aussieht«, sagt Karl.

»Aber Karl!«, sagt seine Mutter.

»Das willst du nicht«, sagt sein Vater.

»Doch.« Er besteht darauf. »Ich will sie sehen.«

Sie versuchen, ihn zu überzeugen, dass es keine gute Idee ist, ohne auszuführen, warum. Karl bleibt standhaft, und am Ende geben sie nach. Er hebt das Taschentuch.

Ich habe sie nicht wiedererkannt.

Ihr Kopf und ihr Gesicht waren zertrümmert.

Ja.

So war das.

Es ist ein kalter, klarer Montag Ende November. Vivi sitzt im Kinderwagen und hat ihre Kuschelkatze im Arm. Ihre Wangen und die Nasenspitze leuchten rot. Wir machen fast jeden Tag einen Spaziergang zum Skogskyrkogården, dem großen Waldfriedhof im Süden von Stockholm. Als Kind fand ich es langweilig, dass unsere Verwandten alle auf dieser riesigen Anlage begraben waren und nicht auf einem kleinen, romantischen Friedhof. Zweimal im Jahr fuhren wir dorthin, einmal im Sommer, um neue Blumen einzupflanzen, die meine Mutter ausgesucht hatte. Und noch mal an Allerheiligen, um Heidekraut einzupflanzen und Kerzen anzuzünden. Dann ist es so dunkel auf dem Friedhof, dass man wie blind zwischen den Gräbern herumstolpert und die vielen Kerzen zu einem zweiten, unendlichen Sternenhimmel werden. Auf der Suche nach den Gräbern haben wir immer schrecklich gefroren, weil wir uns nicht mehr erinnern konnten, wo sie waren. Vor allem seit dem Tod meines Großvaters. Er wusste genau, wo meine Urgroßmutter Zaida lag oder ihre Mutter Olga. Aber jetzt liegt er selbst da, und wir stolpern im Dunkeln umher auf der Suche nach seinem Grab. Es war an einem Abend im Herbst, ich war sechzehn und wollte sein Grab besuchen. Dabei habe ich mich in der Dunkelheit verlaufen und niemanden getroffen, den ich hätte fragen können. Stundenlang irrte ich durch die Gegend, bis mich mein Vater am Ausgang direkt an der Autobahn abholte.

Heute kenne ich mich aus, ich finde jedes Grab. Es gibt einen Weg, der ist achthundertachtundachtzig Meter lang und führt von Norden nach Süden durch den Friedhof, von der Helligkeit in die Dunkelheit. Er heißt Sju Brunnars väg, und an seinem südlichen

Ende befindet sich die Auferstehungskapelle, die wie ein griechischer Tempel aussieht. Hier ist der Friedhof am düstersten, hier stehen nur dunkle Tannen. Hinter der Kapelle liegen meine Großeltern begraben und meine Tante. Ungefähr in der Mitte der Anlage ist die Waldkapelle mit ihrem tief geneigten Teerdach und dem kleinen goldenen Todesengel des schwedischen Bildhauers Carl Milles über dem Eingang. Hier stehen hauptsächlich Kiefern. Im Norden befindet sich das gewaltige Waldkrematorium mit den drei Kapellen Glaube, Hoffnung und das Heilige Kreuz. Ist man hier angelangt, hat man den dunklen Nadelwald hinter sich gelassen und steht in einem Birkenhain. Daran schließen sich weite Grünflächen und sanfte Hügel an. Sogar in dieser Jahreszeit ist es dort grün. Vor der Kapelle des Heiligen Kreuzes gibt es einen kleinen Teich, und dahinter, auf einer sanften Anhöhe, steht ein rechteckiger Steinblock, umgeben von Fackeln.

Vivi interessiert sich für den Teich, dessen Wasseroberfläche sich in dem eisigen Wind kräuselt. Während sie mit großen Augen und zusammengepressten Lippen den Teich bewacht, wandert mein Blick zu dem Steinblock mit den Fackeln. Als hätte jemand einen Schalter umgelegt, kommt eine Erinnerung in mir hoch. Ich höre Karls Stimme, als er mir erzählte, wie Birgitta bei ihnen zu Hause in Perstorp im Esszimmer aufgebahrt wurde. Als er seinen Wunsch durchsetzte und das Taschentuch anhob. Warum fällt mir das ausgerechnet jetzt und hier ein? Mich packt eine Welle aus Trauer und Panik. Der Steinblock ist ein Katafalk. Das erkenne ich jetzt erst. Ein steinernes Gestell für einen Sarg. In meiner Vorstellung liegt Birgitta dort in ihrem dünnen Kleidchen, dem kalten Wind schutzlos ausgeliefert. Die anderen Besucher des Friedhofes genießen die Wintersonne. Ich schiebe den Wagen die Anhöhe hinauf zu dem Katafalk. Unsicher strecke ich meine Hand aus, sie schwebt eine Sekunde lang über dem kalten, stummen Stein, dann lege ich sie an die Stelle, an der sich ihr Kopf befindet.

Vor der Waldkapelle zünde ich ein Teelicht an und stelle es neben eine der Säulen am Eingang. Ich habe immer Teelichter und Streichhölzer dabei, die im Unterkorb des Kinderwagens herumfliegen. Manchmal zünde ich auch die Kerzen der anderen wieder an, wenn sie ausgegangen sind. Ich stelle mir vor, dass ich Birgitta damit ein wenig Gesellschaft verschaffe. So wie Mütter, die fremde Kinder mit frisch gebackenen Zimtschnecken zum Spielen überreden. Obwohl es windig ist, geht die Flamme nicht aus. Vivi wacht auf, während ich versunken neben der Kerze stehe. Sie winkt der Flamme zu. Ich winke auch. Da löst sich ein Schatten und verschwindet in der Dunkelheit hinter den Säulen.

Abends bringe ich Vivi ins Bett und bleibe noch eine Weile bei ihr, während sie in meinem Arm liegt und gleichmäßig atmet. Gleich werde ich aufstehen und nach unten zu Justus ins Wohnzimmer gehen. Wir wollen fernsehen. Aber unter der Decke ist es so warm und gemütlich, ich schaudere vor Vergnügen, draußen ist es eiskalt. Deshalb bleibe ich liegen und lausche ihren Atemzügen. Plötzlich spüre ich, wie die Matratze hinter mir einsinkt. Ich habe die Tür nicht knarren gehört, ich bekomme Angst und wage nicht, mich zu bewegen. Die Präsenz des anderen Körpers ist so deutlich zu spüren, dass ich ihn berühren könnte, wenn ich meine Hand ausstrecken würde. Aber ich traue mich nicht. Stattdessen ziehe ich Vivi näher an mich. Sie seufzt im Schlaf, ich starre wie gebannt in die Dunkelheit. Kurz darauf ist das Gewicht auf der Matratze nicht mehr zu spüren, aber erst nach einigen Minuten wage ich es, mich aufzurichten. Ich sehe mich im Zimmer um. Das schwache Licht der Straßenlaternen elf Stockwerke unter uns dringt durch die Rollos. Nachdem ich die Wände nach unbekannten Schatten abgesucht habe, stehe ich auf und gehe zu Justus nach unten, der auf dem Sofa sitzt.

»Weißt du, was gerade passiert ist?«

»Nein, was denn?«

Er hebt den Blick.

»Es war …« Ich zögere. »Ich hätte schwören können, dass sich jemand zu mir aufs Bett gesetzt hat.«

»Was?«

»Ja, ich dachte zuerst, du bist das!«

Er sieht mich verwirrt an, dann hebt er wie ein Oberlehrer den Zeigefinger.

»Du hattest einen Schlafparalyse.«

»Meinst du wirklich? Das glaube ich nicht. Ich habe ja nicht geschlafen.«

»Du *glaubst*, dass du nicht geschlafen hast.«

Ich schlafe nie ein, wenn ich die Kinder ins Bett bringe.

»Das ist supercool, finde ich«, sagt er begeistert.

Leute, die Schlafparalysen erfahren haben, schildern häufig, dass sie sich nicht mehr bewegen konnten. Aber ich konnte mich bewegen.

Der Abend, an dem Vivi sich selbst abstillte, begann damit, dass Justus mit ihr auf dem Arm nach dem abendlichen Bad in mein Arbeitszimmer kam.

Sie ist fröhlich. Verdächtig aufgeräumt.

»Hat sie heute Nachmittag geschlafen?«, frage ich.

»Ja, so gegen halb fünf, aber nur eine halbe Stunde.«

Ich beschließe, mit dem Zubettbringen zu warten, bis sie müde wird. Aber es ist schon sechs Uhr und somit Bettzeit. Ich versuche, in ihrem Gesicht erste Anzeichen von Müdigkeit zu finden. Sie hat leicht gerötete Augen.

Ich lege sie ins Bett, mit dem Rücken zur Wand und dem Kissen, das ich hochschwanger zum Schlafen benutzte. Dann nehme ich sie und ziehe den Pullover hoch. Kaum hat Vivi die Brustwarze im Mund, beißt sie zu. Ich schreie laut auf und fluche. Sie bricht sofort in Tränen aus. Untröstlich schluchzend. Ich versuche, sie zu beruhigen, sie wieder an die Brust zu legen. Aber kaum spürt sie die Wärme meines Körpers, fängt sie an, infernalisch laut zu schreien. Ich versuche alles. Ich gebe ihr den Schnuller, wodurch alles nur noch schlimmer wird. Dann nehme ich sie auf den Arm. Singe, wiege und beruhige sie. Und lege sie wieder hin. Aber alle meine Bemühungen scheinen das genaue Gegenteil zu bewirken. Am Ende nehme ich sie hoch und gehe zu Justus.

»Hilfe!«, sage ich leise.

Ich will sie Justus geben, aber sie klammert sich wie ein Äffchen an mich und schluchzt panisch weiter. Wir sehen uns hilflos an.

»Vielleicht hat sie einfach nur Durst?«, schlägt er vor.

»Ich glaube nicht, sie wollte nicht gestillt werden.«

Justus holt ein Fläschchen mit Wasser, das sie gierig trinkt. Dann holt er ihr Kuscheltier und gibt ihr die kleine Katze. Sie beruhigt sich. Ich singe das Lied von der kleinen Katze. Vivi hält Justus die Katze hin. Er sagt, wie schön die Katze ist, und gibt ihr einen Kuss auf die Wange. Dann streckt sie ihre Ärmchen aus und schlingt sie um seinen Hals. Sie will zu ihm, weg von mir. Justus wiegt sie im Arm. Sie wirft mir einen vorwurfsvollen Blick zu, während sie den einen Arm um Justus' Hals gelegt hat. In dem anderen klemmt ihre Katze.

Wir versuchen es ein zweites Mal. Die Tür ist auf, die Katze in der Hand. Ich ziehe meinen Pullover hoch, aber sie protestiert erneut. Dann ziehe ich ihn wieder herunter, und zwei Minuten später ist sie eingeschlafen.

Ich sitze in meinem Arbeitszimmer und schreibe, als mein Telefon klingelt. Es ist die pädiatrische Herzklinik im Kinderkrankenhaus Sachsska. Sie haben einen Termin morgen früh frei. Jemand hat gerade abgesagt. Mein erstes Gefühl ist Erleichterung, aber es wird sofort von einer Welle aus Kummer und Schmerz weggespült. Bald werden wir es erfahren. Schreckliche Bilder tauchen vor meinem inneren Auge auf. Vivi liegt betäubt auf dem Operationstisch, der für Erwachsene gedacht ist. Ich sehe das glänzende Skalpell, das durch die dünne Haut auf ihrer Brust gleitet. Durch alles, was heilig ist. Ich sehe einen kleinen weißen Sarg. Ich *weiß*, dass viele Kinder Herzgeräusche haben. Aber bei Vivi ist das Geräusch *laut*. Ich muss sie sofort in den Arm nehmen und klappe den Laptop zu.

Als ich nach unten komme, streckt sie mir ihre Ärmchen entgegen. Ich drücke sie fest an mich. Dann hebe ich sie ein Stück höher, damit ich mein Ohr an ihren Brustkorb legen kann. Sie reißt und zerrt an meinen Haaren, während ich in ihr Inneres lausche. Für mich klingt es, als würde man eine Orgel unter Wasser spielen.

In der darauffolgenden Nacht träume ich von der Untersuchung. Die Ärztin verteilt das kalte poolblaue Gel auf Vivis Brustkorb und wandert mit dem Ultraschallgerät über ihren gesamten Oberkörper. Vivi windet sich in meinen Armen wie ein neugeborenes Robbenbaby, und am Ende ist alles voller Gel. Sie dreht sich um die eigene Achse, und die Ärztin folgt verwirrt ihren Bewegungen. Dann schaltet sie den Apparat ab, und während ich mühsam das Gel abwische, zeigt sie auf den Monitor und erklärt mir, dass Vivis

Innere ein einziges großes Herz ist. An der Stelle, an der normalerweise das Herz sitzt, ist ein Loch. Ich höre das Rauschen, wenn das Blut zwischen ihrer rechten und linken Seite hin- und herfließt.

Ich wache um vier Uhr morgens auf und kann nicht wieder einschlafen. Justus kümmert sich um Vivi gegen halb sechs, und ich döse bis sieben Uhr. Dann stehe ich auf und gehe duschen. Sam frühstückt in der Küche. Er muss meine Nervosität spüren, denn er fragt mich, ob Vivi sterben wird. »Nein, nein, natürlich nicht«, sage ich, lächele und streichle ihm über die Wange.

Wir fahren mit dem Taxi ins Krankenhaus, das komplett in Plastikplanen gehüllt ist. Vivi ist guter Laune, sie findet das aufregend. Wir werden von einer Ärztin begrüßt, und ich bin sehr erleichtert, dass sie weder Maske noch Visier trägt. Sie hat ein offenes Gesicht und viele Lachfalten. Im Behandlungszimmer setzt sie zwar eine Maske auf, aber Vivi scheint das nicht zu stören, sie macht keinen Mucks.

Ich ziehe ihr den Body aus. Im Raum hängt eine Wärmelampe, damit die Kinder nicht frieren. Ich habe mich viel zu warm angezogen und schwitze. Vivi sitzt während der Untersuchung vollkommen entspannt auf meinem Schoß. Das Licht im Raum wird etwas gedämpft, und die Ärztin macht Musik an. Die Babblarna singen, und ich singe mit und tanze mit Vivis Armen, während das Gel auf der Brust verteilt wird und der Ultraschallstab über Vivis Körper gleitet. Ich schiele auf den Monitor und versuche, etwas zu erkennen. Auf einem schwarz-weißen Untergrund pulsieren blaue und rote Flächen und Punkte. In einer bestimmten Einstellung sieht es tatsächlich wie ein gemaltes Herz aus. Die Ärztin sagt kein Wort. Was hat das zu bedeuten? Nach einer Viertelstunde ist sie zum Glück fertig, denn Vivi hat die Geduld verloren und spannt sich in meinen Armen wie ein Bogen an. Ich könne sie wieder anziehen, während sie die Bilder auswerte. Mich macht es nervös, dass sie nicht direkt sagt, dass alles in Ordnung ist. Sie gibt mir ein paar Tücher zum Abwischen, und ich entferne das Gel so gut es geht, bevor ich Vivi den dunkelblauen Body wieder anziehe. Ich küsse sie und bohre meine Nase in ihren weichen Hals.

»Vivi hat ein Loch in ihrem Herz«, sagt die Ärztin.

Ich nicke langsam, mein Kinn auf Vivis unversehrtem Kopf, und starre die Ärztin an. Ich kann ihren Gesichtsausdruck nicht deuten. Sie sieht mich sanftmütig an. Ist das Mitleid? Vor mir flimmern die Bilder von kleinen weißen Särgen und mitgenommenen Kuscheltieren auf dem kalten Friedhofsboden vorbei. Ich schlinge meine Arme um meine Tochter, als hätte die Ärztin gedroht, sie mir wegzunehmen. Dann höre ich auf zu atmen.

»Aber das hat keinen Einfluss auf die Funktionstüchtigkeit ihres Herzens. Das sieht alles gut aus. Ich vermute, sie ist lila geworden, weil sie gefroren hat. Kommen Sie wieder, wenn sie drei Jahre alt ist. Vielleicht ist das Loch bis dahin zugewachsen.«

Ich schluchze hemmungslos, als sie mir am Monitor alles zeigt und erklärt. Die Aufnahmen erinnern mich an den ersten Ultraschall, als ich mit Vivi schwanger war. Ich habe Schmerzen hinter der Stirn, in der Kehle und hinterm Brustbein. Als wären dort drei Dämme, die jederzeit zu bersten drohen.

Ich bedanke mich überschwänglich und wünsche ihr Frohe Weihnachten, obwohl es erst Anfang Dezember ist. Im Flur lasse ich mich mit dem Rücken zur Wand zu Boden gleiten und wiege und küsse mein gesundes Kind. Sie gluckst vor Begeisterung, bis sie die Geduld verliert und sich von mir wegstemmt. Ich denke keine Sekunde an die Eltern, denen in diesem Behandlungszimmer vielleicht ein Todesurteil mitgeteilt wurde. Ich gehe direkt in den nächstbesten Kiosk und suche nach einem Geschenk für Vivi. Als Zeichen für ihre Gesundheit. Zu einem überteuerten Preis kaufe ich ihr ein Kuscheltier. Ein Kaninchen, das fast so groß ist wie sie selbst. Das Taxi bringt uns wieder nach Hause, und bei dem anschließenden Spaziergang zum Söderbysjön schläft Vivi selig im Kinderwagen, eine Hand am Ohr des Kaninchens.

Sie wacht beim Sportplatz von Kärrtorp auf. Als wäre sie von ihrem eigenen Lachen aufgeweckt worden. Sie hat unten zwei neue Zähne bekommen, und auch die Vorderzähne kann man schon erkennen. Es ist ein unwiderstehliches Lächeln.

»Na, hallo?«, sage ich überglücklich, und ihr Strahlen wird noch breiter. Ich tue alles, damit sie so fröhlich bleibt. Singe, schneide Grimassen, rede dummes Zeug und lache so viel, dass mir der Kiefer wehtut. Ihre pure Freude strömt mir direkt ins Herz und formt eine große Kugel aus warmem, gesponnenem Gold.

Am Abend kommt Wind auf, er pfeift durch die Ritzen der Fenster und wirbelt die Asche im Kamin auf. Die Baumwipfel wanken wie Betrunkene hin und her. Ich öffne meine Wetter-App. Die Windgeschwindigkeit entspricht der von Birgittas Todestag – sieben Meter in der Sekunde. Das hört sich wenig an. Ich hatte keine Ahnung, dass es ziemlich windig ist. Ich atme tief ein bis in den Bauch und atme ganz langsam wieder aus. Innerlich falle ich vor dem goldenen Tempel auf die Knie und zünde Fackeln an, für alle Götter. Aus Dankbarkeit für meine Tochter, die lebt und im Stockwerk über mir ruhig schläft.

Vor unserem Schlafzimmerfenster tobt ein Schneesturm. Justus hat nun die Nächte übernommen. Ich schlafe in dem schmalen Himmelbett in der anderen Ecke des Zimmers, in dem Vivi eines schönen Tages einziehen wird. Bei dem geringsten Geräusch wache ich auf. Irgendwann habe ich mal eine Tablette genommen, die ich noch von der Schwangerschaft übrig hatte, und konnte sechs Stunden am Stück schlafen. Mittlerweile nehme ich jeden Abend eine. Mein Körper schreit nach Ruhe, aber meine Seele hat Panik, nicht für Vivi da zu sein, wenn sie nachts meine Hilfe braucht. Es fühlt sich an, als würde uns eine äußere Kraft auseinanderreißen. Aber eigentlich bin das nur ich. Ich kann bleiben, wenn ich will. Sie will es. Aber etwas in mir offensichtlich nicht mehr.

Sie bekommt fünf Zähne auf einmal und hat gerade angefangen zu laufen. Sie wackelt und wankt durchs Leben, immer zuerst mit dem etwas sichereren linken Fuß, die Arme und Hände leicht angewinkelt und nach dem Gleichgewicht greifend. Über moosigen Boden geht sie zaghaft, macht einen großen Bogen um Steine, stützt sich an den Baumstämmen ab. Ich laufe rückwärts vor ihr her und locke sie mit ausgestreckten Armen zu mir. Sie geht immer weiter, weil sie glaubt, dass ich sie gleich hochnehme. Am Anfang lacht sie, aber dann gibt sie auf, weint und wirft sich bäuchlings auf den Boden. Wir lassen unsere Kinder jeden Tag aufs Neue im Stich. Kleine, winzige Vergehen an ihrem grenzenlosen Vertrauen. Wir tun das aus Liebe, versuchen, eine Balance zwischen Loslassen und Festhalten zu finden. Aber wie ich es auch anstelle, es fühlt sich immer schief an, unausgeglichen. Ich halte zu sehr fest oder gehe zu weit weg. Ich will gehen und doch ganz nah sein. Und es fühlt sich nie richtig an.

Eines Abends liege ich in meinem Arbeitszimmer auf meiner Yogamatte im Shavasana, der Totenstellung. Ich habe Kopfhörer auf, um die störenden Außengeräusche aus dem Stockwerk unter mir und von der Straße auszusperren. Heute steht eine Entspannungsübung auf dem Plan. Die Lehrerin sitzt in ihrem leeren Yogastudio in Västerås. Alle Kursteilnehmerinnen sind für diese Klasse live dazugeschaltet. Sie sagt, dass wir uns, wenn wir wollen, ein Ziel setzen können.

»Wiederhole es dreimal leise.«

Ich will Birgitta finden, ich will Birgitta finden, ich will Birgitta finden, sage ich mir leise vor.

Die Yogalehrerin benennt verschiedene Körperteile in relativ schneller Reihenfolge. Ich wiederhole sie wie ein Echo. Linker Daumen, linker Zeigefinger, linker Mittelfinger, linker Ringfinger, linker kleine Finger. Handfläche. Der Handrücken. Das Handgelenk. Der Unterarm. Meine Gedanken gleiten davon. Ich überlege, was wir zum Abendessen machen könnten. Außerdem muss ich Justus daran erinnern, dass er Sam morgen unbedingt ein Lunchpaket mitgeben muss. Nachdem wir einmal durch den gesamten Körper gereist sind, fangen wir wieder von vorne an. Immer und immer wieder. Meine Nerven zeigen erste Reaktionen. Ich bekomme eine Gänsehaut. Ich spüre alle Körperteile und ihre Endpunkte, wie ein Stern. Wellen aus warmer Energie schwemmen über Arme, Beine, Bauch und Rücken. Über meine Augenlider und die Stirn, an den Augenbrauen vorbei und die Wangen hinunter. Ich schließe die Augen. Da passiert etwas – die Lampe in der Ecke schaltet sich an. Es ist eine Solarzellenlampe, die wir bei IKEA gekauft haben, als wir hier eingezogen sind. Sie sollte auf dem kleinen Balkon stehen und nachts leuchten. Aber sie hat nie funktioniert. Den ganzen Sommer über stand sie dort, bei Wind und Wetter. Im September war der Schirm verblichen, und ich habe die Lampe hereingeholt. Seitdem steht sie im Fenster und sammelt Staub an. Ich wechsele meine Stellung, um unter den Lampenschirm zu schauen. Die Diode ist weiß und leuchtet. Plötzlich spüre ich rechts von der Lampe eine Bewegung. Dort liegt das Etui meiner Kopfhörer. Der Zipper des Reißverschlusses bewegt sich, hin und her. Ich nehme meine Kopfhörer raus. Sofort tritt Stille ein, ich höre nur gedämpft die Stimmen von Justus und Sam unter mir. Wie hypnotisiert starre ich den Zipper an, dann berühre ich ihn, nehme meine Hand wieder weg. Aber er regt sich nicht. Die Lampe brennt, als ich auf meine Matte zurückkehre und die Totenstellung einnehme. Als ich meine Augen nach dem Unterricht öffne, ist die Lampe wieder ausgegangen.

Nachdem wir Sam im Kindergarten abgegeben haben, fahren wir drei in die neue Filiale des Stadtarchivs am Liljeholmskajen. Dort kann ich die Geburtsberichte von Pro Patria aus dem Jahr 1938 einsehen. Wenn ich den genauen Geburtstermin von Birgitta herausbekomme, dann kann ich ihr ein vollständiges Horoskop erstellen. Mit dem achten Haus. Das achte Haus gibt an, wie man sterben wird.

Vivi schläft im Kindersitz, als ich aus dem Auto steige und durch den Regen über die Straße laufe. Ich sehe die Reflexion meiner blauen Maske in der Glastür, bevor ich sie aufdrücke. Es ist so still in dem Gebäude, als hätte ich Ohrstöpsel drin. Am Informationstresen sitzt ein junger Kerl. Ich gehe zu ihm und sage »Ich bin auf der Suche nach einem Mädchen« und nicht nach Geburtsberichten. Das System lässt sich nicht hochfahren, und er weiß nicht, wie man im Archiv ohne Rechner etwas finden kann. Ich seufze und gehe in den Lesesaal, um ein bisschen zu schreiben. Vielleicht funktioniert es schon bald wieder. Nach einer Weile tritt ein bärtiger Mann auf mich zu.

»Waren Sie das, die Geburtsberichte von Pro Patria sichten wollte? 1938? Von welchem Monat?«

»August.«

Kurz darauf ist er mit den richtigen Unterlagen zurück. Darin finde ich sie.

Margit ist zweiundzwanzig, als sie am frühen Morgen des 20. August in das Geburtskrankenhaus kommt. Der Vollmond ist gerade am Horizont verschwunden, und auf der anderen Seite der Stadt geht eine rote Sonne auf. Der Kopf des Kindes sitzt tief im Becken. Die Wehen haben bereits um zehn Uhr am Abend zuvor begonnen. Margit bekommt Lachgas, eine Viertelstunde später setzen die Presswehen ein, und eine weitere Viertelstunde später, um fünf Uhr morgens, kommt Birgitta mit einer intakten Fruchtblase zur Welt. Für ein paar Sekunden können die Anwesenden Birgitta so sehen, wie sie in der Gebärmutter lag. Wer mit Teilen der Fruchtblase auf dem Kopf geboren wird, ist mit der sogenannten Glückshaube ausgestattet. Das ist ungewöhnlich, aber noch viel seltener und ungewöhnlicher ist es, wenn die ganze Fruchtblase intakt bleibt. Das ist ein besonders gutes Zeichen. Glaubt man dem Volksmund, waren Kinder mit so einer Glückshaube vor Stichen, Schlägen und Ertrinken geschützt. Sie konnten auch hellseherische Fähigkeiten entwickeln. Die Fruchtblase wurde am besten getrocknet und als Kette um den Hals getragen. In der Rüstkammer des königlichen Schlosses in Stockholm wird die Glückshaube von König Karl XII. aufbewahrt. Seine Schwester Ulrika Eleonora kümmerte sich um ihren Erhalt, als er 1718 erschossen wurde und mit sechsunddreißig Jahren starb. Ihm hatte die Haube kein Glück gebracht. Auch Ulrika Eleonora kam mit einer Glückshaube zur Welt. Sie trug sie als ein Schutzamulett und starb 1741 im Alter von dreiundfünfzig an Pocken. Der Glaube an die magische Kraft solcher Glückshauben war zwar noch nicht ganz erloschen, als Birgitta geboren wurde, aber ihre Eltern waren rationale Menschen und hoben sie nicht auf.

Birgitta wiegt 3,6 Kilo und ist zweiundfünfzig Zentimeter groß. Margit ist gerissen und hat viel Blut verloren, was kein Wunder ist, wenn man bedenkt, wie schnell alles ging. Mutter und Tochter bleiben zehn Tage im Geburtskrankenhaus und sind in einem Raum mit vier anderen Gebärende untergebracht.

Auf der Suche nach ihrem achten Haus trage ich Birgittas Geburtsdaten in zwei verschiedene Astroseiten ein. Sie verwenden unterschiedliche Systeme, deshalb hat sie bei dem einen ihr achtes Haus im Sternzeichen Fische, im anderen im Sternzeichen Widder. Ich suche weiter und lande auf einer Seite, deren Hintergrund schwarz ist. Die Überschrift lautet *Das achte Haus – ein guter Tod?*. Darunter ist ein Foto von jemandem mit einem langen Schwert, der als Tod verkleidet ist. Das Foto ist schwarz-weiß, und die Person steht in einem nebligen Wald. Das Zeichen der Fische leuchtet in einem grellen Grün. Die Todesursache für jemand mit diesem Zeichen im achten Haus ist schwer vorherzusagen, hat mit Alkohol oder Drogen zu tun, einem Unfall oder Selbstmord. Das Zeichen des Widders leuchtet in Blutrot. Hat man den Widder in seinem achten Haus, tritt der Tod plötzlich ein, gewaltsam, mit Verletzungen am Kopf oder Gehirn. Ich bekomme eine Gänsehaut. Ich muss mich überwinden, dann aber ermittele ich mein achtes Haus. Waage und Jungfrau. Undramatisch, leise, bei der Jungfrau hat es was mit der Verdauung zu tun. Vielleicht was mit den Nieren, heißt es bei der Waage. Ich atme erleichtert aus und klappe den Laptop zu.

Ich schreibe meine Fragen an eine Astrologie-Gruppe auf Facebook und gebe an, wann und wo Birgitta geboren wurde, und frage die Teilnehmer, ob sie mir auf dieser Grundlage etwas über sie sagen können.

Ich kann sehen, dass ihr etwas Schreckliches passiert sein muss. Das ist in ihr Schicksal eingeschrieben, antwortet eine Teilnehmerin. *Sie hat den Doppelstern Algol in ihrem Medium Coeli.*

Medium Coeli, abgekürzt MC, ist der Zeitpunkt der Geburt. Und der Doppelstern Algol wird auch der Dämonenstern oder der janusköpfige Teufelsstern genannt. Er steht für Köpfung, Verletzungen an Hals und Nacken, Mord, Gewalt, Katastrophe und das Böse. Blut und Tod.

Ich erfahre auch etwas über Transite – wie die Planeten sich zum Zeitpunkt ihrer Geburt im Tierkreiszeichen bewegt haben. Sie beendet ihren Eintrag mit den Worten: *Wahrscheinlich wurde sie in einen Hinterhalt gelockt und unerwarteter Gewalt ausgesetzt.*

Der Wald, der Perstorp umgibt, ist voller Kinder. Sie haben nach der ersten Pause freibekommen, um Blumen für Birgittas Beerdigung zu pflücken. Maiglöckchen. Sie springen über Steine und Bachläufe, flüstern sich Geheimnisse zu und streiten um die schönsten Blumen. Später gehen sie, nach Klassen aufgeteilt, zur Kirche. Weiß gekleidet stehen sie Spalier. Als Familie Sivander aus dem Auto steigt, schlägt ihnen der durchdringende Duft der unzähligen Glöckchen entgegen. Sechs Klassenkameradinnen von Birgitta tragen ihren Sarg. Die anderen Kinder stehen wie eine schützende Mauer zwischen ihnen und den Erwachsenen, die sich hinter ihnen erheben. Ernste, neugierige Augen folgen dem Sarg auf seinem Weg in die Kirche. Aber als die Angehörigen folgen, werden die Blicke gesenkt. Der Weg ist weit, es fühlt sich an wie in einem nebligen Traum. In der Nähe der Kirchentür steht der Förster mit seinem Sohn. Sie halten die Schulfahne, die mit Flor behangen ist. Auch er senkt den Kopf, als das Gefolge vorbeigeht und die Kirche betritt.

Sie ist bis auf den letzten Platz besetzt. Die Kirchenbänke knarren bei jeder Bewegung. Die Trauergäste sind nervös, man hört vereinzeltes Husten und Schluchzen. Familie Sivander geht geschlossen den Mittelgang hinunter bis zu der einzigen freien Bank in der ersten Reihe. Die Gemeindemitglieder folgen ihnen mit glänzenden Augen. Margit, Valdemar, sein Vater Harald, Karl und Erik. Eva ist mit dem Kindermädchen zu Hause geblieben. Der Sarg ist weiß und sieht unnatürlich klein aus. Der Kinderchor macht sich bereit, wartet nervös auf das Signal, die ersten Orgeltöne. Die Beerdigungszeremonie wird mit Birgittas Lieblingslied eingeleitet – *Blommornas bön.*

Das Gebet der Blumen

Glaubst du, kleine Blumen beten zu Gott?
Du hörst zwar keinen Laut,
Doch langsam steigt aus dem Wiesengrün
das Gebet der Blumen zum Himmel schön.
Sei wie die Blume, freue dich und sing.
Preise den Allerhöchsten, du bist noch so jung!

Recken nicht alle Blumen erhoben
ihre Köpfchen, Knospen und Kronen?
Lieblich und still ist ihr Gesang.
Lausche der klaren Glockenblumen Klang!
Sei wie die Blume, freue dich und sing.
Preise den Allerhöchsten, du bist noch so jung!

Senken alle Blumen den Kopf und ruhn?
Sie sind müde, denkst du dir nun?
Nein, nur demütig verneigen sie sich,
Loben ihren Schöpfer gar lieblich.
Sei wie die Blume, freue dich und sing.
Preise den Allerhöchsten, du bist noch so jung!

Die klaren Stimmen verklingen. Der Chor ist verstummt, jetzt müssen die Erwachsenen übernehmen. Der Pfarrer hat den Psalm 355 ausgewählt. *Nur ein Tag, einen Augenblick nach dem anderen.* Danach folgen die Verse 7-8 von Psalm 283. *Gleichwie sich fein ein Vögelein in hohle Bäum verstecket, wenn's trüb hergeht, die Luft unstet, Menschen und Vieh erschrecket.*

Die Männer mit tiefem Bass, die Frauen mit hellen Stimmen.

Der Pfarrer stellt sich vor den Sarg und faltet seine Hände. Er senkt den Blick, sammelt sich, dann hebt er ihn wieder und wendet sich mit seiner Trauerrede an die Gemeinde.

»Versteinert haben wir uns vor der Bahre versammelt, und die immer gleiche Frage drängt: Warum? Warum? Es ist grausam und sinnlos.«

Er richtet sich an Margit und Valdemar.

»Eure kleine geliebte Tochter Birgitta war ein Sonnenschein, der alle Schatten zu Hause verjagen konnte. Das gilt auch für ihre Freunde, sie strahlte und wärmte, wo sie ging und stand. Die zarte Blüte wurde abgebrochen, ihre jungen Blütenblätter sind von der Dunkelheit und Kälte dieser Welt zerstört worden. Aber die Blume wird wieder blühen, im Himmel, wo es keine Kälte und keine Dunkelheit gibt, sondern nur Wärme und das ewige Leben.«

Die Trauergäste gehen nach Hause und nehmen in ihrer Kleidung den Duft der Maiglöckchen mit. Sie werden Tod und Abschied für immer mit diesem Geruch verbinden.

Es ist Freitagabend, ich telefoniere mit meiner Freundin Lone. Ich habe mir ein Glas Wein eingeschenkt und sitze in dem großen, hohen Sessel vor dem Fenster im Wohnzimmer. Von meinem Platz aus kann ich den Vollmond sehen. Eisige Wolken ziehen wie Schleier an ihm vorbei. Wir reden über dies und das, während ich an meinem Wein nippe. Wir kommen auf unsere Kinder zu sprechen. Sie erzählt eine lustige Geschichte von ihrer Tochter, ich von Sam und was für Fortschritte Vivi gemacht hat. Sie seufzt.

»Ach, die Kinderlein.«

Zufrieden erwidere ich das Seufzen.

»Ja, die Kinderlein.«

»Sie sind doch schon das Beste, was es gibt.«

»Hm.«

Da fällt mir ein Fleck am Fenster ins Auge. Es ist ein Abdruck von Vivis Fuß. Ich erinnere mich, dass wir aus dem Fenster gesehen haben und sie »gucke« gesagt und auf alles Mögliche gezeigt hat, auf die Häuser und Menschen, auf die Bäume und den Himmel. Wie kann ich es jemals wagen, ihn abzuwischen? Was, wenn sie am nächsten Tag stirbt? Dann muss man für den Rest seines Lebens damit zurechtkommen, dass man den Abdruck seines Kindes entfernt hat, als hätte er keinerlei Bedeutung. Deshalb liegen in unseren Schubladen Haarsträhnen, kleine Kieselsteine und Milchzähne. Ich will behalten und bewahren, für den Fall. Ich muss an die Kunstmäzenin Wilhelmina von Hallwyl denken, die das Hallwyl-Museum gegründet hat. Sie hat sich ein Armband aus den Milchzähnen ihrer Töchter anfertigen lassen und einen Tuschkasten aufgehoben, in dem die grüne Farbe fehlte. Ihre Tochter Elma hatte sie aufgegessen und war am Tag vor Heiligabend 1871 an einer Arsenvergiftung gestorben. Es gibt auch welche, die noch weiter gegangen sind, zu weit. Abraham Lincoln zum Beispiel, der viele Nächte hintereinander mit seinem toten Sohn im Arm in der Krypta saß. Oder ein Mann, der Ende des 19. Jahrhunderts in Long Beach lebte. Er hieß Whistles und hat sein totes Kind jahrelang unbemerkt zu Hause aufgebahrt.

Am nächsten Morgen wache ich auf, und draußen liegt eiskalter, funkelnder und knirschender Schnee. Vivi und ich gehen unsere Tour über den Sandsborgs-Friedhof und weiter zum Waldfriedhof. An einem flachen, runden Grabstein bleibe ich stehen. Leise sage ich den Namen, der auf dem Stein steht: *Hjördun*. Wenn ich auf sonderbare oder besonders schöne Namen stoße, notiere ich sie mir auf einer Liste im Handy. Das steht bisher schon darauf:

Friedly
Gurtie
Maniette
Åsta
Gena
Arna
Rubin
Goewert
Hjördun

Auf einem Aushang wird bekannt gegeben, welche Beerdigungen an diesem Tag stattfinden werden und zu welcher Uhrzeit. Ich lese die Namen der Toten. Die Beerdigung für Kind Lind ist um halb vier in der Hoffnungskapelle angesetzt. Kind! Ich hole mein Handy aus der Jacke, um den Namen in meine Liste einzutragen, als ich begreife, dass es kein Vorname ist, sondern es sich um ein namenloses Kind handelt.

Am Freitag, den 18. Mai 2015 wird auf dem Friedhof von Perstorp der Deckel eines Urnengrabes geöffnet. Zwei Urnen stehen darin. Karl kann sich sehr gut an die weiße Urne von Birgitta erinnern, als sie vor siebenundsechzig Jahren eingelassen wurde. Als bliebe die Zeit unter der Erde stehen. Die Urne seines Vaters Valdemar hat vor fünfzig Jahren den Platz neben ihrer eingenommen. Jetzt wird auch seine Mutter Margit ihnen Gesellschaft leisten.

Sie hatten sich auf die eher unkonventionelle Lösung eines wieder verschließbaren Urnengrabs geeinigt, weil niemand damit gerechnet hatte, dass Familie Sivander nach dem Mord in Perstorp wohnen bleiben würde. Bei einem Umzug hätten sie das Grab öffnen und die weiße Urne von Birgitta mitnehmen können. Deshalb auch die Kremierung, damit sie ihrer Familie überallhin folgen konnte. Tatsächlich hat sich Valdemar auch um eine andere Anstellung bemüht, aber daraus ist nie etwas geworden. Familie Sivander wohnte noch fast zwanzig Jahre bis zu Valdemars Tod in Perstorp. Nachdem Margit die Stadt zusammen mit ihrer jüngsten Tochter Eva verlassen hatte, blühte sie regelrecht auf.

Ich stehe am Herd und rüttele die Pfanne hin und her, damit die Fleischklößchen nicht anbraten. Dabei starre ich auf die Kacheln. Plötzlich sehe ich Margit vor mir. Wahrscheinlich muss ich an sie denken, weil ich mir versuche vorzustellen, wie man in so einem kleinen Ort wie Perstorp mit einer Familie quasi Tür an Tür leben kann, deren Sohn vielleicht die eigene Tochter umgebracht hat.

Ich kann Margit so deutlich erkennen, als hätte ich einen Projektor auf meiner Stirn und die Kacheln wären eine Filmleinwand. Sie geht über den Marktplatz in Perstorp und sieht auf einmal Rut Sommer. Ruts Augen starren sie wie rot geränderte Stahlkugeln an, die in ihren Höhlen gefangen sind. Margits Magen krampft sich zusammen, aus Wut und aus Mitleid. Sie packt ihre Tasche mit beiden Händen, die Blicke der beiden Frauen begegnen sich kurz, dann wendet Margit sich abrupt ab und geht in die entgegengesetzte Richtung. Der dunkelgrüne Mantel hängt an Ruts magerem Körper wie an einem Galgen. Ihre Wangenknochen stechen hervor, ihre Augen sind viel zu groß für das Gesicht und von dunklen Ringen umgeben. Margit schüttelt den Kopf und schließt die Augen. Mit schnellen Schritten kehrt sie nach Hause zurück, der Regen schlägt ihr ins Gesicht, und das tut gut.

Das Geräusch der brutzelnden Klöße in meiner Pfanne verschwimmt, während ich mir vorstelle, was ich an Margits Stelle getan hätte. Wenn Vivi tot im Graben gefunden werden würde. Ich beobachte mich, wie ich die Straße verlasse, in den Kiesweg einbiege und in den Wald gehe.

Hohes, feuchtes Gras streicht um meine Knöchel und durchweicht die dünnen Strumpfhosen. Sie verschmelzen mit meiner

Haut. Am Anfang ist es kalt und unangenehm, aber kurz darauf haben sie meine Körpertemperatur angenommen. Birkenzweige schlagen mir ins Gesicht, ich habe meine Augen geschlossen, den Mund leicht geöffnet. Die Tasche gleitet mir aus den Händen, ich balle meine Fäuste. Die aufgestaute Energie, die sich in meinem verkrampften Körper angesammelt hat, will raus, und ich trete und schlage um mich. Dann stürze ich vornüber zu Boden.

Mein Mund ist voller Wasser, schmutziges Wasser, ich kämpfe wie eine Wahnsinnige gegen einen unsichtbaren Feind, will mich auf den Rücken drehen. Der Regen prasselt auf mich nieder. Ich sehe hoch zu den Baumwipfeln und dem blaugrauen Himmel. Die Wolken ziehen ungewöhnlich schnell vorbei. Ich atme alle Luft aus und atme nicht wieder ein. Stattdessen drehe ich mich auf den Bauch, presse den Ort, der meine Tochter beherbergt hat, tief ins braune Wasser. Ich will Wasser einatmen, meine Lungen damit füllen, hineinsinken und auf der anderen Seite herauskommen. In Wirklichkeit brennen mein Hals und meine Lunge, weil ich die Luft anhalte, als wäre ich ein Opfer. Dabei stehe ich zu Hause am Herd. Was wäre ich bereit, für meine Tochter zu tun?

Mir laufen die Tränen hinunter, sie tropfen zischend in die Pfanne, als ich Vivis lebloses Gesicht vor mir sehe. Hätte ich in einer Welt leben können, in der sie nicht mehr existierte? Ich tauche meine Hände ins Wasser, hebe sie heraus und küsse ihre Wangen. Ich presse meinen Leib tief in die Erde, umarme die Wurzeln und das Laub und werde blind. Ich nehme sonnenwarme Haut wahr, weiches Haar, den Duft von sauberer Baumwollkleidung, Milch und Brot. Ich bohre meine Nase hinter ihr Ohr, in den Hals, kitzle sie am Bauch und schlinge meine Arme um sie, drücke meine Lippen auf ihre Stirn. Dort leuchten grell strahlende Sterne.

Der Ton an meinen Computer funktioniert nicht. Das habe ich gestern beim Beginn meiner Yogaklasse gemerkt. Ich will beim Arbeiten Musik hören, aber der Ton funktioniert immer noch nicht. Deshalb starte ich ihn neu. Alle Programme, mit denen ich gearbeitet habe, öffnen sich wieder. Auf einmal aber ist der Monitor von einem einzigen Foto ausgefüllt, Birgitta auf dem Obduktionstisch. Es war nicht geöffnet, als ich auf *Neu starten* gedrückt habe. Ich sehe weg und schließe die Augen. Als ich sie erneut öffne, ist es immer noch da. Ich versuche, das Fenster zu schließen, aber das geht nicht. Als wäre das Bild eingefroren. Ich betrachte Birgittas Gesicht und muss an den Tag in Lund denken, als ich das Foto zum ersten Mal gesehen habe. Ich war erleichtert, weil es nicht so schlimm aussah, wie ich es befürchtet hatte. Jetzt würde ich mich am liebsten übergeben.

Während der Schwangerschaft mit Vivi habe ich auf der Stirn zwischen den Augenbrauen einen Pigmentfleck bekommen. Er ist hellbraun und so groß wie ein Zweicentstück. In einer der letzten Yogastunden sollten wir weißes Licht durch unser drittes Auge einatmen, bis tief in unser Herz, um es dann durch unsere Arme zu schicken und an den Fingern heraustropfen zu lassen. Bei dieser Übung wurde mir bewusst, dass mein Pigmentfleck exakt an der Stelle ist, an der auch mein drittes Auge sitzt. Vielleicht habe ich ihn ja bekommen, damit ich das dritte Auge öffnen kann? Vielleicht hat Birgitta es geöffnet, um in meinen Geist eindringen zu können?

Hat Birgitta das Foto auf meinem Desktop aktiviert, damit ich gezwungen bin, sie anzusehen?

»Vergiss nicht, warum du das alles machst«, sagt sie. »Du machst es, weil mir jemand etwas so Schlimmes angetan hat.«

TEIL ZWEI

Lass mich rein

Des Müllers Tochter war allein in der Mühle.
Der Hund spitzte die Ohren, das Kind wimmerte in der Wiege.
Jemand näherte sich auf dem Weg.
Es klopfte nicht, es sagte kein Wort.
Es war nicht die Eule, nicht der Wolf,
nicht der Knecht, der im Sumpf vermoderte.
Es war ein böser Schimmer,
es waren die Wellen der Dunkelheit.
Ein gesichtsloses Wesen lockte dort draußen.
Und das Mädchen machte sich bereit.

Werner Aspenström, *Bergslag Vers 4*

Es ist der 13. Dezember, heute wird das Luciafest gefeiert. Ich stecke Vivi in den Tragegurt und gehe spazieren, damit sie einschläft. Es ist ungemütlich und grau draußen. Wir hatten bisher im Dezember noch keinen einzigen sonnigen Tag.

Wir gehen zum Kärrtorpspark, der menschenleer ist. Seit ein paar Wochen zeigt Vivi mit der Hand die Richtung an, in die wir gehen sollen. Ich habe Angst, dass ihre Hände zu kalt werden, und versuche, sie in den Tragegurt zu schieben, aber sie weigert sich. Sie ist überraschend stark. Sie zeigt auf Kärrtorpet, die alte Hütte aus dem 19. Jahrhundert, die dem Ort seinen Namen gegeben hat. Als sie erbaut wurde, stand sie ganz allein im Wald. Man darf nicht vergessen, dass hier früher alles von Wald bedeckt war. Wenn ich nicht zur Ruhe kommen kann, stelle ich mir einen Wald ohne Menschen vor. Keine Stimmen, keine Schritte. Äste, die sich in einsamer Erhabenheit wiegen. Steine, die sich nicht bewegen. Ich will an der Hütte vorbeigehen, aber Vivi protestiert lauthals, und ich gebe nach. Als wir darauf zusteuern, wird deutlich, wo sie hinwill. Nicht zu der Hütte, sondern zu dem Baum davor. Einer alten Birke. Sie berührt den Stamm, die Rinde ist feucht und kalt. Dann streckt sie den Arm aus und zeigt in eine andere Richtung, auf eine junge Birke. Die Feuchtigkeit des Grases dringt durch meine Turnschuhe. Vivi legt ihre Hand auf den Stamm und sagt mit sehr ernstem Gesichtsausdruck »Bamm«.

»Ganz genau«, sage ich. »Das ist ein Baum.«

Gegen vier Uhr sind wir wieder zu Hause und haben Reisbrei gegessen. Gleich trinken wir Glögg und essen Lussekatter. Aber Vivi wird quengelig.

»Ist sie jetzt etwa schon müde?«, sagt Justus.

Ich bitte ihn, ihr die Zähne zu putzen und den Schlafanzug anzuziehen. Danach sehen wir weiter. Fünf Minuten später ist er zurück. Sie hat nicht aufgehört zu weinen. Erst als wir uns ins Bett legen, beruhigt sie sich. Ich singe ihr ein Wiegenlied von Evert Taube vor. Mein Lieblingsvers ist der mit den Winden, die über das Meer wehen. *Über den Ozean, den kleinen Skagerrak bis hoch in den Bottnischen Meerbusen.*

Das Bild von einem nächtlichen Wald ist genauso beruhigend wie die Vorstellung vom Wind, der über das Meer weht. Ich singe diesen Vers in Endlosschleife, aber Vivi ist immer noch wach und will nicht einschlafen.

Als sie endlich einschläft, ist sie immer noch unruhig. Sie kratzt und kneift mich in die Wangen, den Hals, die Arme. Als ich voller Hoffnung glaube, dass sie gleich in den Tiefschlaf fällt, ist sie plötzlich hellwach und fängt an zu schreien. Ich werde wahnsinnig, verliere langsam die Geduld. Das hört niemals auf. Ich stecke meine Kopfhörer ein und schalte den erstbesten Podcast an. Es ist ein Beitrag von *P3 Dokumentär* über den Mord an Engla Höglund.

Ich starre in die Dunkelheit, während ich spüre, wie Vivi in meinem Arm immer schwerer wird. Engla wurde fast exakt sechzig Jahre nach Birgitta ermordet. Jedes Mal, wenn die Details der beiden Fälle übereinstimmen, läuft es mir eiskalt den Rücken hinunter. Birgitta starb kurz vor ihrem zehnten Geburtstag, Engla war gerade zehn geworden. Sie wurden beide im Frühling ermordet – Birgitta am 7. Mai, Engla am 5. April. Birgitta und Engla waren beide vor ihrem Tod auf einem Fußballplatz gewesen. Englas Mutter erzählt in der Sendung, dass Engla sie angerufen hat, weil sie mit dem Fahrrad nach Hause fahren wollte. Die Mutter hat gezögert, weil Engla keinen Helm dabeihatte, aber dann hat sie doch nachgegeben. Ich muss an Birgittas lange Fahrradtour an diesem Tag denken, ich habe *fünf Kilometer* im Kopf, und auch Engla musste fünf Kilometer nach Hause fahren. Ich sehe die Suchketten vor mir, 1948 und 2008, und lege sie in Gedanken übereinander, sie bewegen sich im Gleichtakt durch den dunklen Wald.

In der Nacht werde ich von einem Geräusch geweckt. Ich sehe auf mein Telefon. Es ist zwei Uhr morgens. Ich drehe mich auf den Rücken und lausche. Es vergehen ein paar Sekunden, bevor ich es wieder höre. Ich schrecke hoch und sitze senkrecht im Bett, rüttele Justus an der Schulter.

»Sam weint!«

Ich stürme die Treppe hinunter, mir schießen die schlimmsten Szenarien durch den Kopf. Es wurde eingebrochen, Sam wurde verletzt. Er ist schlafgewandelt, hat das große Küchenmesser aus der Schublade genommen und sich geschnitten. Er ist die Treppe hinuntergefallen. Wir haben vergessen, ein Fenster zu schließen, und er hängt im elften Stockwerk im Freien und klammert sich mit den Fingerspitzen ans Fensterbrett.

Ich bemerke einen kleinen Schatten im Wohnzimmer. Sam trägt seinen Star-Wars-Pullover, seine Schultern zucken vom leisen Schluchzen.

»Ich habe euch gesucht, aber keiner war da. Ich habe euch nicht gefunden«, sagt er mit zitternder Stimme.

»Aber wir waren doch die ganze Zeit im Schlafzimmer, mein Herz!«

»Ich habe euch gesucht, aber keiner war da.«

»Wie lange bist du schon hier unten?«

»Lange, sehr lange.«

Ich sehe vor mir, wie Sam seit Stunden weinend durch die dunkle Wohnung irrt, wie der letzte Mensch auf der Erde. Was, wenn er sich auf die Suche nach uns gemacht hätte? Was, wenn er ins Treppenhaus gelaufen wäre und jemand, dem lieber kein einsames, halb nacktes Kind mitten in der Nacht im Treppenhaus begegnen sollte, Sam einfach mitgenommen hätte? Ich drücke ihn fest an mich, und er lässt es zu.

»Es ist mitten in der Nacht. Ich glaube, wir sollten wieder ins

Bett gehen«, sage ich nach einer Weile. Ich bringe ihn zurück in sein Zimmer. Sam legt sich auf den Rücken in sein Bett. Die Tränen laufen ihm über die Schläfen. Ich decke ihn fest zu, sodass er wie in einem Kokon liegt. Das hat mein großer Bruder früher gemacht, als ich noch klein war. Ich bleibe bei Sam, bis seine Atemzüge gleichmäßig werden und er eingeschlafen ist.

Ich wache auf, als Birgitta meine Hand loslässt. Sam ist ins Schlafzimmer gepoltert, ich soll ihm beim Naseputzen helfen. Es ist lange her, dass ich ihre Gegenwart gespürt habe, und ich bin traurig, als ich ihm sage, er solle sich Taschentücher holen. Er muss mich missverstanden haben und hat das Gefühl, ich würde ihn wegschicken. Denn er sagt mit bedrückter Stimme »Okay« und macht die Tür hinter sich zu. Ich lege meinen Kopf aufs Kissen und schließe die Augen. Wenn ich wieder einschlafe, kommt sie vielleicht zurück. Aber das geschieht nicht. Ich stehe schließlich mit einem furchtbar schlechten Gewissen auf. Was tue ich meinen Kindern bloß mit dieser Trauer um ein fremdes Mädchen an.

Die ganze Familie liegt seit Längerem mit Erkältung im Bett. Vivi versteht die Vorgänge in ihrem Körper nicht und will die ganze Zeit ganz dicht bei mir sein. Sam ist seit über einer Woche nicht mehr im Kindergarten gewesen, er hat viel aufgestaute Energie und bettelt unablässig um meine Aufmerksamkeit. Unsere Kommunikation lautet ungefähr wie folgt:

»Guck mal, Mama!«

»Nicht jetzt, Sam.«

Der verletzte Ausdruck in seinem Blick zerbricht mir das Herz. Gestern habe ich ihm deshalb ein Angebot gemacht.

»Morgen kann Papa auf Vivi aufpassen, dann können wir beide was zusammen unternehmen?«

Er strahlte übers ganze Gesicht.

»Wir gehen zum Schützengraben!«

Sam hat im Alter von drei Jahren ein Reich erfunden, das er Telefonien nennt und das sehr vom Römerreich inspiriert zu sein scheint. Alles, was er mit seinem Interesse für Geschichte aufschnappt, wird in Telefonien eingebaut. Im Park Nytorps gärde gibt es einen kleinen, zugewucherten Hügel. Er gehört zu einem alten Grabfeld aus der Eisenzeit, und auf seiner Kuppe befindet sich ein Quadrat aus Beton. Es ist das Fundament eines gigantischen Scheinwerfers, der einen Kilometer in den Himmel hineinstrahlen konnte. Er stammt aus dem Zweiten Weltkrieg, als Stockholm in vollkommener Dunkelheit lag und man mithilfe des Scheinwerfers nach feindlichen Bombern Ausschau hielt. Was muss das für ein Gefühl gewesen sein, neben der einzigen Lichtquelle in einer pechschwarzen Stadt zu stehen?

Ich folge Sam durch das Unterholz, über umgestürzte Baumstämme und Gestrüpp. Er zeigt mir alles. Hier sind die Bomben eingeschlagen, und hier befindet sich ein ehemaliges Gefängnis, in dem zu Hochzeiten dreitausend Menschen eingesperrt waren. Und das hier, Mama, ist ein Nazigewehr, das in der Mitte durchgebrochen ist. Siehst du das, Mama? Ja, ich sehe es.

»Und siehst du den Kreis da?«

»Wo?«

Sam hebt den Arm mit dem roten Handschuh. In der anderen Hand hält er seinen Spaten, um in der Erde zu graben. Er ist ein Archäologe.

»Da. Auf der Erde.«

An den äußeren Rändern des Gesichtsfeldes wird es schwarz. Wir dringen tiefer ins Dickicht. Auf dem lehmigen Boden sind die toten Zweige kreisförmig heruntergetreten. Wie eine Iris ohne Pupille. Mein Sohn in seinem schmutzigen Overall und mit seinen roten Wangen verwandelt sich in Ingenieur Näs, in den Förster, der etwa fünfhundert Kilometer entfernt durch einen zugewachsenen Wald stapft. Woher weiß er, dass mein Kopf voller Kreise und platt getrampelter Ringe auf Waldböden ist? Kann er meine Gedanken lesen? Er gibt mir ein Zeichen, als würde er mich zu etwas auffordern.

»Ja … nein«, erwidere ich verunsichert.

Er bleibt stehen, dann zeigt er ungeduldig auf die schmale Öffnung und geht vor.

»Da rein! Komm mit, du musst dich da hinsetzen!«

Ich will nicht mehr mitspielen.

»Sam, spiel du weiter, ich gehe wieder zurück.«

»Nein!«

»Doch, das ist in Ordnung. Ich kann dich von dort aus auch sehen. Spiel ruhig weiter.«

»Nein, Mama, das will ich nicht!«

Der Wind hat zugenommen, als ich mich aus dem Dickicht geschält habe. Ich wickele meinen Mantel enger um meinen Körper. Sams Silhouette ist wegen dem dichten Buschwerk kaum zu erkennen. Er steht mit dem Rücken zu mir, erst jetzt merke ich, dass er weint und sich langsam entfernt.

»Bleib hier, Sam! Ich kann dich nicht mehr sehen.«

Aber er ist gekränkt und traurig und bleibt nicht stehen. Plötzlich bekomme ich Angst. Was, wenn er verschwindet? Was, wenn im Dickicht jemand auf kleine Kinder lauert, die allein unterwegs sind?

»Ich komme, bitte bleib stehen!«

Ich muss einmal um das Dickicht herumgehen, wobei ich ihn aus den Augen verliere. Vor lauter Panik flimmert es mir vor meinen Augen, die Zweige peitschen mir ins Gesicht. Eine gerechte Strafe für eine Mutter, die ihr Kind im Stich lässt. Die Tränen sitzen wie spitze Steine in meiner Kehle, ich stoße die Zweige beiseite, pflüge mich durch das widerspenstige Gestrüpp mit wie zum Gebet gefalteten Händen.

Im Frühling wurden wir vor einem Mann gewarnt, der sich in der Nähe von Grundschulen auffällig verhielt und versuchte, Kinder zu sich zu locken. Wir waren auf dem Weg in den Supermarkt, und Sam wollte die Treppe nehmen statt die Rampe.

»Ich komme mit dem Wagen nicht die Treppe hoch«, sagte ich. »Aber du kannst gehen, wir sehen uns dann oben!«

Er zuckte zusammen und sah mich mit schreckgeweiteten Augen an.

»Mama, man darf Kinder nicht alleine lassen. Es kann jemand kommen und sie mitnehmen.«

Er sah mich an, als hätte ich ihn den Wölfen zum Fraß vorgeworfen. Ich nahm ihn an die Hand, er hielt sie fest umklammert.

Was habe ich nur angerichtet? Wird er mir jetzt hier im Wald verloren gehen? Das würde ich mir niemals verzeihen.

Aber dann entdecke ich ihn. Den schmutzigen Overall, die karierte Mütze, die ihm tief ins Gesicht gerutscht ist. Er weint herzzerreißend, sein ganzer Körper zuckt. Ich setze mich auf den kalten Boden und nehme ihn in den Arm. Wir weinen zusammen. Es fühlt sich an, als hätte ich ihn aus dem Reich der Toten zurückbekommen. Aus Schuldgefühl und Erleichterung spiele ich noch zwei Stunden lang *Schützengraben* mit ihm.

Auszug aus der Zeugenvernehmung von Wachtmeister Ivar Björk:

Verhörleiter: Wie hat sich Bengt Sommer verhalten, als er abgeholt und später verhört wurde?
Björk: Er wirkte ängstlich, als wir ihn mitgenommen haben, aber ansonsten war er ruhig und gefasst.
[…]
Verhörl.: War er von der Tat unbeeindruckt?
Björk: Ja, das kann man so sagen, in gewisser Weise schon. Von einem Jungen in diesem Alter hätte man sich eine andere Reaktion erwartet. […] Er hat sich geärgert, weil er an dem Fußballspiel nicht teilnehmen konnte.
[…]
Verhörl.: Er bestritt, dass er in den Wald gegangen ist. Hat er daran festgehalten?
Björk: Ja, das hat er. Wir haben ihm gesagt, dass es einen Zeugen gibt, der ihn gesehen hat, aber er bestritt es dennoch.
Verhörl.: Wie lange blieb er bei seiner Version?
Björk: Wir waren der Ansicht, dass wir so schnell wie möglich Oskarsson für eine Gegenüberstellung auf die Wache holen sollten.

Ich drehe die Zeit zurück und sehe den Jungen vor mir. Er fingert an seinem Kragen, der auf einmal zu eng am Hals ist. Durch den Wirbel in seinem Haar richtet sich der Pony störrisch auf. Es ist zehn Uhr am Sonntagmorgen, als Edvin Oskarsson die Polizeiwache betritt, um auszusagen, dass er gesehen hat, wie Bengt Sommer Richtung Wald gegangen ist. Von diesem Augenblick an hatte jemand einen Scheinwerfer eingeschaltet und ihn auf Bengt Sommer gerichtet. Das grelle Licht machte es praktisch unmöglich, etwas anderes wahrzunehmen als das, was sich im Lichtkegel befand.

»Ich war in der Umkleidekabine, als Birgitta Sivander, die ich vom Sehen kannte, in Begleitung einer jungen Frau am Eingang des Sportplatzes auftauchte«, erzählte Edvin. »Ich habe sie durchs Fenster gesehen.« Beim Verhör fragte Oberwachtmeister Magnusson ihn, warum er in der Umkleidekabine gewesen sei. Edvin gab an, er habe die Trikots der Mannschaft überprüft, ob sie gewaschen werden müssten. Er hatte sich die Hände gewaschen und stand deshalb am Waschbecken und konnte aus dem Fenster sehen. Niemand hakte nach, warum seine Hände durch die Berührung der Trikots schmutzig hatten werden können. »Höchstens fünf Minuten davor oder danach habe ich Bengt Sommer am Weg gesehen, der durch den Wald zum Müllplatz führt. Er sah sich kurz um, dann ging er mit zügigen Schritten weiter.«

Auf dem alten Sportplatz, gab Edvin an, habe eine Gruppe von Jungen Fußball gespielt. Er vermutete, dass Bengt durch den Wald zum alten Sportplatz schleichen wollte, um die anderen zu erschrecken. Etwa eine halbe Stunde später verließ Edvin Oskarsson den neuen Sportplatz, um seine Schulden bei dem Fuhrunternehmer Assar Andersson zu begleichen.

Es ist kurz vor sechs Uhr. Oberwachtmeister Magnusson und Wachtmeister Björk hatten den ganzen Sonntag versucht, Edvin Oskarsson zu fassen zu bekommen, um Bengt mit dessen Aussage zu konfrontieren. Der hatte hartnäckig daran festgehalten, dass er direkt nach Hause gegangen sei. Allerdings konnte er keine Antwort darauf geben, warum er so spät nach Hause gekommen war und seine Schuhe schmutzig waren. Die beiden Polizeibeamten waren zuversichtlich, dass er sich seinem Fußballtrainer eher anvertrauen würde als ihnen.

Die Tür des Verhörraumes wird geöffnet. Bengt sitzt zusammengesunken am Tisch. Edvin wird hereingeführt und setzt sich ihm gegenüber. Er lehnt sich vor, die Stuhlbeine schaben über den Boden, als er näher heranrückt.

»Sag mal, Bengt …«, hören die Polizisten ihn sagen, bevor sie die Tür hinter sich schließen und den erwachsenen Mann mit dem Jungen allein lassen.

Kurz nachdem Edvin zum Abendessen nach Hause gegangen ist, betritt Wachtmeister Björk in Begleitung eines Unbekannten den Verhörraum.

»Das hier ist Herr Magister Sven Ekvall, er ist Leiter der Jugendfürsorge in Perstorp«, stellt ihn Wachtmeister Björk vor.

Ekvall nimmt einen Stuhl, der in der Ecke des Raumes steht, und setzt sich neben Bengt.

»Hallo, Bengt«, sagt er und wendet sich an den Wachtmeister. »Wir kennen uns, er ist einer meiner Schüler an der Centralskolan.«

Wachtmeister Björk nickt nicht sonderlich interessiert, greift nach Stift und Block und beginnt mit dem Verhör.

»Bengt, hast du uns etwas zu sagen? Edvin Oskarsson hat uns mitgeteilt, dass du soeben zugegeben hast, nicht wie behauptet nach Hause, sondern zum Müllplatz gegangen zu sein.«

Bengt sitzt mit gesenktem Kopf vor ihm, nach einer Weile nickt er zaghaft.

»Und was hast du dort gemacht?«

»Ich sammle Zigarettenpackungen und wollte dort neue suchen.«

»Ach so.«

Wachtmeister Björk macht sich eine Notiz. Bengt versucht, etwas zu entziffern, aber Björk verdeckt das Geschriebene mit seiner linken Hand.

»Und wie lange hast du dich dort aufgehalten?«

»Vielleicht zehn Minuten.«

»Und dabei sind deine Schuhe schmutzig geworden, wie deine Mutter angegeben hat?«

»Ja, ich glaube schon.«

Der Stift des Wachtmeisters kratzt über das Papier. Herr Magister Ekvall schlägt ein Bein über das andere und zündet sich eine Zigarette an.

»Weißt du noch, wie spät es war, als du nach Hause gekommen bist?«

»Es war ungefähr Viertel nach acht.«

»Und dann hat dich deine Mutter ausgeschimpft?«

»Ja, oder nein. Ich habe ihr erzählt, dass meine Schuhe schmutzig geworden sind, und sie hat gesagt, ich muss sie selbst putzen.«

»Und das hast du dann auch getan. Nur mit einer Bürste oder auch mit Wasser?«

»Mit einer Bürste und Wasser, draußen vor der Küchentür.«

Wachtmeister Björk notiert eifrig wieder etwas, dann legt er den Stift beiseite und sieht Bengt in die Augen.

»Bengt, du verstehst doch sicher, dass es keinen guten Eindruck macht, wenn du lügst. Warum hast du gelogen?«

Bengt schiebt seine Hände unter die Oberschenkel.

»Ich hatte Angst, Sie würden dann glauben, dass ich was mit dem Mord zu tun habe. Dass ich im Wald Birgitta ermordet habe.«

»Und hast du das?«

»Nein!«, antwortet Bengt leiser als beabsichtigt. Er versucht, einen stahlharten Blick aufzusetzen, um dem Wachtmeister zu zeigen, dass er die Wahrheit sagt. Aber dieser seufzt nur leise.

»Ja, Bengt. Dann wirst du jetzt mit Magister Ekvall mitgehen, er bringt dich zu Landjäger Andersson.«

»Darf ich nicht nach Hause?«

»Nein, Bengt, das darfst du nicht.«

Der nächste Tag ist ein Samstag. Ich bin mit den Kindern auf dem Spielplatz um die Ecke. Es ist sonderbar still, obwohl er gut besucht ist. Als ich unsere Snackbox öffne, klingelt mein Handy. Ich gehe ran und höre sekundenlange Stille, bis sich ein Mann am anderen Ende mit starkem schonischem Dialekt meldet. Er hat meinen Eintrag in der Perstorpsgruppe auf Facebook gelesen und kommt aus Perstorp. Sein Vater war Magister Sven Ekvall, der damalige Leiter der Jugendfürsorge. Er erzählt mir, dass er bis zu Birgittas Tod mit Karl befreundet gewesen ist und oft an ihn denken muss. Ob ich mit ihm Kontakt hätte? Der Mann redet wahnsinnig schnell, als hätte er vor dem Anruf Anlauf genommen. Ich ärgere mich, weil ich weder Laptop noch Stift oder Papier dabeihabe. Also höre ich ihm zu, während ich versuche, Vivi davon abzuhalten, händeweise Sand in sich reinzustopfen, und Sam zu signalisieren, dass ich gleich fertig bin. Wir vereinbaren, dass ich ihn am Montagnachmittag um vier Uhr anrufen werde.

Am Sonntag gehe ich stundenlang mit Vivi spazieren, damit sie so viel schläft wie möglich. *Schlaf fördert Schlaf*, heißt es. Und das stimmt leider wirklich. Wenn sie tagsüber nicht ausreichend geschlafen hat, wird die Nacht zur Hölle. Wir gehen also bis nach Björkhagen. Ich streichele ihr über den Rücken und summe vor mich hin, während ich über den Anruf nachdenke. Vielleicht ist der Sohn von Ekvall eine Verbindung zu Birgitta und kann mir mehr über sie erzählen. Die Bronzeskulptur an der Straße, kurz vor der Markuskirche, reflektiert die Sonne. Mehrmals in der Woche gehe ich in diese Kirche, um eine Kerze anzuzünden. Die Skulptur *Mutter und Kind* von Baltasar Lobo stellt eine Mutter dar, in üppigen und weichen Formen, die mit ihrem Neugeborenen spielt wie ein Katzenjunges mit einem Wollknäuel. Das Licht blendet mich, und ich schließe die Augen. Blind biege ich in den kleinen Weg ein, der zur Kirche führt. Und plötzlich spüre ich es zum ersten Mal im wachen Zustand – eine kleine Hand in meiner.

Beim Betreten der Kirche habe ich immer das Gefühl, in eine große Grotte zu gelangen. Rohe graue Steine umrahmen den Eingang, eine riesige Tür, dicke Wände, dann der hohe, kühle, dunkle Kirchenraum. Die Kronleuchter an der Decke scheinen zu schweben. Getreu meiner Gewohnheit gehe ich rechts an den Sitzbänken vorbei bis zu dem Baum aus Metall, auf dessen Spitze eine große Kerze brennt. Im Baumwipfel ist Platz für Teelichter. Wir zünden ein Teelicht an. Ich frage sie, wo wir es hinstellen sollen, und sie zeigt auf eine freie Stelle in der Nähe der großen Kerze. Sie wünscht sich einen Ort, der hell und warm ist und an dem sie sich geborgen fühlt. Ich starre eine Weile in die Flamme. Dann kneife ich meine Augen zu. Ich bilde mir Birgittas Gegenwart nur ein, ich darf mir das nicht einreden. Sie ist nicht mein Kind, es ist nicht meine Trauer. Was denke ich mir eigentlich dabei? Aber in mir gibt es zwei unterschiedliche Seiten. Die eine will daran glauben. Denn das würde rechtfertigen, warum ich ein Buch über sie schreibe. Außerdem hätte ich damit ihre Zustimmung. Ich schaudere und will am liebsten weinen. Aber ich lasse die Tränen nicht zu.

Das feuchte Wetter hält auch am Montag noch an. Ich bereite mich auf das Telefonat mit Sven Ekvalls Sohn vor, indem ich die Ermittlungsakten noch einmal durchgehe. Sein Vater kommt häufig vor, sowohl in den Ermittlungen als auch in den Zeitungsartikeln. Sven Ekvall ist Ende der Vierzigerjahre Leiter der Jugendfürsorge in Perstorp. Er begleitet Bengt bei fast allen Verhören, und wenn sich die Jugendbehörde mit der Polizei, den Anwälten und Psychologen trifft und bespricht, was mit dem Jungen geschehen soll, dann ist er auch immer mit von der Partie.

Diese Treffen scheinen kein Ende zu nehmen. Es ist fast zynisch, dass eine Organisation, die sich um das Kindeswohl kümmern soll, einem Kind die Hölle auf Erden bereitet. Ein Erwachsener, der eines Verbrechens beschuldigt wird, kommt vor Gericht. Und am Ende wird er entweder freigesprochen oder bekommt seine Strafe. Wenn es sich aber um einen Minderjährigen handelt und Armut, ungepflegte Kleidung oder alleinerziehende Eltern im Spiel sind oder die meisten Mitbürger sich gegen einen stellen, dann sind das ausreichend Gründe für eine Zwangshaft. Bengt konnte deshalb, vor allem mit der Duldung der Jugendfürsorge – die *nur zu seinem Besten* handelte –, so lange festgehalten werden, wie die Verantwortlichen es für richtig hielten. Ganz gleich, was bei der Gerichtsverhandlung herauskommen würde. Da Bengt zu diesem Zeitpunkt minderjährig war und deshalb nicht formell angeklagt werden konnte, hätte man es gar nicht eine Gerichtsverhandlung nennen dürfen. Aber das taten sowohl die Polizei als auch die Medien.

Ein beeindruckend großer Teil der Ermittlungsakte besteht aus Briefen von Mitbürgern. Nahezu alle Absender sehen Bengt als unschuldig an. Unter den vielen Briefen von Wahrsagern, Überzeugten und Kindern, die mit ungelenken Buchstaben die Polizei davon überzeugen wollen, dass der Mörder selbst den Brief geschrieben hat, sind zwei an Magister Sven Ekvall adressiert. Beide führen Argumente für Bengts Unschuld an. Daraus wird ersichtlich, dass Ekvall offenbar anderer Ansicht war. Das verwirrt mich. Anhand der Ermittlungsakten und Zeitungsausschnitte war ich davon überzeugt, dass er Bengt für unschuldig hielt. In der Tageszeitung *Stockholms-Tidningen* betont er, dass der Verhaftete ein tüchtiger und gelehriger Schüler sei. Und ein junger, aufgeweckter Sportler und keineswegs einer dieser lichtscheuen Gestalten. Ekvalls Sohn aber sieht das ganz anders. Bei unserem Telefonat mit mäßig guter Verbindung erzählt er mir, dass sein Vater von Bengts Schuld überzeugt war.

»Die gewaschenen Kleidungsstücke sprechen eine deutliche Sprache«, sagt er. »Von den Blutflecken wissen Sie?«

Er scheint mich testen zu wollen, ob ich mich auch eingehend mit dem Fall beschäftigt habe. Aber was sagt das überhaupt aus, dass die Kleidung gewaschen worden ist? Nichts, da sie regelmäßig gewaschen wird und wir nicht wissen, wie alt diese Flecke gewesen sind.

Der Pathologe und Gerichtsmediziner Einar Sjöwall ist der Erste, der Bengts Kleidung untersucht. Das gehört zwar nicht zu seinem Spezialgebiet, aber er untersuchte sie gleich zu Beginn der Ermittlungen, weil es eilig war. Professor Sjöwall stellte fest, dass offenbar versucht wurde, einen der Flecke rauszuwaschen. Diese Feststellung beeinflusste die Ermittlungen nachhaltig. Als die Ergebnisse der Laboruntersuchungen aus Stockholm eintrafen, hatte sich deshalb schon längst die Meinung etabliert, es handele sich um neue Blutflecke, die jemand versucht habe rauszuwaschen. Die Techniker hingegen gingen von alten Blutflecken aus. Und überdies waren es nur sehr geringe Mengen Blut.

Ich wechsele das Thema und frage Ekvalls Sohn, ob er sich an die Beerdigung erinnert.

»Und ob ich das tue …«, antwortet er, aber wie bei Karl verlieren sich die Erinnerungen.

Vielleicht aktivieren die Erinnerungen den alten Schock, die Verwirrung, Angst und Trauer, die alle Kinder in Perstorp in jenem Mai 1948 empfunden haben müssen. Sie wurden von Gefühlen überwältigt, für die sie keine Worte hatten und für die es keinen Raum gab. Ich will wissen, ob der Leiter der Jugendfürsorge zu Hause über den Fall gesprochen hat. Kein Wort, lautet die Antwort. »Aber er fand es belastend, sehr belastend.« Nach dem Ende der Gerichtsverhandlung hielt Sven Ekvall nichts mehr in Perstorp. Er kündigte und zog mit seiner Familie weg.

Seit Birgittas Tod hat sich alles verändert, und doch ist alles beim Alten geblieben. Karl kann die Veränderungen sehen und spüren, aber das geht offensichtlich keinem anderen in der Familie so. Sein Vater hat sich in einen grauen, schwerfälligen Schatten verwandelt, geht aber jeden Tag zur Arbeit. Seine Mutter ist kalt und hart geworden. Das Kindermädchen Cecilia sieht ängstlich aus, schmiert ihnen aber nach wie vor Brote, singt ihnen Lieder vor und kämmt ihnen die Haare. Erik wirkt verstört und ist wieder zu einem Kleinkind geworden. Die Einzige, die so ist wie vorher, ist seine kleine Schwester Eva. Karl geht zur Schule, aber seit der Tat umgibt ihn eine unsichtbare Demarkationslinie. Sie ist so augenfällig, dass man sie berühren könnte, wenn man die Hand danach ausstrecken würde. Niemand fragt ihn, wie es ihm geht, und niemand erwähnt seine Schwester mit einem einzigen Wort.

Es ist Samstagmorgen. Karl steht am oberen Treppenabsatz und lauscht, bevor er nach unten steigt. Das ist Gewohnheit geworden. Er lauscht und versucht, die Tagesstimmung zu erspüren. Er hört, wie sein Vater seufzt.

»Was ist denn los?«, fragt seine Mutter nüchtern.

»Es ist wieder ein Brief gekommen. Gestern. Aber ich habe ihn gerade erst aufgemacht.«

Karls Mutter setzt sich zu seinem Vater an den Tisch.

»Und was steht drin?«

Valdemar liest den Brief vor, während Karl leise zwei Treppenstufen nach unten geht.

»›… einen Zeitungsartikel vom 9. Mai 48 … den ich ein wenig komisch finde.‹«

Valdemar stockt. Seine Stimme ist brüchig. Er liest die Zeile ein zweites Mal, aber der Inhalt ändert sich nicht.

»Komisch?«, wiederholt Margit. »Aha.«

»›... ein wenig komisch finde. Denn es kommt mir sehr merkwürdig vor, warum ausgerechnet der Förster die ...‹«

Valdemar verstummt.

»›... die Leiche des Mädchens gefunden hat, die ... unter fünfzig Kilo schweren Steinen und anderem begraben war. Wenn man sich das Foto von ihm etwas genauer ansieht, könnte man meinen, er hätte etwas mit der Sache zu tun.‹«

»Mein Guter, ich bitte dich ...«

»›Wie Sie auf dem Foto sehen können ...‹« Das Wort *sehen* ist unterstrichen. »›... scheint er zu denken, dass seine Tat niemals entdeckt werden wird.‹«

»Wirf den Brief weg, Valdemar.«

»›Darum empfehle ich Ihnen, sich an den Distriktshauptmann zu wenden und ihn ermitteln zu lassen, wo der Förster am besagten Freitagabend war, als der Mord geschah‹«, fährt Valdemar fort.

Karl hört, wie ein Stuhl über den Boden schabt.

»Möchtest du Kaffee?«

Es scheppert und klirrt, seine Mutter macht einen Heidenlärm mit Kannen und Tassen. Aber Valdemar liest erbarmungslos weiter.

»›Ich habe bereits vielen Freunden gesagt, dass ich überzeugt davon bin, dass er etwas mit der Sache zu tun hat.‹«

»Dann ist ja alles geklärt«, sagt Margit mit einem ironischen Tonfall. »Ist der Brief unterschrieben?«

»Nein, dort steht nur ›Ich will bis auf Weiteres anonym bleiben‹.«

Als Karl die erschöpfte und müde Stimme seines Vaters hört, wird ihm ganz schwer ums Herz. Leise schleicht er wieder hoch, um dann mit lautem Poltern die Treppe hinunterzusteigen. Die Stimmen in der Küche verstummen.

»Ich gehe spazieren«, sagt er mit einem aufgesetzten Lächeln.

Der Brief liegt nicht mehr auf dem Tisch, wahrscheinlich hält ihn sein Vater unter der Tischplatte in der Hand. Seine Mutter wischt sich etwas Unsichtbares vom Kleid. Dann fährt sie über die Haare, sodass sie ihm in die Stirn fallen.

»Dein Pony ist lang geworden.«

Als Karl die Eingangstür hinter sich schließt, ruft ihm sein Vater etwas hinterher. Mit einem Anflug von Sorge in der Stimme.

»Sei zum Abendessen wieder zu Hause.«

Ohne einen Blick darauf zu werfen, geht Karl an Birgittas rotem Fahrrad vorbei. Die Augen starr geradeaus gerichtet, verlässt er das Grundstück durch das Gartentor. Åke, Yngve und Lilian sind in ihrem Garten. Die beiden Kleinen rennen ins Haus, als sie Karl sehen, nur Åke bleibt stehen und winkt zaghaft über die Hecke. Karl erwidert den Gruß, setzt seinen Weg aber unbeirrt fort. Er läuft die Straße hinunter und biegt dann Richtung Sportplatz ab. Er merkt, dass Gespräche verstummen, wenn er vorbeigeht, und die Leute ihm hinterhersehen. Alle kennen ihn. Alle wissen, dass er der große Bruder des ermordeten Mädchens ist.

Karl geht in den Wald. Tannenzapfen und Blaubeersträucher bohren sich in seine Sandalen. Vom Sportplatz sind die vertrauten Geräusche eines Fußballspiels zu hören, Schritte auf dem Sandboden und laute Rufe. Karl wird langsamer, streicht mit der Hand über die Baumstämme. Als ihn niemand mehr sehen kann, bleibt er stehen und holt tief Luft. Die Sonne scheint ihm ins Gesicht, das Licht ist warm und weich. Er schließt die Augen, und alles wird blutrot.

Karl geht bis zu der Stelle im Graben. Dort unten hat seine Schwester gelegen. Die Maiglöckchen blühen, der Geruch ist betäubend. Karl wird schlecht davon. Er sinkt auf die Knie, vorsichtig, damit seine Kleider keine Blaubeerflecke bekommen. Fast ist es so, als könnte er ihre Stimme hören. Das ist unheimlich. Es läuft ihm kalt den Rücken hinunter. Karl steht wieder auf, geht zu einem Baum direkt neben dem Graben und klettert hinauf. Es sieht gekonnt aus, aber er kommt auch fast jeden Tag hierher. Er klettert fast bis zur Spitze des Baumes und setzt sich auf einen Ast. Mit einem Arm umschlingt er den Baumstamm. Dann bewegt er sich nicht mehr, sitzt ganz still. Und bewacht den Graben.

Ein Specht hackt hinter ihm auf einen Stamm ein, zwei Eichhörnchen springen auf einem benachbarten Baum herum, aber sie alle meiden den Baum, auf dem er sitzt. Sie wissen, dass er von einem fremden Geschöpf besetzt ist. Die Schwalben spielen im Himmel über ihm. Karl sieht ihnen zu. Es scheint, als würden sie miteinander tanzen. Der Himmel ist hellblau. Dann taucht plötzlich etwas auf, das diesen Tanz unterbricht. Karl weiß, was es ist, bevor er ihn erblickt. Ein Falke. Seine Flügel sind spitz und weit aufgespannt. Er schwebt durch die Luft und beobachtet die Schwalben. Plötzlich attackiert er sie in einem hohen Bogen. Karls Herz schlägt wie verrückt. Der Falke verpasst die Schwalbe und fliegt weiter, als wäre nichts passiert. Als würde er die Hände auf dem Rücken verschränken und pfeifend vorbeischlendern.

Karl hört Stimmen. Zwei Männer, die sich gedämpft unterhalten, stapfen über die Heide und die Blaubeersträucher, schieben sich zwischen Birken und Tannen hindurch. Am Graben bleiben sie stehen.

»Hier hat sie gelegen«, sagt der eine.

Karl wird es eiskalt. Er hat auf ihn gewartet. Den Mörder. Der große Bruder eines Freundes hat einmal erzählt, der Mörder kehre immer an den Ort des Verbrechens zurück. Karl hat schon am Tag nach Birgittas Tod beschlossen, dass er seine Pflicht als großer Bruder erfüllen und den Mord aufklären muss. Schließlich ist er an ihrem Tod schuld. Er hätte niemals ihr Fahrrad nehmen dürfen. Birgitta ist zum Sportplatz gekommen, um ihr Fahrrad zu holen. Wenn er es nicht behalten hätte, würde sie noch leben. Sie und ihr Mörder wären wie zwei Schiffe in der Nacht aneinander vorbeigeglitten. Vielleicht wäre sie auf dem Rad an ihm vorbeigesaust, nicht wissend, dass sie dem Tod in letzter Sekunde entronnen ist. Die

Schuld lastet schwer auf Karls Schultern. Die Männer unter ihm murmeln, steigen in den Graben und klettern wieder heraus. Karl kann nicht hören, was sie sagen, aber er merkt sich genau, wie sie aussehen und was sie anhaben. Der eine ist schlaksig und mager wie ein Skelett mit gelblichen, dünnen Haaren. Er trägt eine Jacke aus Popeline und dunkelbraune Schuhe. Der andere sieht athletisch aus, ist kräftig gebaut und hat rötliche Locken, die unter einer Sportkappe stecken. Er trägt einen aschgrauen Anzug aus Gabardine. Sie sitzen in der Hocke im Graben, die Hände berühren das alte Laub. Suchen sie etwas Bestimmtes? Etwas, das sie in der Mordnacht verloren haben? Es dauert eine Ewigkeit, bis sie endlich wieder aufstehen und gehen. Erst als Karl sich ganz sicher ist, dass sie ihn nicht hören können, klettert er wieder nach unten. Und folgt ihnen.

Sie verlassen den Wald. Karl huscht von Baum zu Baum, schaut hinter den Stämmen hervor. Die Männer laufen die Straße hinunter Richtung Zentrum. Es ist viel los, Karl tut unbeteiligt, während er hinter ihnen herschlendert und sie nicht aus den Augen lässt. Die Männer betreten ein Wirtshaus. Karl stellt sich auf die andere Straßenseite und wartet. Durch das Fenster sieht er, wie sie sich etwas bestellen und kurz darauf ihr Essen serviert bekommen. Karl wippt auf den Füßen vor und zurück. Er ist sich nicht sicher, wie er sich verhalten soll. Diesen Teil hat er sich nicht überlegt. Er könnte zur Polizeiwache rennen und erzählen, was er beobachtet hat. Aber was genau hat er denn gesehen? Was würde er ihnen erzählen? Seine Eltern werden auch davon erfahren, wenn er es den Beamten erzählt, und dann wüssten sie, dass er die Geschichte weiterverfolgt, die für immer ruhen soll. Karl macht gar nichts. Und erzählt auch niemandem davon.

Sam kam auf die Welt, bevor die Gesundheitsbehörde begann, auch Wochenbettdepression bei Vätern zu untersuchen. Aber ich wusste sofort, dass etwas nicht stimmte. Jedes Mal, wenn Justus auf Sam aufpassen sollte, packte mich die Angst. Ich konnte es mir nicht erklären. Obwohl mir schwindelig und übel vor Schlafmangel war, kam ich nicht zur Ruhe. Die Wand war eine hauchdünne Grenze zwischen dem Bett und den Tränen. Ich habe von Justus nie ein tröstendes Wort gehört. Wenn ich zu den beiden ins Wohnzimmer kam, saß Sam in seiner Kinderwippe, die Justus mit seinem Fuß antippte. Sein Blick war auf den Fernseher geheftet, Sam starrte ins Leere. Ich habe Justus mehrmals am Tag aufgefordert, Sam anzusehen und mit ihm zu sprechen. Er war der Meinung, dass ich immer nur an ihm herummeckere.

Während der Schwangerschaft mit Sam bin ich einige Male mit Justus und seinen Freunden ausgegangen. Ich stand meistens in der Ecke, hinterm Billardtisch oder in der letzten Reihe auf Konzerten und hielt mich an einem alkoholfreien Bier fest. Fredrik, einer von Justus engen Freunden, leistete mir immer wieder Gesellschaft. Ich hatte den Eindruck, dass er sich einfach gerne mit jemandem unterhalten wollte, der nüchtern war. Oder hatte er damals schon ein beunruhigendes Verhalten bei Justus beobachtet, was mir entgangen war? Wollte er mich warnen? Anfang des Jahres hatte sich einer aus dem Freundeskreis das Leben genommen. Fredrik warf verzweifelt die Arme in die Luft, um die Wichtigkeit seiner Worte zu unterstreichen. Man muss doch mit seinen Freunden über seine Sorgen sprechen können, man muss sie fragen, wie es ihnen wirklich geht, und man muss ihnen ehrlich erzählen, wie es einem selbst geht.

Es ist Montag, zwei Tage nach dem Mord an Birgitta.

»Zieh bitte auch den Pullover aus.«

Bengt zieht sich den Pullover über den Kopf und steht mit bloßem Oberkörper in dem kalten Raum.

»Und jetzt strecke bitte deine Arme aus.«

Ein Arzt untersucht Bengts blasse Arme und Hände. Wachtmeister Björk und Oberwachtmeister Magnusson stehen an die Wand gelehnt da, die Hände in den Hosentaschen.

»Auf dem linken Unterarm, auf der Seite des kleinen Fingers, befindet sich eine Wunde.«

Der Arzt greift nach einem Lineal.

»Circa vierzig Millimeter lang, die Schorfbildung ist alt.«

Wachtmeister Björk macht sich Notizen.

»Woher stammt diese Verletzung, Bengt?«, fragt der Arzt, ohne den Jungen dabei anzusehen.

»Von Freitag, beim Bauen.«

Wachtmeister Björk hebt den Blick und sieht ihn ermahnend an. Bengt begreift, dass er das etwas ausführen muss.

»Ich habe Åke dabei geholfen, einen Kaninchenkäfig zu bauen. Als ich mich über das Dach gelehnt habe, bin ich an einem Holzsplitter hängen geblieben.«

Der Arzt untersucht die rechte Hand.

»Am rechten Arm, in der Nähe des Handgelenkes, befindet sich eine weitere Schramme. Sechs bis sieben Millimeter lang und ausgeheilt.«

Durchdringend sieht Oberwachtmeister Magnusson ihn an.

»Wie lange hast du diese Schramme schon, Bengt?«

»Keine Ahnung. Aber am Freitag war sie schon da, ich habe im Unterricht den Schorf weggekratzt.«

Der Arzt nimmt eine Blutprobe. Bengt sieht zur Decke, als die Nadel in seinen Arm dringt.

Zehn nach fünf gibt Wachtmeister Björk Bengt ein Zeichen, und sie brechen auf.

»Wir wollen uns da eine Stelle zusammen ansehen.«

Sie steigen in einen Polizeiwagen. Oberwachtmeister Magnusson setzt sich auf den Beifahrersitz, neben Bengt auf dem Rücksitz hat Magister Ekvall bereits Platz genommen. Wachtmeister Björk fährt Richtung Sportplatz, aber er hält dort nicht, sondern biegt auf die Landstraße und parkt in der Nähe des Müllplatzes. Oberwachtmeister Magnusson steigt aus und verzieht das Gesicht, weil der Boden matschig ist. Wachtmeister Björk dreht sich zu Bengt um.

»So, Bengt, kannst du uns genau zeigen, wo du am Freitag warst?«

Bengt holt Luft, dann geht er ohne zu zögern auf eine kleine Anhöhe.

»Kannst du uns die Stelle zeigen, den roten Fleck, den du für eine Zigarettenpackung gehalten hast?«

Das kann Bengt.

»Und was hast du dann getan, als du deinen Irrtum bemerkt hast?«

Bengt sieht sich unsicher um.

»Ich glaube, ich habe es dort drüben weggeworfen«, sagt er und zeigt in eine Richtung.

Wachtmeister Björk macht sich sofort auf die Suche, aber er findet nichts.

»Und warum waren deine Schuhe so schmutzig, Bengt? Du hast gesagt, dass du ausgerutscht bist.«

»Ja, ich bin über das Dach balanciert. Und ausgerutscht.«

Bengt zeigt ihnen die Stelle, wo das Gelände zum Wasser hin abschüssig ist. Im Wasser liegt ein alter Hühnerstall. Und auf dem

Dachfirst des Stalls, über den er geklettert ist, um an das rote Stück Papier zu gelangen, ist er ausgerutscht, erklärt er den Beamten.

»Ich bin zuerst mit dem linken Schuh, dann mit dem rechten Schuh ausgerutscht.«

»Hattest du nasse Füße?«

»Ja, an der Ferse. Und die Sohle ist auch nass geworden.«

Sie kehren zum Wagen zurück.

»So, Bengt, du wirst jetzt nach Ljungaskog gebracht.«

»Was ist das?«

»Das ist ein staatliches Erziehungsheim in der Nähe von Örkelljunga.«

»Und was soll ich da?«

Die drei Männer haben sich vor ihm aufgebaut. Magister Ekvall ergreift das Wort.

»Wir von der Jugendfürsorge haben das so entschieden.«

»Darf ich nicht nach Hause?«

»Nein, das darfst du nicht.«

»Und warum nicht?«

Ekvall seufzt und schiebt seine Hände in die Hosentaschen.

»Fast ganz Perstorp ist der Ansicht, dass du der Mörder von Birgitta bist, Bengt. Du bist zu Hause nicht sicher.«

Zwei Wochen nach Sams Geburt fuhren wir zu einer Hochzeitsfeier. Justus, Sam und ich. Das war viel zu früh, aber ich wollte mich, nachdem ich Mutter geworden war, unbedingt wieder wie vorher fühlen. Ich dachte, ich müsste mir das Alte einfach zurücknehmen, da die Schwangerschaft schließlich überstanden war. Ich hatte nicht begriffen, dass dieser Zustand niemals wieder vorbeigeht, niemals aufhört. Er beginnt mit der Zeugung des Embryos und hält ein Leben lang an.

Nach der Zeremonie saßen wir unter freiem Himmel an langen Tischen. Sam lag in meinem linken Arm, während ich versuchte, die Gabel in der rechten Hand, zu essen. Immer wieder blieben Leute bei uns stehen.

»Nein, ist der niedlich!«, sagten sie. Und: »Er ist dir ja wie aus dem Gesicht geschnitten!«, oder: »Er sieht genauso aus wie Justus.«

Auch Justus' Freund Fredrik blieb stehen, die Hände auf dem Rücken verschränkt. Er beugte sich tief vor und blickte Sam in seine noch nicht sehenden Augen. Er wirkte nachdenklich. Dann richtete er sich auf.

»Tja, ich weiß nicht, was ich sagen soll«, murmelte er. »Es ist halt ein Baby.«

Ich habe mich ausgeschüttet vor Lachen.

DIE PSYCHOLOGEN ÜBERNEHMEN

Der Junge verbleibt bis auf Weiteres im Jugendheim Ljungaskog in Örkelljunga. Die leitenden Beamten sehen es als unzweckmäßig an, den Druck durch gewöhnliche Verhörmethoden auf den Jungen zu erhöhen, um weitere Aussagen von ihm zu bekommen. Stattdessen wird die Angelegenheit den Psychologen übergeben. Sie sollen zum einen den Jungen zum Reden bringen und zum anderen Faktoren in seiner Vergangenheit, Erbgut, Umfeld, Erziehung u. v. m. ermitteln, die ihn dazu gebracht haben, eine solch schreckliche Tat zu begehen. [...]

»Bereits am Mittwoch erwarten wir einen der angesehensten Kinderpsychologen des Landes in Ljungaskog, Thorsten Thysell aus Karlstad. Er wird sich um den Jungen kümmern«, berichtet der Betreuer Stenkula dem Reporter von *Dagens Nyheter*. »Der Junge braucht vor allem Ruhe. Ich habe mich mit ihm unterhalten, aber wir haben den Mord mit keinem Wort erwähnt. Jetzt müssen die Behörden mit größter Sorgfalt vorgehen, um nicht das Leben des Jungen für immer zu zerstören.«

[...]

Die Polizei setzte auch am Dienstag ihre Routineuntersuchungen in Perstorp fort, weitere Zeugen wurden befragt und das Gebiet um den Tatort gründlich durchkämmt. Aber bisher konnten keine verwertbaren Spuren gesichert werden.

Ich schnaube verächtlich, als ich den Artikel lese. Fünf Tage ist der Mord an Birgitta her. Und alles deutet darauf hin, dass Bengt schon längst als Täter abgestempelt worden war. *Aber bisher konnten keine verwertbaren Spuren gesichert werden.* Am liebsten würde ich den leitenden Ermittler anrufen und nachhaken: Was ist mit dem Mann, den Elin Sjöberg gesehen hat? Was ist mit allen anderen Männern, die sich in der Nähe aufgehalten haben? Warum nicht deren Schuhe und Schuhgrößen überprüfen? Und zwar nicht nur die der ausländischen Fabrikarbeiter. Unter Umständen gibt es mehr Kandidaten mit Schuhen der Marke Tretorn in Größe zweiundvierzig. Wie in vielen kleinen Ortschaften üblich, haben sie in Perstorp möglicherweise nur einen einzigen Schuhladen. Hat Edvin Oskarsson dort die Schuhe gekauft, die er dann Bengt schenkte? Wütend klappe ich meinen Laptop zu und werfe den Stift auf den Boden. Das Geräusch, mit dem er auf den Teppich fällt, ist unerfreulich leise. Ich gehe ins Badezimmer und betrachte mein zorniges Gesicht. Dann lege ich meine Stirn gegen den Spiegel.

Die Einrichtung in Ljungaskog gibt es auch heute noch. Auf der Webseite *Flashback* gibt es einen Feed von 2016: *Warnung vor dem Jugendheim in Ljungaskog. Menschenverachtender Umgang mit Schützlingen und dem Personal!* Wenn noch 2016 die Zustände angeprangert wurden, kann ich mir vorstellen, wie es 1948 gewesen sein muss. Die Einträge, die ich gefunden habe, stammen allerdings aus den vergangenen Jahren. Es geht darin um Anzeigen wegen sexueller Übergriffe, um Gewalt, Selbstmordversuche und ein Geiseldrama. Ich verschlinge alle Artikel in *Dagens Nyheter* über das Heim aus den Jahren 1948 bis 1950. Darin wird auffällig oft erwähnt, dass die Jungen ausgerissen sind. Aber niemand hat sich gefragt, *warum.* Stattdessen steht in den Artikeln und Notizen, die Anwohner hätten es satt, dass die Jungen Fahrräder und Autos klauen und in ihre Sommerhäuser einbrechen würden.

Nach der ersten Begegnung mit Bengt in Ljungaskog schildert Dr. Thysell seinen Eindruck in *Dagens Nyheter*:

Ein ganz bezaubernder Junge. Er ist alles andere als gefühllos, und ich habe große Schwierigkeiten, ihn mit dem Verbrechen in Verbindung zu bringen. Aber die Untersuchung hat soeben erst begonnen, und wir wissen, dass die menschliche Psyche über viele Ecken und Winkel und schwer zu ergründende Tiefen verfügt.

Weiter unten im Artikel heißt es, dass die Stimmung in Perstorp aufgeheizt ist und sich der Hass *besonders gegen den Sportlehrer Edvin Oskarsson richtet, der durch seine Zeugenaussage, er habe den Jungen in den Wald gehen sehen, den Verdacht erst auf ihn gelenkt hat. Einige Mitbürger schrecken nicht davor zurück, in Oskarsson den eigentlichen Schuldigen zu sehen. Sein Alibi ist jedoch lückenlos, gibt die Polizei an.*

Dieses Alibi besteht darin, dass Edvin dabei gesehen wurde, wie er zwischen halb und Viertel vor acht die Umkleidekabine am neuen Sportplatz verlassen hat. Jemand erinnert sich angeblich daran, dass er ein paar Worte mit einigen Männern gewechselt hat. Ein anderer hat ihn in Begleitung einer anderen Person auf dem Fahrrad davonfahren sehen. Edvin hingegen hat angegeben, er hätte sich in der Umkleidekabine unterhalten. Von einer Unterhaltung außerhalb der Kabine ist nicht die Rede, und laut seiner eigenen Aussage ist er allein mit dem Rad zu Assar Andersson gefahren.

In den Ermittlungsakten steht nichts von einem Verhör des Fuhrunternehmers Assar Andersson. Aber jemand muss ihn befragt haben, denn vor Gericht wird die Zusammenfassung eines Gesprächs mit ihm am 11. Mai präsentiert. Sie ist fünf Zeilen lang.

Fuhrunternehmer Assar Andersson, Briefkasten 539, Perstorp: /49 Jahre alt/

Am 7. Mai 1948 gegen 19:30 Uhr kam Edvin Oskarsson bei Andersson vorbei. Er bezahlte eine Rechnung/Transportkosten/. Sie standen im Hof zusammen und unterhielten sich etwa zwanzig Minuten lang, woraufhin Oskarsson sich wieder verabschiedete. Gegen 20:15 Uhr traf einer von Anderssons Mitarbeitern ein.

Aber zu diesem Zeitpunkt war Edvin schon längst aufgebrochen.

Wachtmeister Björk sitzt an seinem dunkel gebeizten Schreibtisch, schwer stützt er den Kopf in die linke Hand. In seiner rechten hält er einen Brief, vor ihm liegt ein riesiger Haufen mit weiteren Briefen. Sie müssen alle gelesen werden, auch wenn sie nur Fantastereien von Wahnsinnigen und Neurotikern beinhalten.

Der Junge ist unschuldig! Ich bin der Mörder! Ich
habe das Mädel gesteinigt.
Der Mörder

Wachtmeister Björk schnaubt verächtlich. Draußen lockt ein warmer Sommerabend. Seine freundliche Sekretärin hat ihm eine Vase mit lila Flieder ins Zimmer gestellt. Ihr Duft ist betäubend. Ihm läuft der Schweiß, das Licht der Schreibtischlampe spiegelt sich in seinem glänzenden Gesicht. Wenn er nach Hause kommt, wird er sich als Erstes auf sein kühles Bett mit der Tagesdecke legen. Seine Frau kocht dann und macht ihm ein kaltes Bier auf. Und nachdem sie draußen im Garten den Tisch gedeckt hat, ruft sie ihn. Den Abend wird er vor dem Radio verbringen und sich das Mitternachtskonzert anhören. Er träumt vor sich hin, während er geistesabwesend nach dem nächsten Brief greift. Das Papier ist dick und mattrosa. Jemand hat Buchstaben aus der Zeitung ausgeschnitten und aufgeklebt. Die Nachricht besteht nur aus vier Worten:

Sucht
Den Wehrpfl.
Samuelsson

»Ja, vielen Dank«, brummt Björk vor sich hin. Der nächste Absender findet, die Polizei sollte dem Sportlehrer auf den Zahn fühlen. Eine Frau Maria aus Lund hatte einen sonderbaren Traum und sah sich gezwungen, zwei eng beschriebene Seiten an die Polizei zu schicken. Der Absender mit der Signatur E. C. ist davon überzeugt, dass der Sportlehrer Edvin Oskarsson der Schuldige ist. Dasselbe gilt für die Absenderin *Auch eine Mutter*, die sich fragt, was Oskarsson in der Umkleidekabine getan hat, dass er sich danach die Hände waschen musste? Ein Astrologe bittet um die Geburtsdaten von Bengt Sommer. Wachtmeister Björk wirft den Brief wütend auf den Tisch und springt auf. Er will mit jemanden über diesen Irrsinn sprechen, muss aber feststellen, dass alle Kollegen schon nach Hause gegangen sind und er allein ist. Unwillig kehrt er an seinen Schreibtisch zurück und lässt sich schwer auf seinen Stuhl fallen.

> *Lasst den Jungen aus Perstorp frei, er ist unschuldig. Ich habe es getan werde bald gestehen niemals ein Kind unter Druck setzen. Der Krieg hat mich zum Mörder gemacht. Kobolde halten sie nachts im Haus. Er kann das nicht mit den Steinen.*
> *Der Mörder*

Es ist halb sieben, Wachtmeister Björk reibt sich fest mit dem Zeigefinger über die Oberlippe und klopft genervt mit dem linken Fuß auf den Boden. Sein Magen knurrt vor Hunger. Den nächsten Brief hat ihm Birgittas Vater vormittags vorbeigebracht. Einer von vielen Briefen, die direkt an ihn adressiert sind. »Armer Kerl«, sagt Björk laut. Der Brief ist von einem selbst ernannten Hellseher, der Birgittas Vater bittet, ihm ein paar Kleidungsstücke seiner Tochter zu schicken. Unterschrieben ist der Brief mit *Croo-Maat.* Die meisten Schreiben, die Valdemar Sivander erhält, sind von solchen Absendern – Scharlatanen. Einer von ihnen hat sich seitenweise über böse Geister ausgelassen, die der Krieg freigesetzt hat.

Wenn der Mörder nicht tot war, als er die Tat begangen hat, ist er noch unter uns physisch Lebenden und selbst physisch lebend. Wenn er zum Zeitpunkt der Tat nicht über einen eigenen physischen Körper verfügte, ist er sehr wahrscheinlich in den Körper des Jungen gefahren. Ihr Eltern und Verwandte könntet diesen Fall vielleicht lösen, wenn jeder von Euch sich an einen Hellseher wendet und um Auskünfte bittet. Aber Ihr müsst an die Macht der Hellseher glauben, sonst nehmt Ihr ihm seine Kraft. Danach könntet ihr das Material sichten, am besten mithilfe eines reifen Mannes, geboren im Oktober.

Ein anderer Hellseher bittet Birgittas Vater, den Brief an den Vater des Hauptverdächtigen weiterzuleiten. Er schreibt, er habe einen Traum gehabt, dass der Junge unschuldig sei. Ein dritter erzählt von einem sogenannten *Tanzbord*, einem Brett, mit dem man Kontakt zu den Toten aufnehmen kann. Obwohl er selbst nicht an so etwas glaubt und es für Aberglaube hält, hat er dem Brett eine Reihe von Fragen gestellt. Das Brett hat ihm mitgeteilt, dass der Mörder Hugo Eriksson heißt, ein Landwirt ist und gerne Sport treibt. Er ist vierunddreißig Jahre alt, ledig und lebt in Perstorp.

Wachtmeister Björk ist erschüttert. Die Leute spinnen doch alle. Ihm war nicht bewusst, wie viele Irre auf dem Land leben. Der nächste Brief, signiert von einem *Freund der Wahrheit*, hält ebenfalls Edvin Oskarsson für verdächtig. Björk legt alle Briefe auf einen gesonderten Stapel, die diesen Verdacht äußern. Als er am Ende das Licht ausschaltet und die Polizeiwache verlässt, liegen sechsundzwanzig Briefe auf diesem Stapel. In einem, von einem Diplomingenieur, wird zudem auf das Gerücht hingewiesen, dass Oskarsson ein alter Nazi ist.

Mich überrascht die Menge solcher Briefe. Ob die Polizei bei aufsehenerregenden Fällen auch heute noch Briefe bekommt, in denen von Träumen und Vorahnungen die Rede ist? Ich kann sie nicht ernst nehmen. Warum eigentlich nicht? Das ist sonderbar, denn schließlich lege ich Tarotkarten, interessiere mich für Traumdeutung, unterhalte mich mit Astrologen und einem Medium.

Als Säugling hat Sam nicht durchgeschlafen und ist nachts oft aufgewacht. Vor allem blieb er lange wach. Mindestens eine Stunde lang, häufig zwei. Justus und ich wechselten uns ab, aber es gab die Regel, dass man den anderen wecken durfte, wenn man länger als eine Stunde wach war. In diesen Nächten habe ich mir *Die Saga vom Eisvolk* von Margit Sandemo angehört. Mein linker Arm schlief unter Sams schwerem Kopf ein, während meine rechte Hand verkrampft die Flasche festhielt. Er hatte Locken bekommen, blonde Korkenzieherlocken. Engelshaar. Sein Körper in dem kuschelweichen Schlafanzug war so herrlich rund und schön. Als er drei Monate alt wurde, spürte ich es. Es war wie ein deutliches, fast hörbares Klicken in meinem Kopf. Ich hatte eine Verbindung. Nicht schleichend, sondern von gleich auf jetzt.

Eine Nacht war besonders anstrengend. Sam schlief nur im Minutentakt, uns war vor Müdigkeit ganz schwindelig. Als Sam zum fünften Mal aufwachte und weinte, war Justus an der Reihe. Er drehte sich zu Sam, der zwischen uns lag.

Plötzlich schrie Justus ihn aus voller Kehle an.

»Fuck. You!«

Sam verstummte schlagartig und starrte ihn in der Dunkelheit an. Ich auch. Ich stand unter Schock und brauchte ein paar Sekunden, um mich zu fangen.

»Nein. *Fuck you*«, sagte ich.

Ich zitterte vor Wut und Empörung, als ich Sam auf den Arm nahm und ins Wohnzimmer ging. Obwohl ich nicht an der Reihe war. Justus ließ sich zurück aufs Kissen fallen und schlief sofort ein. Ich konnte sein Schnarchen durch die Wand hören.

Es ist Freitag, der 21. Mai 1948. Birgitta ist seit zwei Wochen tot, und Bengt wurde bereits in drei verschiedenen Institutionen untergebracht. Zurzeit ist er in der Psychiatrischen Klinik in Lund, Dr. Thysell hat ihn dorthin begleitet. Sie haben schon viele Sitzungen gehabt. Wenn Bengt ihn anschreit, dass er keine Verhöre mehr erträgt, und sich die Arme um den Kopf schlingt, versucht Dr. Thysell, ihn zu beruhigen. Er verhöre ihn nicht, es handele sich um analytische Gespräche. Bengt weiß, dass Dr. Thysell ihn begutachten und beurteilen soll, was in seinem Kopf vorgeht. Wenn der Arzt ihn ansieht, erwidert er seinen Blick und versucht, herauszubekommen, was er denkt. Hält er ihn für schuldig?

Bengt legt sich ins Bett. Auf dem Eisengestell liegt eine Matratze mit Gummibezug, die unangenehm quietscht. Er sehnt sich nach seinem Bett zu Hause, das er sich mit seinem kleinen Bruder teilt. Er wünscht sich nichts so sehr, als abends mit seinem Bruder Axel auf dem obersten Treppenabsatz zu sitzen und zu quatschen. Ob seine Eltern, Siv und Axel glauben, dass er ein Mörder ist? Es wird nie wieder wie früher sein. Nachts träumt er von den Polizeibeamten. Sie starren ihn an, und ihre Blicke bohren sich in seinen Kopf.

Als Bengt am Samstagmorgen geweckt wird, hat er das Gefühl, keine Minute geschlafen zu haben. Die Krankenschwester sieht ihn mit unsicherem, flackerndem Blick an.

Ein Krankenpfleger kommt herein und macht das Bett. Kurz darauf taucht der Arzt auf.

»Es wird Zeit für ein weiteres Gespräch mit der Polizei, Bengt.«

Er lässt sich viel Zeit beim Frühstück und kaut sehr langsam. Mit der Krankenakte unter dem Arm steht der Arzt eine Weile da und beobachtet ihn.

»Lass dir ruhig Zeit«, sagt er dann. »Das Verhör findet erst nach dem Mittagessen statt.«

In der Tasche, die Bengts Eltern für ihn gepackt hatten, lag ein Buch. *Der Ruf der Wildnis* von Jack London. Er hat es schon dreimal durchgelesen und schlägt erneut die erste Seite auf. Die Rufe und Stimmen der anderen Patienten und Pfleger verschwimmen im Hintergrund. Den ganzen Vormittag verbringt er mit der Lektüre. Das letzte Stück liest er sogar zweimal hintereinander, ehe er das Buch zuschlägt und sich die Decke über den Kopf zieht. Er schließt die Augen und träumt von Weite, Wölfen und dem unendlichen Himmel. Er träumt so intensiv von der Einsamkeit in der Wildnis, dass es sich echt anfühlt und er kaum hört, als die Krankenschwester reinkommt, um ihn zum Verhör abzuholen.

Die Sommerferien stehen an der Centralskolan in Perstorp vor der Tür. Die Klassenzimmer sind mit Birkenzweigen geschmückt, und auf die Tafel ist mit Kreide ein großer Kranz gezeichnet. In der Mitte steht die frohe Botschaft: *Heute beginnen die Sommerferien!* Die Eltern und Geschwister der Schüler und Schülerinnen stehen nebeneinander aufgereiht an der Wand der Klassenzimmer und sehen mit stolzem Blick zu, wie die Lehrer den erlernten Lehrstoff des Schuljahres präsentieren. Wie dressierte Hunde strecken alle ihre dünnen Arme in die Luft. Margit lächelt und nickt. Valdemar hat dafür keine Kraft übrig. Es wurde einiges aufgeboten, damit Familie Sivander und Familie Sommer bei der Zeremonie nicht aufeinandertreffen. Nachdem die Kinder einen Fliederzweig von der Lehrerin erhalten haben, fahren Margit, Valdemar und Karl sofort nach Hause. Die Koffer und Taschen sind bereits gepackt. Sie werden direkt nach dem Mittagessen aufbrechen. Das Schulfest geht auf dem Schulhof weiter. Die Mädchen aus Birgittas Jahrgang sind als Blumen, gemacht aus Krepppapier, verkleidet. Glockenblumen, Rosen, Apfelblüten und Veilchen. Sie singen das Lied *Die Blumenzeit, sie kommt jetzt* mit so hellen, klaren Stimmen, dass allen Müttern die Tränen in die Augen steigen.

Familie Sivander sitzt schweigend in der Küche und isst eingelegten Hering mit Kartoffeln. Valdemar trinkt ein Bier dazu. Die Uhr an der Wand tickt, und aus der Ferne dringen durch eines der geöffneten Fenster fröhliche Rufe herein »Hurra! Hurra! Hurra!«

»So!« Margit steht auf und sammelt die Teller ein. »Los geht's!«

Sie tragen ihr Gepäck aus dem Haus und verstauen es im Kofferraum. Dann brechen sie auf, zu den weißen Stränden von Haverdal zwei Stunden nördlich von Perstorp. Auf dem Weg dorthin halten sie an und nehmen einen weiteren Fahrgast mit. Maria ist die Tochter einer Witwe, die früher bei der Familie Sivander geputzt hat. Maria ist ein Jahr jünger als Karl und soll während der Ferien auf Eva aufpassen. Außerdem ist es eine gute Tat, die Tochter der hart arbeitenden Witwe mit aufs Land und ans Meer mitzunehmen, damit sie an der frischen Luft ist und etwas Farbe im Gesicht bekommt. Niemand äußert den Gedanken, dass vielleicht die Witwe die gute Tat vollbringt, weil sie ihre Tochter an die Familie Sivander ausleiht, die ihre eigene auf so grausame Weise verloren hat. Wenn man Marias Locken aus den Augenwinkeln hüpfen sieht, könnte man sich für den Bruchteil einer Sekunde einreden, es wären Birgittas.

»Wenn wir ankommen, gehst du als Allererstes zum Friseur, Karl.«

Margit hat den Kopf leicht nach hinten gedreht. Aber sie trägt eine Sonnenbrille, sodass man ihre Augen nicht erkennen kann. Genau genommen hat sie seit dem 7. Mai keines ihrer Kinder richtig angesehen. Karl überwältigt plötzlich das starke Bedürfnis, seinen Kopf an ihre Schulter zu legen. Er nickt und sieht aus dem Fenster. Steinhäuser und Fabriken fliegen draußen vorbei und werden irgendwann von alten Bauernhöfen und Feldern abgelöst.

Als sie sich ihrem Ziel nähern, öffnet Valdemar das Fenster. Ein intensiver, sauberer Geruch von Salz und Tang dringt ins Autoinnere. Sie atmen ihn tief ein und lassen die erdrückende Angst mit dem nächsten Luftzug davonfliegen. Valdemar hält vor einem hellen Haus oberhalb des zerklüfteten Strandes. Das Haus ist von Eiben umstellt, die ihre Äste wie Wächter in die Luft recken. Auf der Rückseite steht eine Reihe uralter, windgepeitschter Traubeneichen. Nachdem sie ausgestiegen sind, legt Valdemar seinen Arm um Margits Taille. Das hat er schon lange nicht mehr getan. Karl beobachtet seine Eltern, die auf das funkelnde Meer sehen, während Maria Eva auf den Arm nimmt und mit Erik ins Haus geht.

Karl betrachtet noch einen Moment lang seine Eltern, dann

reißt er sich los und folgt den anderen ins Haus. Auf dem Boden liegen helle Flickenteppiche. Er teilt sich mit Erik ein Bett in einem kleinen, altmodisch eingerichteten Zimmer. Karl hat nichts dagegen. Im Gegenteil. Es fühlt sich gut an, den Bruder in der Nähe zu wissen. Nachdem sie ihre Sachen ausgepackt haben, dürfen sie machen, was sie wollen. Karl und Erik stürmen über die weißen Dünen, reißen sich die Kleider vom Leib und stürzen sich in die Wellen. Das Meer ist eiskalt. Erik will kapitulieren, aber Karl überredet ihn, noch nicht aus dem Wasser zu gehen.

»Wenn du erst mit dem Kopf untergetaucht bist, fühlt es sich viel wärmer an.«

Erik sieht seinen Bruder skeptisch an, dem salzige Rinnsale übers Gesicht laufen. Dann taucht auch er unter.

»Du hattest recht«, ruft er.

Schweigend stehen sie nebeneinander. Gegen die Sonne sehen sie wie zwei kleine schwarze Silhouetten aus.

Später setzen sie sich auf die Steine, die den Strand von den grasbewachsenen Dünen trennen, und lassen sich von der warmen Sonne trocknen. Erik streift mit der Hand über eine Pflanze mit sehr vielen kleinen dunkellila Blüten.

»Was ist das?«

»Keine Ahnung«, sagt Karl.

Erik reißt ein Blatt einer anderen Pflanze ab, reibt sie zwischen den Fingern und riecht daran.

»Und was ist das hier? Es duftet nach Kräutern.«

Karl richtet sich auf und riecht an den Fingern seines Bruders.

»Ich weiß es nicht, Erik.«

»Birgitta hätte es gewusst«, sagt Erik leise.

»Das stimmt, das hätte sie.«

Ein Stück weiter den Strand hinunter steht Maria da mit den Händen auf dem Rücken. Sie passt auf Eva auf, die zwischen den Steinen sitzt und voller Sand ist. Marias Sommerkleid flattert im

Wind. Die Brüder beobachten sie mit zusammengekniffenen Augen, bis die Stimme ihrer Mutter durch den Wind und das Rauschen der Wellen zu ihnen dringt.

»Es ist Zeit für den Friseur, Karl«, sagt sie, als sie zurückkommen. »Ich begleite dich.«

Es dauert eine Weile, ehe sie den Ort erreichen. Seine Mutter zeigt auf das Friseurschild und drückt Karl ein paar Münzen in die Hand.

»Ich gehe währenddessen einkaufen. Wenn du fertig bist, bleibst du im Laden, bis ich dich abhole.«

Beide Stühle sind besetzt, Karl setzt sich an den Eingang und wartet, bis er an der Reihe ist.

»Oh ja …«, setzt einer der Kunden sein Gespräch mit dem Friseur fort. »Es geschieht so viel Schreckliches.«

Karl wird von dem anderen Friseur zu sich gewunken.

»Ich kann es mir trotzdem nicht vorstellen, dass er es getan hat«, sagt er.

»Ja, so geht es mir auch. Ich kann es mir einfach nicht vorstellen, wie …«

Der Friseur steht hinter Karl und fährt durch seinen Pony, dann greift er nach der Schere.

»… der Junge so etwas tun konnte.«

Karl erstarrt innerlich.

»Ein Junge von vierzehn Jahren«, fährt der Friseur fort, während er schnell und effektiv die Haare schneidet. »Der sieht auf dem Foto auch so mager aus.«

»Obwohl es heißt, dass er ziemlich stark ist«, wendet der Kunde auf dem benachbarten Stuhl ein.

»Meinetwegen, aber man muss doch ein bestimmtes Gemüt haben, um so etwas …«

Der Friseur sieht Karl im Spiegel an. Dieser weicht seinem Blick aus, starrt ins Leere.

»Wie alt bist du, mein Junge?«

»Zwölf«, antwortet Karl mit einer Stimme, die viel kindlicher klingt als beabsichtigt.

»Kannst du dir vorstellen, dass ein Junge, der nur zwei Jahre älter ist als du, ein neunjähriges Mädchen eiskalt ermordet und sie danach unter einem Haufen Steine und Dreck begräbt?«

»Ich weiß es nicht.«

Karl sitzt schweigend da, während die Männer über den Mord an seiner kleinen Schwester diskutieren. Nachdem er eilig bezahlt hat, stellt er sich vor den Laden und wartet auf seine Mutter. Eine Ewigkeit vergeht, ehe sie endlich auftaucht. Die Sonne brennt erbarmungslos vom Himmel. Als sie kommt, packt sie ihn am Arm und sieht ihm wütend in die Augen.

»Du solltest doch im Laden auf mich warten!«

Karl und Erik liegen wie Sardinen in ihrem Bett, Kopf an Fuß, und starren an die Decke. Sie hören, wie ihre Eltern draußen sitzen und sich leise unterhalten.

Karl hört Erik schluchzen und richtet sich auf. Dann legt er sein Kissen neben Eriks und nimmt ihn in den Arm. Kurz darauf verstummt das Schluchzen, und Eriks Atemzüge werden ruhiger und gleichmäßiger.

Ich zitterte, als ich vom Badezimmer zu Justus ins Wohnzimmer ging. Mein Herz raste, es pumpte Unmengen an Blut durch meinen Körper und versetzte ihn wie bei einem Brechreiz in rhythmische Schwingungen. Ich hielt ihm das Stäbchen hin. Darauf waren zwei blaue Striche zu sehen. Sam quengelte, ließ sich von Justus' Schoß auf den Boden gleiten und krabbelte los. Justus setzte sich auf die Armlehne des Sofas, schob die Hände zwischen die Knie und senkte den Kopf.

»Ich schaffe das nicht«, sagte er.

Wir schwiegen. Ich hatte davor Angst gehabt, was er sagen würde, hatte aber nicht erwartet, dass es so schlimm um ihn steht. Oder hatte ich es geahnt? Ich musste an Fredrik denken. Hatte er das Dunkle, Schwere in Justus wahrgenommen? Eine Gewitterwolke rollte über uns hinweg, und ich hatte keine Möglichkeit, mich in Sicherheit zu bringen. Ich musste mich flach auf den Boden legen und sie vorüberziehen lassen. Ich war gezwungen, etwas zu tun, und dem machtlos ausgeliefert. Ließ mich in den Abgrund der Liebe fallen.

Ich weiß nicht, was danach passierte. Ich kam erst wieder zu mir, als mir jemand auf der Liege die Maske auf Mund und Nase legte und der Anästhesist sagte, ich solle von zehn rückwärts zählen. Die Tränen flossen wie zwei niemals versiegende Ströme an meinen Schläfen hinunter in die Haare.

Graue Wolken hängen über Stockholm und spiegeln sich in den vielen Fenstern des Polizeipräsidiums an diesem Montagmorgen im Mai 1948. Der Wind ist stark und kalt, als die Post gebracht wird. Für das Kriminaltechnische Institut sind einige Pakete dabei. Darin sind Gegenstände mit Fingerabdrücken, verdreckte Kleidung, Revolver und blutige Hammer aus dem ganzen Land. Ein Paket nach dem anderen wird auf den Schreibtischen des Instituts verteilt. Auf dem Tisch von Wachtmeister Otto Sahlén landet das größte und schwerste Paket. Es kommt aus Perstorp. Otto weiß alles über den Fall des ermordeten neunjährigen Mädchens und den vierzehnjährigen Tatverdächtigen. Jeden Tag steht etwas Neues in den Zeitungen. In dem Paket befinden sich die Schuhe des Verdächtigen, drei Gipsabgüsse von Schuhabdrücken aus dem Graben, in dem man die Leiche von Birgitta gefunden hat, sowie ein großer Behälter mit Erde vom Tatort.

»Jetzt haben die Idioten schon wieder so viel Erde mitgeschickt«, brummt Otto und sieht seinen Kollegen Stellan an. »Die Geologen werden keine Freudensprünge machen.«

Er knallt den Behälter mit Wucht auf den Schreibtisch.

Dass Bengts Schuhe mit den Abdrücken aus dem Wald übereinstimmen, sieht er mit bloßem Auge. Die Sohlen sind identisch – schräg gestelltes Würfelmuster, wobei die Quadrate aus schmalen Streifen bestehen und abwechselnd nach rechts und nach links zeigen. Auch der Firmenname Tretorn ist zu erkennen. Die Schuhe, die mit den Abdrücken verglichen werden sollen, sind aus Stoff, die Absätze und Sohlen aus Gummi. Der Hersteller hat mitgeteilt, dass dieses Modell im Katalog unter der Bezeichnung *Grauer Halb-*

schuh mit Absatz, Artikelnummer 150 geführt wird und es im Januar 1948 produziert wurde. Die Schuhe sind getragen und verschmutzt. Otto kratzt etwas Schmutz in eine Papiertüte. Diese Probe werden sie ebenfalls zu den Geologen schicken, um sie mit der Probe vom Tatort zu vergleichen.

Danach versuchen Otto und Stellan herauszufinden, ob die Abdrücke im Graben mit Bengts Schuhen übereinstimmen. Der deutlichste Abdruck stammt von einem linken Schuh, deshalb beginnen die beiden damit. Zunächst schütten sie etwas von dem reichlich vorhandenen Erdboden in einen Behälter, um darin mit Bengts Schuh einen Abdruck zu machen. Dann vergleichen sie ihn mit den Abdrücken. Zur Ermittlung eventueller Unterschiede stellen sie zudem Abdrücke in anderen Erdproben her. Bald steht außer Frage, dass die Abdrücke von diesem Modell in Größe zweiundvierzig stammen. Ob es sich aber um Bengts Schuhe handelt, können Otto und Stellan nicht mit Bestimmtheit feststellen.

In einem der Quadrate auf Bengts Sohle sind die Streifen schmaler. Das kann passieren, wenn zwischen Gummi und Gussform ein Luftbläschen gerät, erfährt Otto bei einem Telefonat mit der Fabrik. Ein zufälliger Fabrikationsfehler. Aber es kann auch durch natürlichen Abrieb entstanden sein, also ist so etwas nicht nur auf Bengts Schuhen zu finden. Otto bittet einen Ingenieur im Stockwerk über ihnen, herauszufinden, ob dieser Fehler auch bei den Gipsabdrücken auftritt. Es gibt eine Unregelmäßigkeit, aber sie ist nur sehr undeutlich zu erkennen. Otto stellt ferner kleine dunkle Flecke auf den Schuhen fest. Dabei könnte es sich um Blut handeln.

»Das Labor soll das überprüfen«, sagt er zu Stellan und hält ihm die Schuhe hin. »Und danach soll sich Lundkvist das noch mal ansehen. Zusammen mit dem Fass Erde. Das wird ihn sicher freuen!«

Ottos donnerndes Lachen begleitet Stellan den Flur hinunter. Erst auf der Treppe wischt er sich das unterwürfige Lächeln aus dem Gesicht. Er hofft nur, dass sie nicht ihm die Schuld an der reichlich bemessenen Probe geben.

Eine Woche später kommt der Bericht des staatlichen Geologen Gösta Lundkvist vom Schwedischen Geologischen Institut. Dort steht detailgenau, was er alles, nachdem die Erde vorsichtig abgekocht worden war, unter dem Mikroskop in der Probe gefunden hat. Es klingt fast poetisch. Wie ein Miniaturwald in Textform: Schlick, Splitter von Birkenrinde, Torf und Gesteinskörner. Birkenpollen und vereinzelte Pollen von Erle, Eiche, Ulme, Tanne, Kiefer und Hasel. Moos, Heidekraut und ein bisschen Grünalge.

Eine genauere Pollenanalyse wurde als nicht erforderlich angesehen, da die Probe nicht ordnungsgemäß genommen wurde. Sie hätte nur von der Oberschicht stammen dürfen und auch nicht umfangreicher sein dürfen als ein paar Kubikzentimeter. Dieser Fehler scheint sehr häufig aufzutreten, wenn solche Proben von nicht Sachkundigen genommen werden.

Der Geologe kommt in seinem Bericht zu dem Schluss, dass Bengts Schuhe sich an einem Ort befunden haben, der dem Tatort ähnelt – in einem Sumpfgebiet in einem Birkenwäldchen. Aber davon, so endet sein Report, gebe es sehr viele.

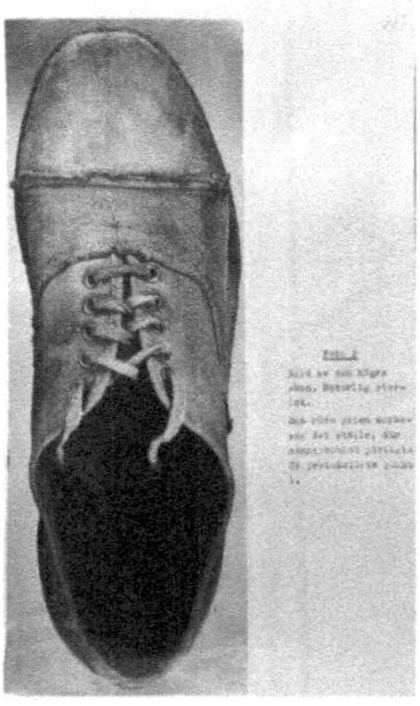

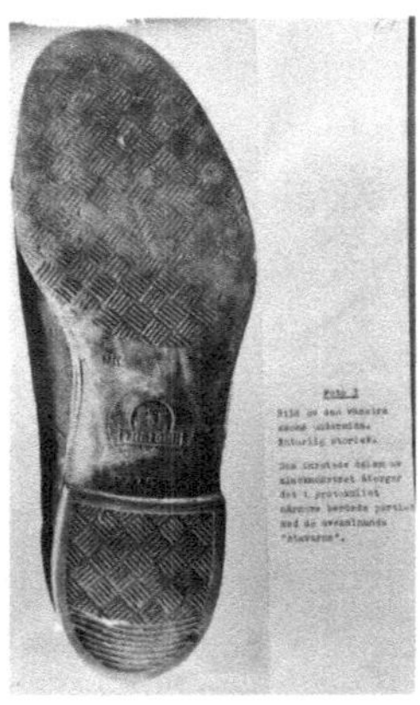

Dr. Thysell raschelt mit seinen Unterlagen, studiert sie eingehend und summt vor sich hin. Die Sitzung beginnt gleich. Er befindet sich in einem Hörsaal der Psychiatrischen Klinik in Lund. Um einen ovalen Tisch haben sich fünfzehn Männer und Frauen mit sehr ernsten Gesichtern versammelt. Die Sonne wird von der glänzenden Oberfläche des Tisches reflektiert, und eine Frau bittet darum, die Gardinen zuziehen zu dürfen. Die Kleidungsstücke der Anwesenden sind in verschiedenen Brauntönen gehalten. Sie plaudern miteinander, während Kaffee serviert wird. Einer der jüngeren Männer lacht plötzlich laut auf. Thysell zuckt zusammen und wirft ihm einen vielsagenden Blick zu.

Die Sitzung beginnt damit, dass alle Anwesenden vorgestellt werden und die Medizinanwärterin Schunnesson zur Protokollantin bestimmt wird. Thysell ist mit ihrem Vater befreundet. Ihr Stift kratzt eifrig über das Papier. Der Fall wird von Amtsrichter Davidsson zusammengefasst, der danach Oberwachtmeister Knut Magnusson das Wort erteilt. Der berichtet, man habe drei Klassenkameraden um eine Beschreibung von Bengt Sommer gebeten. Die drei stimmten darin überein, dass er zwar der Stärkste, aber nicht niederträchtig sei. Man hat daraufhin einen Jungen, der weniger wiegt und schwächer ist als Bengt, den schwersten Stein hochheben lassen, unter dem Birgittas Leichnam begraben war. Das bewältigte er ohne Schwierigkeiten. Derselbe Junge hat aufgrund von Bengts Aussage die Situation auf dem Müllplatz nachgestellt. Seine Schuhe waren danach nicht schmutzig. Bengts und Birgittas Kleidungsstücke seien zum Kriminaltechnischen Institut geschickt worden, aber bisher gebe es noch keine Ergebnisse. Nach der detaillierten

Darlegung des Falls folgt das Verhör. Sieben Personen verlassen den Raum. Sie alle stammen aus Perstorp, und wahrscheinlich wäre Bengt durch ihre Anwesenheit weniger dazu geneigt, die Wahrheit zu sagen.

Bengts Sommersprossen sind verblasst, und er sieht müde und erschöpft aus. Oberwachtmeister Magnusson beginnt das Verhör mit der Feststellung, dass die Untersuchung von Bengts Kleidung abgeschlossen sei und man darauf Blutflecke gefunden habe. Acht Erwachsene sitzen noch am Tisch und starren Bengt an. Oberwachtmeister Magnusson fordert ihn auf, zu antworten. *Warum* sei Blut auf seiner Kleidung? Er fragt Bengt, ob er Nasenbluten gehabt habe oder bei der Schlachtung von Hühnern oder Kaninchen dabei gewesen sei. Bengt verneint. Er sieht ziellos umher. Am Ende scheint er zu finden, wonach er sucht.

»Als der Arzt mir Blut abgenommen hat, war an der Spritze noch ein bisschen Blut. Es kann doch auf meine Hose getropft sein«, sagt er hoffnungsvoll.

Oberwachtmeister Magnusson sieht ihn eine Weile schweigend an.

»Bengt, ich hoffe, dir ist bewusst, dass du der Hauptverdächtige bist«, sagt er. Bengt senkt den Blick. Magnusson wird immer lauter, während er mit den Fingern seine Vergehen aufzählt. »Am Anfang hast du gesagt, du wärst nicht im Wald gewesen. Erst als Oskarsson ausgesagt hat, dass er dich gesehen hat, hast du es zugegeben. Dann hast du versucht, die Blutflecke rauszuwaschen. Du hast bereits mehrmals die Unwahrheit gesagt.« Er sieht ihn durchdringend an. »Du tust gut daran, dich ab jetzt an die Wahrheit zu halten.«

Dr. Thysell hebt beschwichtigend die Hand und übernimmt das Verhör. Mit leiser Stimme fragt er Bengt, ob ihm im Wald jemand begegnet ist. Bengt schüttelt den Kopf.

»Hast du vor jemandem Angst?«

»Nein«, antwortet Bengt leise.

»Warum bist du nicht mit den anderen Jungen an den Tatort gegangen?«, fragt Dr. Thysell. »Warst du gar nicht neugierig? Jungen in deinem Alter sind doch neugierig.«

»Ich war nicht der Einzige, der nicht mitgegangen ist.«

Thysell holt tief Luft. Dann zieht er ein schwarz-weißes Foto von Birgitta aus den Unterlagen. Ihre lebendigen Augen spiegeln sich in Bengts Pupillen.

»Hast du oft an Birgitta gedacht?«, fragt er.

»Nein«, sagt Bengt und wendet den Blick ab.

Thysell behält das Foto noch einen Moment lang in der Hand, bevor er es vor Bengt auf den Tisch legt.

»Warum ist es eigentlich nicht gut, wenn von dir ein Foto in den Zeitungen erscheint?«

Bengt sinkt in sich zusammen und senkt den Blick. Er hat einer der Krankenschwestern nur eine einzige Frage gestellt, im Vertrauen.

»Ich habe nur gefragt, ob ein Foto von mir abgedruckt wurde.«

»Ja, in der Tat hat eine Zeitung ein Foto veröffentlicht. Aber dem wurde Einhalt geboten, und es wird nicht wieder passieren.« Dr. Thysell verstummt.

»Willst du wieder nach Hause, Bengt?«, fragt er nach einer Weile.

Kaum hat der Arzt diese Frage gestellt, bricht Bengt in Tränen aus. Schweigend betrachten die Erwachsenen ihn, während seine Schultern zucken und ihm die Tränen übers Gesicht laufen.

»Findest du, dass man sich dir gegenüber angemessen verhalten hat, oder hätte man es anders machen sollen?«, fragt Dr. Thysell mit sanfter Stimme.

»Ja, man hätte mir erlauben sollen, zu Hause zu bleiben«, sagt Bengt.

Nach einer kurzen Pause ist Bengt wieder in seinem Zimmer, und alle fünfzehn Teilnehmer haben sich am Tisch im Vorlesesaal versammelt. Oberwachtmeister Magnusson ist tief in seine Unterlagen versunken, als Amtsrichter Davidsson auf den Tisch klopft und ihn aus seinen Gedanken reißt. Verschreckt sieht er auf.

»Würde der Herr Oberwachtmeister die Güte haben, uns kurz die Ergebnisse zusammenzufassen?«

Magnusson drückt seine Zigarette aus.

»Selbstverständlich. Es geht um die Ergebnisse des Kriminaltechnischen Instituts. Ich habe bereits am Anfang unserer Sitzung erwähnt, dass man auf Bengts Kleidung Blutflecke entdeckt hat. Die Ergebnisse lassen sich folgendermaßen zusammenfassen: Die Flecke auf den Schuhen sind zwar unbedeutend, aber mit großer Sicherheit menschliches Blut. Wie alt sie sind oder von welcher Blutgruppe sie stammen, lässt sich nicht mehr ermitteln. Und dann haben wir noch den größeren Fleck auf dem rechten Jackenärmel.« Magnusson blättert in den Unterlagen. »... der ungefähr ein mal vier Zentimeter groß ist. Dabei handelt es sich sehr wahrscheinlich um Blut der Blutgruppe A. Was uns leider nicht weiterhilft, da sowohl Birgitta als auch Bengt die Blutgruppe A1 haben. Dr. Sjöwall hat das Blut auch mit dem MN-System untersucht und konnte feststellen, dass Birgitta Phänotyp MN ist, Bengt hingegen N. Leider wurde der Thermobehälter, in dem Bengts Hemd und Jacke aufbewahrt waren, auf dem Transport zerstört und die Beweisstücke mit einer Salzlösung getränkt. Deshalb konnte das Labor nicht mehr ermitteln, ob es sich um Blut des Phänotyps MN oder N handelt.«

Im Raum breitet sich ein betretenes Schweigen aus. Ein glatzköpfiger Mann mit einer großen schwarzen Brille und grimmiger Miene hebt die Hand.

»Ja, Dr. Essen-Möller?«, fordert ihn der Amtsrichter auf.

»Dr. Sjöwall war der Ansicht, dass offenbar vor allem der größere Fleck behandelt wurde. Stimmt das Kriminaltechnische Institut darin überein?«

»Sie konnten nicht sicher feststellen, ob einer der Flecke behandelt wurde. Aber die Blutflecke an der Innenseite des Hemdes sind vermutlich älteren Datums.«

Eine Frau um die fünfzig hebt ihren Zeigefinger. Es ist Ingrid Ydström vom Perstorper Jugendamt. Amtsrichter Davidsson zieht eine Augenbraue hoch und nickt ihr auffordernd zu.

»Bitte, Frau Ydström.«

»Bengt hatte doch eine Wunde hier«, sagt sie und zeigt auf eine Stelle an ihrem linken Handgelenk. »Sie ist ungefähr vier Zentimeter lang, oder?«

»Ja, das ist korrekt«, antwortet der Amtsrichter.

»Liegt es da nicht nahe, dass der Fleck von ebendieser Wunde stammt, die sich Bengt beim Bau des Kaninchenstalles zugezogen hat?«

Niemand sagt ein Wort. Es ist ungewöhnlich, dass jemand vom Jugendamt eine solche Frage aufwirft, die auf die Unschuld des Jungen abzielt. Immerhin entscheidet das Jugendamt am Ende, ob Bengt aufgrund seines Alters nach Hause zurückkehren darf oder in eine Anstalt für schwer erziehbare Jugendliche kommt. Wieso? Warum wollen alle, dass Bengt als Täter überführt wird? Wenn ich an ihrer Stelle wäre, hätte ich alles in Bewegung gesetzt, um Indizien zu finden, die dagegensprechen, dass ein Kind ein anderes ermordet hat.

Der Amtsrichter wendet sich an den Psychologen.

»Also, Herr Dr. Thysell, Sie haben mehrere Sitzungen mit Bengt gehabt. Was haben Sie für einen Eindruck gewonnen, und was haben Sie herausgefunden?«

Dr. Thysell räuspert sich.

»Nun, ich kann zum jetzigen Zeitpunkt nicht sagen, ob er die Tat begangen hat oder nicht.«

»Wie hat er reagiert, als Sie Birgittas Tod angesprochen haben?«

Thysell blickt an die Decke und lässt sich viel Zeit mit seiner Antwort.

»Emotional zurückhaltend und abwartend«, sagt er schließlich und sieht dem Amtsrichter in die Augen. »Aber ich will eine Sache hervorheben«, fährt er fort. »Bengt hat seine Version der Geschichte mehrmals geändert. Das hat bei einem Jungen in seinem Alter nichts zu bedeuten. Im Gegenteil, es wäre geradezu auffällig gewesen, wenn er es nicht getan hätte.«

»Aha«, brummt der Amtsrichter und erteilt beiläufig Bengts Anwalt Bertil Peyron das Wort, der sich gemeldet hat.

Peyron richtet das Revers seiner Anzugjacke und wirkt so entschieden wie ein Schuljunge, der behauptet, sein Vater sei stärker als alle anderen Väter.

»Es gibt zweifelsohne belastende Indizien gegen Bengt. Aber wenn man sich diese genauer ansieht, fehlt ein eindeutiger Beweis, dass er etwas mit dem Mord zu tun hat.«

Er schlägt seine Unterlagen auf und zieht die Fotos von Bengts Kleidung hervor. Sie sehen traurig und verlassen aus, so ohne Körper.

»Zum einen kann seine Kleidung mehrmals gewaschen worden sein und immer wieder neue Flecke bekommen haben. Zum anderen ist es nicht weiter verwunderlich, dass ein Vierzehnjähriger, der sich viel draußen aufhält, Flecke auf seiner Kleidung hat, deren Herkunft er nicht genau erklären kann. Als ich den Weg am Sportplatz abgelaufen bin, den Bengt genommen hat, musste ich über zwei Stacheldrahtzäune klettern und habe mir dabei den Knöchel aufgekratzt, und es kam Blut auf meinen Strumpf.«

»Und was denken Sie, Herr Anwalt«, fragt Magnusson, »warum der Junge die Version seiner Geschichte geändert hat? Zuerst ist er direkt nach Hause gegangen, später hat er zugegeben, dass er doch im Wald war.«

Der Oberwachtmeister lehnt sich zurück und verschränkt die Arme vor der Brust. Peyron begegnet dieser Körpersprache, indem er sich noch weiter vorlehnt und ihn durchdringend ansieht.

»Das hat er doch schon längst erklärt. Er hatte Angst, mit dem Mord in Verbindung gebracht zu werden. Sie dürfen nicht vergessen, dass er erst vierzehn Jahre alt ist!«

Einer der Anwesenden muss damals den Gedanken gehabt haben, dass jemand auf dem Sportplatz Bengt nachweislich dazu gebracht hat, seine Version zu ändern – Edvin Oskarsson. Aber niemand spricht es aus. Peyron hält die Stille aus, bevor er erneut das Wort ergreift.

»Finden Sie es nicht auch in höchstem Maße unwahrscheinlich, dass ein Vierzehnjähriger zu so einem bestialischen Verbrechen fähig wäre? Ist er physisch überhaupt in der Lage dazu?«

»Seine Klassenkameraden konnten ohne Schwierigkeiten die Steine hochheben«, widerspricht Oberwachtmeister Magnusson.

»Ja, aber es wurde ja nicht nur ein einziger Stein bewegt und aus der Erde gegraben.«

Auf Magnussons Gesicht haben sich hektische Flecke gebildet. Er öffnet den Mund, doch Anwalt Peyron schneidet ihm das Wort ab.

»Für mich deutet alles auf die Tat eines Geisteskranken hin. Und nicht auf die Tat eines sanften Vierzehnjährigen. Als er den Nachbarn vor seinem Haus antraf, wirkte er ruhig und gelassen. Er war noch nicht einmal außer Atem.«

Peyron lässt diese Bemerkung auf die Anwesenden wirken, ehe er fortfährt. Magnusson sieht aus, als hätte er einen Wettkampf verloren, weil sein Gegenspieler geschummelt hat.

»Der Beschluss, ihn zur Sicherungsverwahrung in ein Erziehungsheim zu stecken, würde einer Verurteilung wegen Mordes gleichkommen. Ich hoffe sehr, dass Sie das verstehen. So sollte man auf keinen Fall auf bloßen Verdacht hin handeln. Ich habe heute

Morgen mit Bengts Mutter gesprochen, und sie stimmt mit mir überein ein, dass er vorerst nicht nach Perstorp zurückkehren sollte. Zu seiner eigenen Sicherheit. Vor dem Haus versammeln sich aufgebrachte Bürger, und die Familie wird von den Reportern gejagt. Bengt könnte angegriffen werden.«

»Ganz zu schweigen davon, wie schrecklich es für die Familie Sivander wäre. Wir können den Sohn der Familie schließlich nicht dazu zwingen, mit demjenigen in eine Schule zu gehen, der *wahrscheinlich seine Schwester ermordet hat*«, sagt Oberwachtmeister Magnusson, woraufhin Amtsrichter Davidsson warnend den Zeigefinger hebt.

Anwalt Peyron wirft Magnusson einen bösen Blick zu, ehe er weiterspricht.

»Frau Sommer hat einen Bruder, der in Halmstad lebt und sich für eine Weile um den Jungen kümmern könnte«, sagt er und zündet sich eine Zigarette an. Dann lehnt er sich vertraulich vor und sieht jedem Einzelnen in die Augen.

»Also. Es mag den Anschein haben, dass Bengt uns etwas vorenthält. Er kann tatsächlich etwas gesehen haben.« Er legt eine Kunstpause ein. »Ich vermute, dass er durch Einschüchterung zum Schweigen gebracht wurde.«

Es war an einem frühen Sommermorgen 2016. Ich wurde von einem Geräusch geweckt. Justus war mit Sam im Wohnzimmer. In zehn Tagen würde Sam ein Jahr alt werden. Ich hatte ihm für diesen Anlass einen schwarzen Body gekauft mit einer Goldschleife am Hals, die sich über seinen kugelrunden Bauch ringelte. Aber Sam sollte diesen Body nicht an seinem Geburtstag tragen, sondern auf einer Beerdigung. Ich drehte mich auf den Rücken und lauschte. Das Geräusch war mir fremd, aber es hatte mich geweckt. Es klang wie ein lang gezogenes Jaulen. Ein leidendes Tier. Ein Hund? Nur mit Unterhose bekleidet, öffnete ich die Schlafzimmertür. Das Geräusch wurde lauter. Mir wurde eiskalt. Mit geschlossenen Augen lief ich über die Steinfliesen im Flur und bog um die Ecke ins Wohnzimmer. Als ich die Augen wieder öffnete, sah ich Justus auf dem Sofa sitzen. Das Geräusch kam aus seinem Mund. Sam lag reglos in seinen Armen. Seine Augen waren geschlossen. Mein Herz blieb stehen. Justus' linker Arm hing schlaf herunter, seine Handfläche zeigte zur Decke. Neben ihm lag sein Handy. Wie angewurzelt stand ich da und starrte ihn an, während dieses unmenschliche Geräusch aus seiner Kehle drang. Dann riss er die Augen auf und sah mich an.

»Fredrik ist tot«, brüllte er. »Fredrik ist tot.«

Das Strafverfahren gegen Bengt – das faktisch keins ist, aber in Ermangelung eines besseren Wortes dennoch so genannt wird – steht kurz bevor. Der Vertreter des Jugendamtes, der Anwalt Einar Bjure-Dahlén, sitzt in seiner Kanzlei in Stockholm und liest gestresst die Ergebnisse der kriminaltechnischen Untersuchung durch. Er ist alles andere als zufrieden. Bengt hatte zwar Blutflecke auf seiner Kleidung, aber in sehr geringen Mengen, außerdem waren die Flecke vielleicht älter. Jemand ist mit den Schuhen derselben Marke und Größe wie Bengts in den Graben gestiegen, aber es gibt keine stichhaltigen Beweise dafür, dass es der Junge gewesen ist. Einar wirft die Unterlagen auf den Schreibtisch, und sie rutschen auf den Boden. Brummend hebt er sie wieder auf, legt sie ordentlich aufeinander und heftet sie mit einer Klammer zusammen.

»Pettersson!«, ruft er laut den Flur hinunter.

Ein junger Anwaltsanwärter taucht auf.

»Wären Sie bitte so freundlich, das hier den Dänen zu schicken?«, sagt er und reicht dem jungen Mann die Unterlagen.

»Selbstverständlich. Für eine zweite Meinung?«

»*Ja.* Für eine zweite Meinung«, schnaubt Bjure-Dahlén, scheint aber seinen Tonfall sofort zu bereuen und fährt fast flüsternd fort. »Was würde es für einen Eindruck machen, wenn wir aus Nachlässigkeit einen Mörder frei herumlaufen ließen?« Er seufzt. »Womöglich ereignet sich dann eine *Welle* von Mädchenmorden in unserem Land. Die Dänen sind auf dem Gebiet mit Abstand die besten. Wenn jemand herausbekommen kann, ob der Abdruck wirklich von Bengts Schuh stammt, dann sie.«

Auf dem Skogskyrkogården, dem großen Waldfriedhof, liegen unzählige junge Männer. An vielen Grabsteinen sind Fotos angebracht – in den Stein eingelassen oder in Plastikfolie eingeschweißt und voller Kondenswasser. Ich bleibe stehen. Es sind Söhne und Brüder. Warum sind sie so früh gestorben? Wie viele von ihnen wohl erschossen wurden? Ich höre die ganze Zeit von Schießereien, aber es ist sehr selten, dass ich einen Namen oder ein Foto der Toten sehe. Es sind anonyme junge Männer. Und ich besitze die Frechheit, hoch oben über dem Geschehen in meiner großen Wohnung zu sitzen und Angst zu haben, dass so etwas ausgerechnet *meinen* Kindern passieren könnte.

Selbstverständlich sind nicht alle jungen Männer auf dem Friedhof erschossen worden. Selbstmord ist die häufigste Todesursache, gefolgt von Unfällen und Vergiftungen. Sie können natürlich auch wie Fredrik gestorben sein: an einer Hirnblutung – schnell und nicht vorhersehbar. Schießereien und Hirnblutungen ähneln sich in gewisser Weise. Ich frage mich, ob sie nach dem Tod ihren Weg gefunden haben. Vor allem die, die so plötzlich gestorben sind. Justus hat Fredriks Tod bis heute noch nicht verwunden. Das ging viel zu schnell. Geht es den Toten genauso?

In Sams Alltag zog die Gewalt ein, als er drei Jahre alt war. Im Kindergarten begannen die Kinder, sich in Gruppen aufzuteilen, in Jungen und in Mädchen. Die Mädchen wurden leiser, bastelten und spielten Katze. Die Jungen prügelten sich. Es gab eine Gruppe von älteren Jungs, zu denen er gerne gehören wollte. Jeden Tag kam er vom Kindergarten nach Hause und erzählte, dass die anderen sich immer prügeln wollten, er das aber nicht so toll fand. Aber er wollte dazugehören, deshalb musste er es in Kauf nehmen, ab und zu geschlagen zu werden. Als wir umzogen und er in einen neuen Kindergarten kam, hatten wir die Hoffnung, alles würde sich ändern. Es hat sich auch etwas verändert, aber ganz verschwunden ist es nie. Es wird von ihm erwartet, dass er Gewalt akzeptiert. Vielleicht hat auch er schon jemanden geschlagen. Einen anderen Jungen, der dann seinerseits traurig und gedemütigt nach Hause kam. Das glaube ich zwar nicht, aber woher soll ich das so genau wissen? Was weiß ich über seine Welt? Ich versuche, ihm Empathie und Nächstenliebe einzuflößen, aber ich weiß nicht, ob ich diese Macht habe. Viel zu oft beschleicht mich das Gefühl, dass ihn die Ninja Turtles, die Avengers und der Dokumentarfilm über Karl XII. sehr viel stärker geprägt und erzogen haben als ich. Es spielt keine Rolle, dass ich gegen Spielzeugwaffen war. Er besitzt zwei Schwerter und einen Schild. Er hat sich Pistolen aus Lego gebaut, und wenn er sie nicht zur Verfügung hat, setzt er eine Schraubklemme oder einen Stock als Waffe in seinen weichen Kinderhänden ein. Die Kontrolle habe ich schon vor langer Zeit verloren. In meiner Schwangerschaft mit Vivi taumelte er davon, ohne mich, und verschwand im Nebel.

Justus macht sich darüber nicht so viele Gedanken. Seine Grenze ist viel großzügiger bemessen als meine. Und wer bin ich, dass ich Sam eine Sendung verbiete, die ihm sein Vater versprochen hat? Ich gehöre nicht mehr zu ihm, und mir gehört er schon lange nicht mehr. Zwischen uns hat sich ein Abgrund aufgetan, seit ich mit Vivi schwanger war, der im Laufe der Zeit immer tiefer wurde. Als hätte ich im Koma gelegen und mein Kind würde mich nach dem Erwachen ansehen wie eine Fremde.

Der Bericht der Kriminaltechnischen Abteilung der Reichspolizei in Kopenhagen erreicht Einar Bjure-Dahlén einen Tag vor Prozessbeginn. Die dänischen Kriminaltechniker bestätigen die Ergebnisse ihrer schwedischen Kollegen, dass der Abdruck am Tatort mit der Größe und dem Fabrikat von Bengts Schuhen übereinstimmt. Anschließend haben sie den Fabrikationsfehler beziehungsweise den individuellen Verschleiß an Bengts linker Sohle genauer mit dem Abdruck abgeglichen. Sie meinen, die entsprechenden Abweichungen auch im Muster des Abdruckes wiedererkennen zu können. Sie konnten bei einem Vergleich mit einem neuen Paar Tretorn derselben Größe keine derartigen Spuren feststellen.

Der Bericht endet mit folgenden Worten: *[...] besteht eine große Wahrscheinlichkeit, dass der Abdruck von dem betreffenden linken Schuh stammt.*

Die Aufnahmen der Sohlen und der Abgüsse der Schuhabdrücke sind dem Bericht beigefügt. Die Abgüsse sind grobkörnig, voller Löcher und Unebenheiten, vor allem auf der Seite mit dem sogenannten Fabrikationsfehler an Bengts Schuh.

Im Gerichtsgebäude herrscht am nächsten Tag Jahrmarktstimmung. Die Schlange der Neugierigen ist unendlich lang. Der erste Tag der Verhandlung ist öffentlich, und dieses Ereignis will niemand verpassen. *Dagens Nyheter* betitelt den Mord als *Das düstere Maidrama* – es klingt wie der Titel eines Krimis.

Die Verhandlung ist für zehn Uhr angesetzt. Erst achteinhalb Stunden später, gegen halb sieben, verlassen die unzähligen Neugierigen laut scharrend den Gerichtssaal und drängen hungrig und müde nach draußen in den lauen Sommerabend. Wie viele von ihnen haben nach diesem Tag Albträume? Ich hatte einen nach der ersten Lektüre der Gerichtsprotokolle. Und da wusste ich noch nichts von dem spitzen Stein, der unter Birgittas Kopf gefunden wurde und mit einem lauten Knall auf den Tisch im Saal gelegt wurde.

Am nächsten Tag steht Folgendes in der Tageszeitung:

Der sogenannte Hauptzeuge, Edvin Oskarsson, hinterließ keinen bemerkenswerten Eindruck vor Gericht. Er hatte große Schwierigkeiten, die Fragen des Vernehmungsbeamten zu verstehen. Und seine Antworten trugen nicht zur Klärung der Umstände bei.

Edvin scheint vermeiden zu wollen, Bengt bei seinem Namen zu nennen. Er bezeichnet ihn als *Jungen.* Als er gebeten wird, seine Beobachtungen vorzutragen, berichtet er, er habe *eine Dame* in Begleitung einiger Kinder gesehen. Allerdings will er sich nicht festlegen, wie viele und welche Kinder es waren. Bei seiner ersten polizeilichen Vernehmung hat er noch angegeben, er hätte das Kindermädchen der Familie Blom, Sonja, in Begleitung von Birgitta gesehen. Er leugnet ferner, dass er Bengt gefragt hat, ob er im Wald gewesen sei, nachdem er mit einigen Jungs der Fußballmannschaft den Tatort besichtigt hatte. *Das ist mir völlig neu.*

Zeugen können unzuverlässig sind. Zeugenaussagen verändern sich. Ich kann auch verstehen, dass Edvin sich nicht mehr an den genauen Wortlaut seiner Aussage an besagtem Samstag erinnern kann. Da er sich aber an diesem schicksalsschweren Freitag zuerst daran erinnerte, Sonja mit Birgitta zusammen gesehen zu haben, würde man meinen, dies sei ein unveränderliches Detail der Geschichte, oder? War er sich diesbezüglich zu keinem Zeitpunkt sicher?

Der Vorsitzende der Verhandlung fragt ihn als Nächstes, wie Bengt am Tag nach dem Mord auf ihn gewirkt habe. Edvin entgegnete:

Ich finde nicht, dass ich so eine Frage beantworten sollte. An jenem

Samstag waren alle in Perstorp am Boden zerstört, wenn ich das so sagen darf. Unter diesen Umständen kann vielleicht ein falscher Eindruck von jemandem entstehen. Ich bin kein Psychologe.

Auf die Nachfrage, warum Edvin der Polizei gegenüber geäußert habe, Bengts Lachen hätte anders geklungen als sonst, erwidert dieser, dass er darüber vorher nicht nachgedacht habe. Hatte er Schuldgefühle, weil durch ihn Bengt zum Hauptverdächtigen wurde?

Am Ende wird Edvin zu seiner momentanen Verfassung befragt. Er hat seine Stelle als Sportlehrer aufgegeben und ist vorübergehend zu seinen Eltern nach Södra Vram gezogen. Die Leute seien gemein zu ihm gewesen, und die Zeitungen hätten ihn immer wieder als potenziellen Täter bezeichnet. Edvin gesteht, dass er große Angst davor gehabt habe, seelisch krank zu werden.

Er wird aus dem Zeugenstand entlassen, ohne dass er ein einziges Mal dazu befragt wurde, warum und wann er Bengt die weißen Segeltuchschuhe geschenkt hat, die seine Mutter Rut erwähnt hat. Bengt hatte sich an dem Abend, an dem Birgitta ermordet wurde, nicht dieses Paar, sondern seine alten Schuhe angezogen. Edvin wird keine einzige Frage dazu gestellt. Und ich verstehe auch, warum: Die Gerichtsverhandlung soll klären, ob Bengt des Mordes an Birgitta Sivander schuldig ist oder nicht. Edvin wird nicht als Verdächtiger befragt. Aber ich bleibe mit einem Haufen Fragen zurück. Edvin hat bei der Polizei dreiundvierzig als Schuhgröße angegeben, aber zweiundvierzig passe ihm auch. Seit über zehn Jahren habe er keine Segeltuchschuhe mehr getragen. Aber er besitzt ein paar Turnschuhe – weiß und mit Gummisohle. Was ist eigentlich der Unterschied zwischen einem Segeltuchschuh und einem Turnschuh? Die Schuhe, die Edvin Bengt vermacht hat, sind getragen, sogar abgenutzter als das Paar, das Bengt in der Mordnacht anhatte. Hat sie also Edvin davor getragen?

Ich habe mir das Hörbuch *Mindhunter* von Mark Olshaker und John E. Douglas heruntergeladen. Douglas war FBI-Agent und ein Pionier bei der Erstellung von Täterprofilen. Der Inhalt ist schrecklich. Ich würde es am liebsten ausschalten. Aber ich zwinge mich, es weiterzuhören, vielleicht kann ich ja etwas über die Persönlichkeit von Birgittas unbekanntem Mörder erfahren. Anfangs, als ich mich mit dem Fall beschäftigte, war ich davon überzeugt, dass Bengt entweder unschuldig oder ein Vollblutpsychopath sein musste. Wie könnte man sonst sein unaufgeregtes Verhalten erklären? Und wie hätte er sonst die unzähligen, langen Verhöre durchgehalten, ohne zu gestehen? Ich notiere mir das wichtigste Prinzip bei der Erstellung eines Täterprofils: *Warum* + *Wie* = *Wer*.

Über das *Warum* habe ich mir sehr viele Gedanken gemacht. Mit Sicherheit war der Mord an Birgitta nicht geplant. Der Täter hatte keine Mordwaffe bei sich. Stattdessen griff er nach dem erstbesten Gegenstand – die Mordwaffe war aller Wahrscheinlichkeit nach ein Stein. Aber der wurde nie gefunden. Vielleicht hat der Mörder ihn versteckt. Vielleicht hat er ihn zusammen mit seiner Kleidung im Wald vergraben, wenn der Schuldige jener Mann war, den Elin Sjöberg am Waldrand gesehen hatte. Abends diskutiere ich mit Justus über meine Theorien.

»Wer ist es denn deiner Meinung nach gewesen?«, fragt er.

Diese Frage hat er mir noch nie gestellt. Ich presse meine Lippen fest aufeinander.

»Vielleicht war es doch Edvin«, sage ich nach einer Weile. »Also, genau genommen spricht nichts für ihn als Täter. Das würde vor Gericht niemals Bestand haben. Aber ...« Ich sehe ihn an und zähle meine Argumente mit den Fingern auf. »Er lenkte den Verdacht auf Bengt. Er hat sich die Hände gewaschen, blieb aber eine Erklärung dafür schuldig. Ein Reporter von *Stockholms-Tidningen* hat sich in der Umkleidekabine am Waschbecken ans Fenster gestellt. Seiner Ansicht nach konnte Edvin von da aus gar nicht Birgitta gesehen haben. Der Polizei gegenüber hat er ausgesagt, er kenne sie vom Sehen. Vor Gericht aber behauptet er, er wüsste nicht mehr, welche Kinder er gesehen hätte.«

Ich zucke mit den Schultern.

»Das sind nur einige der Gründe. Es ist eher ein Gefühl. Aber ehrlich gesagt habe ich überhaupt keine Ahnung. Ich glaube jeden Tag etwas anderes.«

Justus schüttelt den Kopf.

»Das ist alles so merkwürdig«, sagt er.

Ich freue mich, dass auch ihn der Fall nicht loslässt. Ich will aufstehen und mir vor dem Zubettgehen die Zähne putzen, doch dann lasse ich mich wieder gegen die Rückenlehne sinken. Er fragt, was los sei.

»Ich weiß nicht. Das kriecht mir alles förmlich unter die Haut.«

»Es wäre schlimm, wenn es anders wäre.«

Da hat er natürlich recht. Aber er hat nicht verstanden, was ich eigentlich damit ausdrücken wollte – ich habe um Hilfe gebeten. Dieser Mordfall frisst mich innerlich auf. Mir geht es nicht gut. Aber ich kann es nicht anders zum Ausdruck bringen. Und er kann mir auch nicht wirklich helfen. Ich stecke schon so tief drin.

Ich bringe Vivi ins Bett und schlafe dabei ein. Lange vor dem Klingeln des Weckers wache ich auf. Ich höre Vivis Brabbeln unten aus dem Wohnzimmer, Justus liest Sam ein Buch vor. Ich bin zwar todmüde, weiß aber, dass ich nicht wieder einschlafen kann. Ich lege mich auf die Seite und scrolle ein bisschen auf meinem Handy. Da passiert es wieder. Jemand setzt sich hinter mir auf mein Bett. Ich erstarre, lausche. Die Luft vibriert. Die Matratze hat unter dem

Gewicht eines Körpers nachgegeben. Trotzig und gereizt blättere ich durch alle möglichen Instagram-Accounts.

Erst nach einer Weile spüre ich, wie das Gewicht nachlässt. Als der Wecker klingelt, spanne ich meinen gesamten Körper an, bereit, mich zu verteidigen. Dann werfe ich die Decke zur Seite, stürze aus dem Zimmer und knalle die Tür hinter mir zu.

Es ist Neujahr und mein Geburtstag. Ich werde fünfunddreißig. Als ich aufwache, höre ich die anderen unten herumklappern. Ich schleiche ins Badezimmer, damit niemand merkt, dass ich schon wach bin. Mich hat es schon immer angestrengt, ununterbrochen Menschen um mich zu haben. Als Kind musste ich oft mit zu Familienfeiern. Ich hatte immer ein Buch dabei. »Kannst du das nicht mal weglegen«, hat meine Mutter immer gesagt. »Ach, lass sie in Ruhe«, entgegnete mein Großvater dann. Ich las viel und akzeptierte mein Bedürfnis nach Einsamkeit hundertprozentig.

Erst als Teenager wurde mir bewusst, dass es komisch war, und ich zwang mich andauernd dazu, meine Zeit mit Freunden zu verbringen. Ich hatte gerade den Zugang zu meiner introvertierten Seite wiederentdeckt, als ich Kinder bekam. Es gibt sie nach wie vor in mir, aber als Eltern kann man sie nicht ausleben. Ich bin fast nie allein. Ich muss mir etwas von der gemeinsamen Zeit mit Justus abknapsen. Jeden Morgen spüre ich den Magnet, der mich nach unten in die Küche und ins Wohnzimmer zu den anderen zieht. Mit der Geburt der Kinder wird auch das schlechte Gewissen geboren, wie eine Schattenkopie des Kindes, das mit einem Seil ans Herz gebunden ist und stets das eigene Verhalten infrage stellt. Justus versorgt die Kinder jeden Morgen. Wenn ich aufwache, hat Vivi häufig schon einige Stunden ohne mich verbracht. Vielleicht hat sie mich schrecklich vermisst, während ich seelenruhig geschlafen habe. In solchen Momenten zieht das Schattenkind am Seil.

Als ich mir im Bad die Kontaktlinsen eingesetzt habe und mich gerade anziehen will, ändere ich meine Meinung und ziehe mich wieder aus. Ich kann mir noch eine kurze, ungestörte Dusche gönnen. Ich habe gestern Abend Wein getrunken und erinnere mich, dass Kinder so etwas merken. Erwachsene riechen fremd und komisch, wenn sie aus waren. Bedrohlich. Schnell dusche ich. Justus hat Scones gebacken und den Geburtstagstisch gedeckt. Sam spielt, und Vivi sitzt auf meinem Schoß, während ich esse und Geschenke auspacke. Alle sind fröhlich. Justus schenkt mir zum Geburtstag Zeit für mich allein.

»Ich gehe mit den Kindern raus, dann hast du ein paar Stunden für dich und kannst machen, was du willst.«

Das ist das perfekte Geschenk. Auf der anderen Seite hatte ich mich schon darauf gefreut, mir Vivi in den Tragegurt zu schnallen und mit ihr spazieren zu gehen. Aber warum nicht ein bisschen Zeit allein genießen? Das muss ich ausnutzen. Dann werde ich auch eine bessere Mutter.

Nachdem sie gegangen sind, sitze ich auf dem Sofa und surfe im Netz. Ich habe mich noch nicht entschieden, wie ich diese geschenkte Zeit optimal ausnutzen soll. Wieder schlafen gehen? Fernsehen? Schreiben? Was macht man eigentlich, wenn man allein ist? Das habe ich vergessen. Ich beschließe, zu baden, obwohl ich gerade duschen war. Kaum liege ich in der Badewanne, bereue ich es, weil ich nicht spazieren gegangen bin. Ich hocke nicht gern den ganzen Tag zu Hause, ich fühle mich eingesperrt, und die Luft ist stickig. Ich steige aus der Badewanne, creme mich ein und ziehe mich an.

Ich könnte mich doch mal wieder schminken. Das habe ich schon lange nicht mehr gemacht. Ich habe gerade alles zusammengesammelt, als ich die Wohnungstür ins Schloss fallen höre. Warum sind sie denn schon wieder zurück? Ich schnappe mir die Sachen und ziehe mich in mein Arbeitszimmer zurück. Ich bin noch nicht bereit, mein Alleinsein aufzugeben. Künstlich zögere ich es hinaus. Ich fülle meine Augenbrauen auf und trage grünen Lidschatten auf. Es sieht fleckig und asymmetrisch aus. Ich bin genervt und kein bisschen erholt und wütend, weil ich die Zeit nicht besser genutzt habe. Ich gehe nach unten. Sam ist allein. Justus sitzt in seinem

Studio und trommelt. Manchmal steckt er Vivi in den Tragegurt und trommelt, weil sie dabei gut einschlafen kann. Aber sie will nicht und ist noch wach, deshalb öffne ich die Tür einen Spalt.

»Ich nehme sie, ich muss an die frische Luft.«

Draußen ist es grau. Schneeregen. Ich will ins Naturreservat Nacka gehen, aber Vivi hat andere Pläne. Sie zappelt und will nicht im Tragegurt bleiben. Als ich anfange zu singen, wird sie wütend. Ich gebe auf und gehe wieder nach Hause. Die Stunden verstreichen schneller als gewöhnlich. Wir spielen mit Duplosteinen und bauen Türme, ich schimpfe Sam aus, weil er Vivi wie eine Puppe durch die Gegend schleift. Sam hat lauter Sonderwünsche, mal will er dies, dann das. Zitronenwasser und Mandarinen. Plötzlich ist Zeit fürs Abendessen. Ich habe mir Eier Benedict gewünscht, Justus muss noch einkaufen gehen. Ich springe wie eine flüchtende Antilope zwischen den Kindern hin und her. Aus der Küche kommen angestrengte Laute, die Sauce Hollandaise stockt, Justus muss noch mal von vorne anfangen. Ich fliehe vor Sam, der unentwegt Forderungen an mich stellt. Ich will allein sein. Ich muss locker bleiben. Die Panik nimmt zu. Vivi weint, nichts hilft, und jeder Versuch wird von Sam sabotiert, der meine Aufmerksamkeit einfordert. Mir reicht es.

»Vielleicht ist sie müde?«

Habe ich das gesagt, oder war es Justus? Ist egal. Ich verzichte auf Schlafanzug und Zähneputzen und trage sie direkt ins Schlafzimmer. Kaum habe ich sie hingelegt, dreht sie sich auf den Bauch und krabbelt los. Ich ziehe sie zurück. Das Spiel wiederholt sich ein paarmal. Ich singe das Schlaflied so leise und beherrscht wie möglich. Sie rollt sich auf die Seite, krabbelt weg. Sie will weg von mir. Das hört niemals auf. Ich überschreite den Punkt, an dem man mit seinem Kind nicht mehr wie mit einem Kind, sondern wie mit einem Erwachsenen redet, um es zur Vernunft zu bringen. Man bildet sich ein, dass es einen verstehen kann. Nach etwa einer Stunde schalte ich das Licht an und hebe sie hoch. Ihre Laune verbessert sich schlagartig. Als wir ins Wohnzimmer kommen, blinzelt sie Justus und Sam mit geröteten Augen und tränenfeuchten Wangen an. Sam will mir zeigen, was er bei *Minecraft* gebaut hat, und fragt, ob er eine Mandarine essen darf. Ich kann nicht mehr. Antworte ihm nicht, sondern lasse mich mit leerem Blick und Vivi im Arm in den Sessel fallen.

»Soll ich sie nehmen?«, fragt Justus.

Ich weiß es nicht. Er soll mich am liebsten gar nichts fragen. Er steht auf und nimmt sie mir ab. Sie schreit sofort wie am Spieß und streckt mir ihre Arme entgegen. Diese kleinen, dicken, weichen Ärmchen, die flehend auf mich zeigen. Dagegen bin ich machtlos.

»Ich versuche es noch einmal«, sage ich, »aber kannst du vorher alles vorbereiten, damit sie begreift, dass jetzt Bettzeit ist?«

Ich versuche, mich zusammenzureißen, bis sie zurückkommen. Ich gebe mein Bestes, um eine weiche, freundliche, liebevolle und gelassene Mutter zu sein. Vivi richtet sich immer wieder mit Tränen in den Augen auf, behutsam ziehe ich sie zurück ins Bett, wieder und wieder. Ich singe und singe. Dann schalte ich die Lampe ein und wieder aus. Kurz vor acht Uhr nehme ich sie und gehe nach unten. Dieses Mal habe auch ich den Tränen nachgegeben. Als ich Vivi auf den Boden setze, krabbelt sie sofort weg.

»Ich kann nicht mehr«, flüstere ich, leise, damit Sam nicht hört, was für eine schlechte Mutter ich bin.

»Das wird schon. Sie schläft schon noch ein.«

Ich schluchze und stöhne.

»Das ist genauso wie in Budapest«, heule ich ihm die Ohren voll.

»Nein, ganz und gar nicht. Das ist nur eine Phase, versprochen, das geht wieder vorbei.«

Als wir in Budapest waren, hatte Sam seine Mama-Phase. Stundenlang lag ich abends neben ihm, aber er konnte nicht einschlafen, weinte panisch und hysterisch vor Übermüdung. Tagsüber konnte er aber auch nicht schlafen. Da war ich weg, und Justus musste das aushalten. Vier bis sechs Stunden dauerte es jeden Tag, bis er endlich eingeschlafen war. Und nachts wurde er immer wach, und dann dauerte es mindestens eine Stunde, bis er sich wieder beruhigt hatte. Noch nie in meinem Leben bin ich so nah am Rand des Wahnsinns gewesen.

Sam kommt zu mir und setzt sich auf meinen Schoß.

»Bist du traurig, Mama?«, fragt er mich mit sehr ernstem Gesichtsausdruck.

Justus geht in den Flur und kommt kurz darauf mit einer aufgebrachten Vivi auf dem Arm zurück.

»In zehn Minuten gibt es Oma-Lesestunde«, verkündet er, dann zieht er sich mit Vivi in sein Studio zurück.

Mit Ausbruch der Pandemie hörten auch die Familienbesuche auf. Damals fing meine Mutter an, ihren Enkelkindern, Sam und Maya, zweimal in der Woche über Zoom eine Gutenachtgeschichte vorzulesen. Freitags und sonntags. Heute ist Freitag. Weil ich so erschöpft bin und keine Kraft mehr habe, werde ich wütend und weiß jetzt schon, dass ich es an Sam auslassen werde.

»Ich gehe jetzt aufs Klo, und danach ist Zähneputzen angesagt.«

»Aber ich will noch nicht ...«, setzt er an.

Ich hebe die Hand wie ein Stoppzeichen. Mein Blick ist unerbittlich. Dann gehe ich ohne ein weiteres Wort auf die Toilette. Ich habe mir ein paar Sekunden erkauft und schleudere stumme Schimpfwörter und imaginäre Teller gegen die geschlossene Tür. Dann hole ich tief Luft und halte sie an, bis ich den Ort in meinem Körper gefunden habe, an der meine Angst sitzt. Erst dann lasse ich die Luft zusammen mit der Angst entweichen. Diese Technik habe ich in einem Yogakurs gelernt, als es mir richtig schlecht ging. Ich wiederhole es und halte den Atem so lange an, bis ich den spitzen, kantigen Stein ausgemacht habe, der sich hinter meinem Brustbein verkeilt hat und den ich endlich ausspucken kann. Nach dem dritten Durchgang ist mein Körper viel weicher und gefügiger.

Im Flur vor dem Badezimmer begegnet mir mein Spiegelbild. Mein grüner Lidschatten hat sich verabschiedet, er ist verschmiert und betont mit der kränklichen Farbe aufs Unvorteilhafteste meine Augensäcke. Die eine Hälfte meiner Haare habe ich mit einer hässlichen Klammer hochgesteckt, damit Vivi nicht an ihnen reißt, die andere hängt in Strähnen herunter. Ich sehe aus wie eine besonders böse Hexe. Sam protestiert, wie zu erwarten war. Meine Augen brennen, meine Stimme ist zwar leise, aber passiv aggressiv. Er gibt nach und lässt sich mit niedergeschlagenem Blick und mit schlaffer Körperhaltung die Zähne putzen. Ich höre Vivis Schreie durch die geschlossene Tür. Unwillig dreht Sam den Kopf in die falsche Richtung und macht den Mund nicht weit genug auf. Ich halte sein Kinn fest. Nicht sehr fest, aber ich bin wütend. Ich weiß genau, dass ihn das traurig macht und es ungerecht ist, aber ich kann nicht anders. Ich bin wie ein in die Enge getriebener Bär. Ich will fliehen. Weit weg. In die Wildnis, allein.

Als er endlich im Bett liegt und auf dem iPad von Oma die Gutenachtgeschichte vorgelesen bekommt, schleppe ich mich nach unten und lasse mich schwer aufs Sofa fallen. Aus dem Studio dringt kein Geräusch mehr. Ich versuche, Dankbarkeit zu empfinden, dass meine Kinder leben und es ihnen gut geht. Ich versuche, mir ein Leben ohne sie vorzustellen. Dann würde ich mich nach solchen Abenden zurücksehnen. Dann würde ich alles dafür geben, um die Kämpfe ums Zähneputzen oder Zubettgehen noch einmal erleben zu dürfen. Manchmal funktioniert dieser Trick, aber heute nicht. Stattdessen lasse ich den verbotenen Gedanken zu: Ich wünschte, ich hätte keine Kinder.

Wollen wir nicht noch ein Kind bekommen?

Justus' Tonfall deutete nicht darauf hin, dass er gerade etwas Ungeheuerliches gesagt hat. Deshalb habe ich es auch nicht sofort verstanden. Ich sah ihn an. Es war Herbst, 2018. Der Regen trommelte gegen das Fenster in unserer Wohnung im dunklen zweiten Stock. Meinte er es ernst, oder sagte er nur das, was ich hören wollte? Aus Sams Zimmer war Gejohle zu hören, gefolgt von einem ohrenbetäubenden Poltern von Spielsachen, die auf den Boden fielen. Sam und sein Freund hatten den großen Korb mit Spielzeug ausgeschüttet. Justus sah mich unverwandt an. Er lächelte. Ich lächelte.

So begann Vivis Leben. Ich hatte große Angst, aber ich wollte sie unbedingt. Er wollte sie auch unbedingt, aber das merkte ich erst, nachdem sie geboren worden war. Als seine Augen sich mit Tränen füllten. Da begriff ich, dass wir den Weg aus der Dunkelheit ins Licht gefunden hatten. Wie damals nach Kriegsende, als die jubelnden Menschen auf der Kungsgatan in einem Regen aus Luftschlangen, Konfetti und Streifen standen.

Es war vorbei, wir hatten überlebt.

Es ist Mittwoch, der 7. Juli 1948, der zweite Tag der Gerichtsverhandlung. Vorne im Saal thront der Vorsitzende wie ein König. Seine Beisitzer neben ihm sehen aus wie Jesus-Jünger. Im Zuschauerraum sitzen auch die beiden Vertreter des Jugendamtes Ingrid Ydström und Sven Ekvall. Wegen Ingrids Bemerkung im Hörsaal der Psychiatrischen Klinik in Lund über Bengts Verletzung am linken Unterarm und den Blutfleck an seiner Kleidung hatte ich sie als eine Gleichgesinnte angesehen. Eine der wenigen Erwachsenen, die auf Bengts Seite stand.

Aber mein Blick auf sie hat sich verändert, nachdem ich in einem anderen Sitzungsprotokoll gelesen habe, dass sie Bengt gemeinsam mit Sven Ekvall und einem weiteren Vertreter des Jugendamtes eigenmächtig aus dem Heim abgeholt und an den Tatort gebracht hat. Um ihm ein Geständnis zu entlocken. Ich würde zu gerne wissen, was ihnen durch den Kopf ging und welche bitterbösen Blicke und Worte sie wohl mit Bengts Anwalt Bertil Peyron gewechselt haben.

Rut Sommer ist an diesem Morgen die erste Zeugin. Bengts Mutter hat sich schick gemacht. Trotzdem können alle sehen, dass sie in einer anderen Liga spielt als zum Beispiel Margit Sivander. Ihr Kleid ist aus zweiter Hand und sitzt nicht richtig. Und ihre Schuhe sind zwar geputzt, aber abgetragen. Ich folge ihr, während sie mit kleinen Schritten zum Zeugenstand geht. Rut knetet ihre Hände, damit niemand sieht, wie sehr sie zittern. Sie sitzt so aufrecht, dass man die Sehnen an ihrem Hals erkennen kann. Sie sind gespannt wie eine Geigensaite. Nein, ich bin diejenige, die so aufrecht sitzt. Mein Blut pulsiert durch mein Herz. Ich bin Rut.

»Wie viele Kinder haben Sie, Frau Sommer?«

»Drei«, antworte ich. »Zwei Jungen und ein Mädchen.«

Der Kopf des Vorsitzenden ist gesenkt, seine Augenbrauen verdecken seine grauen Augen.

»Wie groß ist Ihre Wohnung?«

»Ein Zimmer und Küche im Erdgeschoss und ein Zimmer im ersten Stock«, sage ich und räuspere mich.

Er stellt noch weitere Fragen zu unserer Wohnsituation. Wo der Hauseingang ist, ob es eine Diele gibt oder einen Vorraum, in welcher Himmelsrichtung das Haus steht. Warum das wichtig ist, verstehe ich nicht, aber ich antworte gewissenhaft. Dann will der Vorsitzende die Essenszeiten wissen und was wir essen, wie oft Otto Nachtschicht hat und wann die Jungen schlafen gehen. Ich antworte, dass die Mahl- und Schlafenszeiten variieren, je nach Jahreszeit und Ottos Schicht. Der Vorsitzende hebt eine Augenbraue. Ich habe das Gefühl, dass er hier ist, um auch mich zu verurteilen. Er soll verstehen, dass ich ebenfalls Prinzipien habe, denen ich treu bin. Deshalb hebe ich mein Kinn, als ich betone, wie wichtig es mir ist, dass meine Jungen lange vor dem Schlafengehen essen.

»Wären Sie so freundlich, Frau Sommer, uns von den Kleidungsstücken zu erzählen, die Bengt am Abend des 7. Mai getragen hat?«

Ich fühle mich wie eine gute Mutter, weil ich ganz genau angeben kann, was mein Sohn an jenem Abend anhatte und wann die Kleidungsstücke gekauft wurden.

»Wie lange hat er das Hemd schon getragen?«

Bei der Frage zieht sich alles in mir zusammen. Ich schäme mich.

»Seit über einer Woche.«

Der Vorsitzende wirft dem Mann links von sich einen Blick zu. Ihre Augenbewegungen spiegeln sich, die Blicke prallen auf die Tischplatte und verraten das Misstrauen, das sie gegeneinander hegen.

»Die Jacke haben Sie vor zwei Jahren und fünf Monaten in Helsingborg gekauft, haben Sie gesagt. Hat er sie viel getragen?«

»In letzter Zeit hat er sie sehr oft angehabt.«

»Und haben Sie die Jacke zwischendurch gewaschen?«

»Nein, ich habe sie noch nicht gewaschen.« Das Blut schießt mir ins Gesicht. Aber, ich muss das sagen, spreche ich mir gut zu. Wegen der Flecke. »Ich habe die Jacke mit einem feuchten Tuch behandelt, wenn es notwendig war. Aber gewaschen habe ich sie nicht.«

»Sie haben die Jacke also noch nie gewaschen. Aber haben Sie Flecke entfernt?«

Meine Hände fangen wieder an zu zittern, und ich falte sie so fest, dass meine Knöchel weiß werden.

»Ja, das habe ich.«

»Und die Hose haben Sie nach Weihnachten 1947 gekauft? Haben Sie die denn seitdem gewaschen?«

»Nein.«

Ich wünschte, wir könnten das Thema wechseln.

»Sagen Sie uns doch jetzt bitte noch etwas zu den Segeltuchschuhen.«

»Ja, die haben wir Anfang April dieses Jahres gekauft. In Johan Nilssons Schuhgeschäft.« Ich setze mich aufrechter hin. »Sie waren etwas teurer als gewöhnliche Turnschuhe. Sechs Kronen haben sie gekostet.«

»Bengt hat auch noch ein weißes Paar Schuhe. Und Sie hätten es besser gefunden, wenn er mit denen Fußball spielt, weil sie abgenutzter waren?«

»Ja, aber er fand sie nicht so gut fürs Fußballspielen.«

»Und die weißen hatte er von seinem Fußballtrainer Edvin Oskarsson bekommen?«

Ich spüre, wie sich die Stimmung im Saal hinter mir verändert. Finden die Zuschauer es merkwürdig, dass er Schuhe geschenkt bekommen hat?

»Ja …«, erwidere ich etwas zögernd. »Eines Tages kam er nach dem Training mit ihnen nach Hause.«

Es war nicht das erste Mal, dass uns Kleidung oder Schuhe geschenkt wurden. Die Leute sind so nett. Aber Bengt hat die Schuhe von Anfang an nicht gemocht. Ich habe nicht verstanden, warum. Es ist dasselbe Modell, nur nicht in Grau. Wo ist der Unterschied? Mein Blick schweift ab, verliert sich im Nichts hinter dem Vorsitzenden. Bis er anfängt zu brummen.

»Jetzt erzählen Sie uns bitte von dem besagten Freitagabend. Wann hat Bengt das Haus verlassen?«

»Daran kann ich mich genau erinnern, weil ich gerade aus dem Ort kam und einen hellen Mantel und ein Paar Hosen für ihn von einer sehr netten Dame geschenkt bekommen hatte. Für die Hochzeit meiner Tochter Siv, die an Pfingsten geheiratet hat. Weder ich noch Bengt konnten daran teilnehmen. Bengt saß in Gewahrsam, und ich war …« Ich senke meinen Kopf, versuche, nicht in Tränen auszubrechen. Ich will nicht erzählen, dass ich in einer psychiatrischen Klinik gewesen bin. »Ich habe Bengt gesagt, dass er die Sachen unbedingt vorher anprobieren muss, damit ich das Loch am Knie stopfen kann. Denn wenn die Sachen ihm nicht passen, brauche ich sie ja nicht zu flicken.« Ich bemühe mich, nicht zu schnell und zu viel zu reden. »Bengt sagte, dass wir uns beeilen müssen, weil er zum Training muss. Er hat die Sachen anprobiert, und sie passten ihm wie angegossen. Er sah so gut darin aus.« Ich sehe an die gewölbte Decke mit ihrem schweren Kronleuchter. Ich schlucke. »Als er ging, waren die Nachrichten gerade vorbei, es muss also zehn oder Viertel nach sieben gewesen sein.«

»Und wann kam er nach Hause?«

»Ungefähr Viertel nach acht.«

»Frau Sommer, Sie haben gegenüber der Polizei eine andere Uhrzeit angegeben.«

»Ach, habe ich das?« Ich verstumme und denke nach. »Ja, vielleicht war es auch zwischen Viertel und zwanzig nach acht.«

»Haben Sie das so der Polizei gesagt?«

Es pocht in meinem Körper bis in die Fingerspitzen. Ich habe das Gefühl, dass alle es sehen können, wie meine Bluse flattert. Was, was genau habe ich gesagt?

»Ich erinnere mich ... mit Bestimmtheit ...« Ich betone das Wort und wiederhole es zur Sicherheit noch einmal. »Ich erinnere mich mit Bestimmtheit, dass mich Landjäger Andersson, als er Bengts Schuhe abgeholt hat, fragte, ob er nicht doch erst gegen halb neun Uhr zu Hause war. Auf keinen Fall, habe ich geantwortet.«

»In welchem Zustand waren Bengts Schuhe, als er ankam?«

»Ich weiß noch genau, dass ich am Tisch gestanden habe ...« Ich schwebe davon. Ich hebe ab und fliege durch ein Fenster davon, weg aus dem stickigen Gerichtssaal.

Die Sonne lugt durch die silbernen Wolken. Ich verliere mich in der Erinnerung an diesen Moment und in der Angst, dass zu diesem Zeitpunkt schon alles besiegelt war. Was geschehen ist, war schon geschehen. Ich will Bengt am liebsten einsperren, damit ihn niemand findet. Ich sehe ihn als Neugeborenen vor mir. Der flauschigweiche Kopf. Die kleinen Händchen, mit denen er durch die Luft gefuchtelt hat. Der kleine Körper, der ganz nah an meinem sein wollte. So wehrlos. Unschuldig.

»Wo? Am Küchentisch?«

Die Stimme des Vorsitzende zerschlägt meine Tagträume und Erinnerungen mit einer großen, rostigen Axt.

»Ja. Bengt stand auf der Matte in der Diele und sagte: ›Ja, Mama, die sind leider schmutzig geworden.‹ Ich habe ihm geantwortet, dass er sie selbst putzen muss. Er soll die Schuhbürste aus der Schublade nehmen.«

Wie war Bengt an jenem Abend? Wie immer? Alles war wie immer, oder? Der Vorsitzende sagt etwas, aber ich höre ihn nicht. Ich sehe meine Jungen, wie sie auf dem oberen Treppenabsatz saßen und sich unterhielten. Ich habe ihnen als Überraschung ein Blätterteigteilchen zum Naschen gegeben. Die beiden unterhielten sich über das Spiel in Tyringe am nächsten Tag, für das Bengt aufgestellt worden war. Sie schätzten, wie viele Tore er wohl schießen würde. Dann zogen sie sich ihre Pyjamas an. Darin sehen sie so niedlich aus. Ich neige meinen Kopf auf die Seite und lächele.

»Hat Bengt erzählt, wo er gewesen ist? Ob er beim Fußballtraining gewesen ist oder nur Fußball gespielt hat?«

»Nein.«

»Aber Frau Sommer, im Polizeibericht steht, dass Sie gesagt haben, Bengt hätte erzählt, dass er Fußballspielen war. Dann stimmt diese Aussage vielleicht doch nicht?«

Spielen. Trainieren. Warum ist das wichtig?

»Die Polizei hätte mir doch zu diesem Zeitpunkt sagen können, dass sie meinen Sohn festhält. Das habe ich erst von meinem Mann erfahren, als er nach Hause kam. Ich wollte es zuerst nicht wahrhaben.«

Ich spüre, wie sich rote Flecke von meiner Brust über den Hals ausbreiten.

»Kennen Sie Birgitta Sivander, Frau Sommer?«

Ich werde ganz still, sehe Birgittas Gesicht vor mir.

»Ja.«

Der Vorsitzende sieht mich lange an, bevor er weiterspricht.

»Wann haben Sie von Birgittas Tod erfahren?«

»Am Samstagmorgen. Mein Mann kam gegen sechs Uhr von der Arbeit nach Hause und hat mich geweckt. Er sagte: ›Die Tochter von Ingenieur Sivander ist im Wald gefunden worden. Tot. Ermordet.‹ ›Die armen Eltern‹, habe ich geantwortet. ›Die armen Eltern.‹« Ich schüttele traurig den Kopf. »Die Jungen wurden wach, und wir sind zu ihnen reingegangen. ›Was ist denn passiert?‹, haben sie gleichzeitig gefragt. Und dann haben wir es ihnen erzählt.«

»Und wie hat Bengt reagiert?«

»Vollkommen normal.« Ich halte den Blick gesenkt, will nicht in die durchdringenden Augen des Vorsitzenden sehen. »Ich bin in die Küche gegangen, um den beiden einen Kakao zu machen. Und später hat Bengt erzählt, dass er das Mädchen am Sportplatz gesehen hat.«

»Wie würden Sie Bengt beschreiben? Ist er eher ein sensibler oder ein harter Junge?«

Ich sehe meinen Sohn vor mir stehen. Ich streiche seinen Pony aus dem Gesicht, und ohne eine Miene zu verziehen, dreht er sich um, geht aus dem Zimmer und knallt hinter sich die Tür zu.

»Sehr sensibel.«

»Ist er verschlossen?«

»Nicht mir gegenüber. Er ist immer sehr offenherzig gewesen.«

Ich streiche eine Falte auf meinem Kleid glatt. Auf einmal packt mich die schwindelerregende Erkenntnis, dass diese Vernehmung niemals enden wird, das ist meine persönliche Hölle.

»Bengt war bis zum 22. Mai in der Psychiatrischen Klinik in Lund. Wo ist er danach hingebracht worden?«

»Zu meinem Bruder nach Halmstad.« Mein Bruder hat mich wütend angerufen, weil ein paar Leute Bengt wegen des Fotos in der Zeitung auf der Straße wiedererkannt hatten. Sie haben ihn geschlagen, angeschrien und ihn durch die Straßen gejagt. Mein Bruder war der Ansicht, dass Bengt durch seine bloße Anwesenheit ihn und seine Familie in Gefahr bringt. »Gäbe es eventuell ...« Ich zögere. »Gäbe es eventuell die Möglichkeit, eine Pause zu machen?«

»Wir sind gleich fertig, Frau Sommer. Ihr Ehemann ist Sudetendeutscher und arbeitet in der Fabrik auch als Dolmetscher. Haben Sie häufig andere Sudetendeutsche zu Besuch?«

»Ja.«

Ich ziehe mich unmerklich etwas zurück. Worauf will er hinaus?

»Diese Personen haben zum Teil schreckliche Dinge im Krieg erlebt, ehe sie nach Schweden gekommen sind. Haben sie davon erzählt?«

»Ja, aber wir haben Deutsch gesprochen, das können die Kinder nicht verstehen.« Ich streiche mit den Fingerkuppen über den Stoff, konzentriere mich auf die Textur.

»Bengt ist vor etwa einem Monat aus Halmstad zurück nach Perstorp gekommen. Wie ist es ihm seitdem ergangen? Hat er sich verändert?«

»Ihm gefiel es nicht, dass er im Haus bleiben muss. Wir haben eine sehr strenge Auflage vom Jugendamt erhalten und mussten beide weinen.«

Ich sehe mich um, hoffe auf Mitgefühl, aber niemand reagiert. Ich schließe die Augen und sehe das unbewegliche Gesicht des Vertreters vom Jugendamt vor mir. Ich weiß noch, wie Bengt anfing zu keuchen und dann schrie, dass er eingesperrt wird und er sich fühlt, als säße er im Gefängnis. Ich lief mit gesenktem Kopf durch den Ort, um das Notwendigste einzukaufen. Alle starrten mich an, tuschelten hinter meinem Rücken.

»Am Anfang habe ich meinen Sohn kaum wiedererkannt. Meine Tochter und mein Schwiegersohn waren zu Besuch, und wir saßen am Küchentisch. Plötzlich kam Bengt zu uns und setzte sich neben meinen Schwiegersohn. Er war kreidebleich im Gesicht.« Ich presse meine Fingerkuppen gegen meine Schläfen. »Ich habe gesagt: ›Bengt, was ist los? Geht es dir gut?‹ Er starrte in die Luft, und dann verdrehten sich seine Augen, bis nur noch das Weiße zu sehen war. Mein Schwiegersohn nahm ihn in den Arm und hielt ihn fest, damit er nicht zu Boden stürzte. Ich umfasste seinen Kopf und fragte ihn: ›Willst du mir etwas sagen, Bengt? Willst du etwas gestehen?‹ Und er erwiderte: ›Nein, ich habe das Mädchen nicht gesehen.‹ Dann legte er seinen Kopf in die Hände und rief: ›Aber die Polizisten starren mich an.‹ Dabei lief ihm der Schweiß herunter. ›Lasst mich bitte nicht allein‹, flehte Bengt. ›Die lachen mich aus, sie machen sich über mich lustig. Sie starren mir in den Kopf. Ich höre die ganze Zeit ihre Stimmen.‹«

Ich lasse die Kanten des Stuhles, an denen ich mich festgeklammert habe, mit einem erlösenden Atemzug los und sinke gegen die Rückenlehne.

»Ich habe eine Schlaftablette in ein Glas Milch getan und ihm zu trinken gegeben.«

»Wie lange hat es gedauert, bis er sich wieder gefangen hatte?«

»Ein paar Tage.«

Sekundenlang ist es mucksmäuschenstill im Saal, dann ergreife ich ein letztes Mal das Wort.

»Ich finde, dass ich als seine Mutter, die ihn zur Welt gebracht hat, vollauf das Recht habe, ihn zu fragen. Deshalb habe ich gesagt ›Bengt, wir sind allein. Du glaubst doch an Gott, Bengt? Vergiss nicht, dass du eines Tages vor ihm stehst, und Birgitta neben dir, und du musst Rede und Antwort stehen, was du gesagt und getan hast. Du weißt, dass du dann die Wahrheit sagen musst?‹ Und er antwortete mir ›Ja, Mama, aber ich bin es nicht gewesen.‹ Und dabei hat er mir direkt in die Augen gesehen.«

Als ich nach unten ins Wohnzimmer komme, höre ich das Geräusch von Schlägen und Tritten.

»Mama, ich gewinne!«, ruft Sam.

Er hat rote Wangen, hüpft auf dem Sofa auf und ab, den Controller für die Spielkonsole fest in den Händen. Auf dem Fernsehmonitor kämpft Sams gigantischer Avatar, ein wolfähnlicher Mann mit einem schrecklichen Grinsen und weißen Augen, gegen Justus' Avatar, ein ebenfalls sehr muskulöser Mann.

Mein Mann hatte mich morgens mit einem kinderfreien Ausflug zum Sturehov-Schloss überrascht. Wir haben die Kinder zu meinen Eltern gebracht und sind fünf Stunden lang unterwegs gewesen. Im Auto habe ich sofort meine Sandalen ausgezogen und die Musik aufgedreht. Ich atmete das Gefühl von Freiheit, und die Gitarrensaite, die Vivi und mich miteinander verbindet, wurde so gespannt, dass sie zerrissen wäre, wenn man sie berührt hätte. Das war aber notwendig. Jetzt schläft sie unruhig im Obergeschoss, wahrscheinlich, weil wir zu lange voneinander getrennt gewesen sind.

»Mama, kommst du und siehst zu?«

Ich höre, dass Sam versucht, möglichst unbefangen zu klingen, als würde es keine große Rolle spielen. In Wirklichkeit wünscht er es sich jedoch sehr. Ich will aber nicht. Ich will nicht zusehen, wie sich mein Sohn und sein Vater gegenseitig verprügeln.

»Ich habe noch was zu erledigen«, sage ich.

»Okay ...« Ich merke, dass er traurig ist.

»Aber ich komme gleich dazu, ja? Ich mache das nur noch kurz fertig.«

In der Küche steht hinter dem Kühlschrank ein kleiner schwarzer

Kinderstuhl. Ich setze mich darauf. Hier kann mich niemand sehen. Wenn ich meine Ruhe brauche, verstecke ich mich hier. Ich surfe im Netz und esse einen Keks. Sam und Justus geben erstickte Laute von sich, Frust und Freude.

»Mama, kommst du bald?«, ruft Sam. »Ich gewinne.«

Ich schlucke den Keks hinunter, ehe ich antworte.

»Wie toll! Ja, ich komme.«

Ich hole tief Luft und stehe auf. Während ich zum Sofa gehe, beobachte ich Sam, der alle Bewegungen seines Avatars hüpfend und stampfend nachahmt. Er ist wie eine Atombombe. Explosiv. Ich weiß nicht, wie oft ich ihn am Tag ermahne: »Sei vorsichtig mit Vivi!« Dabei ist er wirklich süß zu ihr. Er hilft ihr auf, wenn sie hingefallen ist, nimmt ihre Hand, wenn sie in die falsche Richtung läuft, und gibt ihr oft ein Küsschen. Ausgerechnet dann fällt sie am häufigsten hin und tut sich weh, was Sam fassungslos macht.

Ich setze mich neben ihn aufs Sofa. Justus sitzt auf dem Couchtisch. Die überdimensionierten Männer auf dem Bildschirm kämpfen gegeneinander, im Hintergrund schwingen drei verzerrte Frauengestalten in Bikinis ihre Hüften.

»Das glaube ich jetzt nicht …«

Ich spucke die Worte förmlich aus, entsetzt und erschöpft. Justus sieht mich über die Schulter an.

»Was denn?«

Ich spüre, dass Sam mich verunsichert von der Seite ansieht. Er hätte sich genauso gut vor mich hinknien und mich anflehen können, bei einem seiner Lieblingsspiele mitzumachen. Mein Inneres ist wie mit Wasser gefüllt. Ich habe ein schlechtes Gewissen, weil ich nicht mitspielen will, und ich habe ein schlechtes Gewissen, weil er diesem Scheiß ausgesetzt ist. Das Wasser steigt, gleich hat es die Nase erreicht.

»How can you let him play stuff like this?«, sage ich auf Englisch, damit Sam es nicht versteht.

»What?«

Wie kann er das fragen? Sieht er das denn nicht?

»*This is violent, and super fucking sexist!*«

Justus zuckt mit den Schultern. Ist ihm das egal? Glaubt er wirklich, dass es nichts zu bedeuten hat? Ich koche innerlich vor Wut. Würde am liebsten heulen. Das ist alles so unsinnig, er ist bei diesem Thema nicht auf meiner Seite. Als würden alle Männer unter einer Decke stecken. Sie wollen Gewalt und Sexismus bewahren und an die nächste Generation weitergeben. Habe ich mir vielleicht eingebildet, dass wir genau darüber miteinander diskutiert haben? Aber vielleicht habe ich in Wirklichkeit nie etwas dazu gesagt und meine Grenzen deutlich gemacht?

»Gibt es keine Frauen in dem Spiel? Außer die drei, die da hinten in Unterwäsche tanzen?«, sage ich so freundlich wie möglich.

»Doooch, die gibt es auch!«

Justus und Sam überbieten sich gegenseitig darin, mich davon zu überzeugen. Dann ist das Match vorbei. Justus hat gewonnen.

»Es gibt Mädchen mit richtigen Muskeln, Mama!«, sagt Sam, während Justus die verschiedenen Charaktere anklickt, die man auswählen kann. Für das nächste Spiel nimmt Justus eine weibliche Gestalt. Ihr Gesicht ist ausdruckslos, dümmlich würde ich sogar sagen, sie hat große braune Augen und einladende Lippen. Sam will wieder einen Superschurken haben. Justus' Figur ist tatsächlich sehr muskulös, mit kräftigen Oberschenkeln. Soll mich das ruhigstellen? Muss ich meine Messlatte so hoch hängen? Ich spüre, dass sie mein Einverständnis erwarten, als sie ihr nächstes Match beginnen. Ich kann es kaum ertragen, Sams Avatar dabei zuzusehen, wie er Justus' Figur verprügelt und auf sie eintritt. Und währenddessen tanzen die unfassbar proportionierten Frauen im Hintergrund weiter.

Nachdem Justus Sam ins Bett gebracht hat, setzt er sich fröhlich strahlend zu mir.

»Wie kannst du ihn so etwas spielen lassen?«

Meine Stimme klingt verärgert. Aber in Wirklichkeit bin ich

außer mir. Wir unterhalten uns eine Weile, obwohl es eher eine einseitige Kommunikation ist. Ich sei der Ansicht, dass wir uns in dieser Sache einig seien und auch schon häufiger darüber diskutiert hätten.

»Okay, verstanden«, antwortet er. »Ich soll ihn so etwas nicht mehr spielen lassen.«

Männliche Gewalt ist eine Konstante. Sie füttern sich gegenseitig damit. Seit wir nach Kärrtorp gezogen sind, wurden zwei junge Männer in unserer unmittelbaren Nachbarschaft erschossen. Wie viele sind es in ganz Schweden? Nachts fliegen die Helikopter über unser Haus.

Sam ruft von oben nach Justus. Aber ich gehe hoch zu ihm.

»Was ist denn, mein Schatz?«, frage ich und ziehe die Tür hinter mir zu. Das Rollo ist ein Stück hochgezogen, weil Sam seit Neuestem Angst vor der Dunkelheit hat.

»Hier ist jemand im Zimmer«, sagt er.

Ich stehe auf einem Stuhl, damit ich ihn oben in seinem Hochbett sehen kann.

»Nein, Sam, hier ist niemand. Nur wir beide.«

»Doch, da ist jemand. Ein Gespenst. Das zieht mir immer die Decke weg.«

Ich seufze.

»Mein Liebling …«

»Glaubst du mir nicht, Mama?«

Ich verstumme, weiß nicht, was ich darauf antworten soll.

»Ich glaube, dass du dir zu viele unheimliche Sachen ansiehst und anhörst. Wenn man Angst hat, sieht man manchmal viele Dinge, die es gar nicht gibt.«

»Aber hier *ist* ein Gespenst!«

Er hat Tränen in den Augen, krampfhaft suche ich nach der richtigen Antwort.

»Dann bleibt uns nur eines übrig. Ich muss meinen Geisterradar einschalten und nachsehen.«

Er reißt die Augen auf. Ich hole mein Handy aus der Hosentasche.

»So was hast du?«

»Klar.«

Ich öffne die App, mit der man elektromagnetische Felder messen kann. Geisterjäger sagen, dass ein hoher Ausschlag auf eine Geisteraktivität hindeuten kann. Allerdings kann es auch ein elektrisches Gerät in unmittelbarer Nähe sein. Ich habe es ausprobiert und das Handy auf meinen Rechner gelegt. Sofort schoss die Messung in die Höhe. Ich benutze die App ab und zu, mal zum Spaß, aber gelegentlich auch heimlich in ernsthafter Absicht.

»Siehst du die Zahl hier unten in der Ecke?«

»Ja.«

»Mit welcher Zahl fängt es an, kannst du das sehen?«

Er kneift die Augen zu, denkt nach.

»Vier.«

»Ganz genau. Vierzig. Diese Zahl steigt an bis über … siebzig, wenn ein Gespenst in der Nähe ist.«

Ich wickele ihn in seine Bettdecke und sage Gute Nacht. Als ich die Tür leise hinter mir zuziehen will, ruft er noch einmal nach mir.

»Mama?«

»Ja?«

Er setzt sich auf und sieht mich durchdringend an.

»Ist das wirklich wahr?«

»Ja. Das ist absolut wahr.«

An einem nebeligen Herbsttag 1942 stehen zwei braun gekleidete Jungen nebeneinander vor ihrem Haus, der eine ist acht, der andere zwölf Jahre alt. Sechs Jahre vor dem Mord an Birgitta. Die Zweige der Obstbäume biegen sich unter den Früchten. Der süßliche Duft von vergorenen Äpfeln hängt über Perstorp. Vor den beiden Brüdern steht Bengt, auch er ist acht Jahre alt. Die drei haben den ganzen Tag miteinander gespielt, aber dann ist es zum Streit zwischen Bengt und dem großen Bruder gekommen. Niemand kann sich später erinnern, worum es dabei ging. Die Stimmung ist aufgeladen. Der kleine Bruder beobachtet sie gespannt, Bengt und sein großer Bruder schnaufen vor Wut. Es ist kalt, und in der Luft bilden sich kleine Wolken.

»Ihr seht aus wie zwei Drachen«, sagt der kleine Bruder lachend.

Sein großer Bruder hebt einen Stein vom Boden auf und wirft ihn nach Bengt. Oder wirft Bengt zuerst? Keiner von beiden trifft. Dann stampft der große Bruder auf und dreht sich frustriert um. Bengt hebt erneut etwas vom Boden auf. Dieses Mal trifft er den Hinterkopf. Schlagartig erstirbt das Lachen des kleinen Bruders, denn sein Bruder geht zu Boden, und das Blut fließt in Strömen.

»Hilfe!«, ruft der kleine Bruder. »Hilfe!«

Der Schwager der Brüder stürmt aus dem Haus und kniet sich neben den keuchenden Jungen. In dessen Kopf steckt ein Gegenstand.

»Halt still«, sagt der Schwager verwirrt.

Aber der Junge zuckt zusammen.

»Was ist das?«, fragt er ängstlich.

Der Schwager sieht erst den kleinen Bruder an, dann Bengt.

»Was hast du getan?«

Der Vorwurf bringt Bengt aus dem Gleichgewicht, er taumelt. Seine Augen sind weit aufgerissen, er starrt auf das viele Blut, das dem großen Bruder über Hals und Rücken läuft. Das Hemd klebt an seinem Rücken, darunter bewegen sich die Schulterblätter heftig auf und ab. Der Schwager legt dem Jungen die Hand auf die Schulter, drückt ihn auf den Boden und zieht ihm mit einem Ruck den Gegenstand heraus. Der andere Junge wird kreidebleich im Gesicht, als er den Schrei seines Bruders hört. Kopfschüttelnd betrachtet der Schwager den Gegenstand. Es ist das Stück einer Sense, ungefähr zwanzig Zentimeter lang. Er legt es auf die Erde und untersucht die Wunde des großen Bruders, der sich aufgesetzt hat.

»Muss ich sterben?«, schluchzt er.

Der Schwager sieht sofort, dass die Wunde nicht besonders tief ist.

»Nein, du wirst nicht sterben.«

Er klopft ihm auf die Schulter und richtet sich auf, um Bengt zur Rechenschaft zu ziehen. Aber der ist verschwunden.

Es ist schon spät, als ich zum wiederholten Male erzwingen will, dass sich die Prozessprotokolle wie eine verschlossene Tür vor mir öffnen. Aber ein unnachgiebiger Raum trennt mich und den Moment, als sie geschrieben wurden. Ich versuche, mir Bengts Vater bei der Zeugenaussage auf dem Stuhl vorzustellen. Aber es fällt mir schwer, meine Augen brennen vor Müdigkeit.

»Mein Name ist Otto Sommer, und ich komme aus Weißwasser in der Oberlausitz in Deutschland. Ich bin 1924 nach Schweden gezogen und lebe seitdem in Perstorp.«

Wie hat er gesprochen? Hat er versucht, so schwedisch wie möglich zu klingen?

Der Vorsitzende fragt Otto, ob er Birgitta kennt und weiß, wie sie aussieht. Woraufhin Otto antwortet, dass er sie nur ein einziges Mal gesehen habe. Und zwar, als sie auf dem Fabrikgelände Maiblumen für einen guten Zweck verkaufte. Ich sehe sofort Birgitta vor mir, mit einem Korb voller Stoffblumen. Wie ein Irrlicht schwebt sie zwischen den Männern über das Werksgelände. Im Jahr 1948 war die Maiblume weiß und in der Mitte gelb.

Ob Otto auch auf die nächste Frage vorbereitet war? Vermutlich, er muss geahnt haben, dass solche Fragen immer kommen.

»Hatten Sie häufig Besuch von Ausländern?«

»Ja, von meinen Landsleuten.«

Hat es etwas zu bedeuten, dass er die Frage so beantwortet und nicht nur bejaht?

Der Vorsitzende fragt ihn, ob sie dann von ihren Kriegserlebnissen berichtet hätten. Ja, aber nicht vor den Kindern, antwortet Otto. Exakt dasselbe hatte auch seine Frau Rut ausgesagt.

Es fällt mir viel leichter, mir Otto zu Hause in der Küche vorzustellen, als im Gerichtssaal. Wie er mit gesenktem Kopf und gefalteten Händen am Küchentisch sitzt und mit seinem Besuch flüstert. Ich sehe auch die ernsten Gesichter seiner beiden Jungen, die auf dem oberen Treppenabsatz sitzen und lauschen. So wie Kinder das eben tun.

Der Vorsitzende fragt auch ihn nach Bengts Wesen, ob er eher sanft und sensibel oder hart sei. Otto erwidert, dass Bengt die Tränen in die Augen steigen, wenn er ihn anfährt oder ihn schlägt. Diese Antwort führt den Vorsitzenden sofort zur nächsten Frage – wie Otto als Familienvater sei. Redet er mit seinen Kindern, oder wendet er andere Mittel an? Das ist eine elementare Frage. Ich weiß, worauf der Vorsitzende hinauswill – Kinder lernen von den Erwachsenen, welches Verhalten anderen gegenüber sie für angemessen erachten. Wenn Bengt häufig körperlicher Gewalt ausgesetzt war, sieht er bei der Lösung eines Konflikts höchstwahrscheinlich Gewalt als die beste Möglichkeit an.

»Meine Kinder sollen sich an die Regeln halten. Sie dürfen nicht tun, was sie wollen«, sagt Otto.

Der Vorsitzende geht noch einen Schritt weiter.

»Züchtigen Sie Ihre Kinder, Herr Sommer?«

Diese Frage wird in einer Zeit gestellt, in der die körperliche Züchtigung von Kindern in Schweden nach wie vor legal war. Ein gewisses Maß an Züchtigung galt als angemessen und notwendig in der Kindererziehung, aber es gab eine Grenze.

»Das kommt schon mal vor«, antwortet Otto.

»Hat Bengt über Mädchen gesprochen?«, lautet die nächste Frage.

»Nein. Er traut sich doch nicht einmal, sie anzusehen.«

Ein halbes Jahr vor dem Mord an Birgitta, im Winter, ist der Teich in Perstorp zugefroren. Die Schüler und Schülerinnen der sechsten Klasse machen einen Ausflug und fahren Schlittschuh. Eine Schülerin dreht eine Runde nach der anderen. Ihre dunklen, lockigen Haare schauen unter der Mütze hervor, und ihr rundes Gesicht leuchtet wie die Sonne. Sie ist versunken in ihre Tagträume, als plötzlich ein Junge vor ihr auftaucht. Seine Wangen sind rot, sein kurzer blonder Pony ragt unter seiner Mütze hervor. Er strahlt sie an. Es ist Bengt. Er ist vierzehn, das Mädchen heißt Barbro und ist zwölf. Er fährt rückwärts vor ihr her und lächelt die ganze Zeit. Barbro versucht, an ihm vorbeizufahren, aber da rutscht er vor ihr aus, sodass sie beinahe stürzt. Sie muss abbremsen.

»Kannst du heute Abend nicht rauskommen?«, fragt er.

Bengt steht viel zu dicht vor ihr. Barbro macht das nervös, sie ist verunsichert. Sie hat nur Freundinnen in ihrem Alter, und Bengt hat noch nie ein Wort mit ihr gewechselt. Außerdem hat Barbro das leise Gefühl, dass ihre Mutter das nicht gefallen würde.

»Nein, ich darf nicht raus«, sagt sie.

Barbro sieht sich Hilfe suchend nach ihren Freundinnen um.

»Dann an einem anderen Tag?«

Bengt lächelt immer noch. Seine Zähne blitzen in der Sonne.

»Du bist doch verrückt«, sagt sie und fährt in einem großen Bogen an ihm vorbei.

Die Nachbarin von Familie Sommer, Ella Jonsson, sieht den Vorsitzenden an und hebt vielsagend die Augenbrauen. Sie trägt dasselbe schwarze Kleid, das sie auch auf der Beerdigung anhatte. Ihr riesiger Busen hebt und senkt sich, als sie sich aufrecht hinsetzt und den Vorsitzenden mit ihren rot bemalten Lippen breit anlächelt. Ella hat gerade eine Begebenheit vom vergangenen Winter erzählt. Sie war zu den Sommers rübergegangen, um ihnen Frohe Weihnachten zu wünschen. Als sie mit Rut Sommer in der Küche saß, kam Axel, Bengts kleiner Bruder, rein. Er legte seine Arme um Ruts Hals und flüsterte ihr etwas ins Ohr. Rut musste lachen. »Er hat mir gerade gesagt, dass er eine Verlobte hat«, erklärte sie ihrer Nachbarin. Plötzlich tauchte Bengt auf, lehnte sich gegen den Türrahmen und sagte neckend: »Aha, wirst du bald heiraten, Axel?« Der Bruder erwiderte, auch Bengt habe eine Verlobte. »Birgitta.«

»Und Sie sind sich ganz sicher, dass er Birgitta gesagt hat?«

»Absolut.«

Ellas zwitschernde Stimme hat einen boshaften Unterton. Ihre Hände liegen gefaltet im Schoß wie auf einer imaginären Handtasche.

»Wie würden Sie Bengts Wesen beschreiben?«

»Na, er ist ein netter Junge«, antwortet Ella, neigt den Kopf zur Seite und macht einen Schmollmund.

»Und wie ist er im Umgang mit seinen Eltern, seiner Mutter?«

»Das kann ich nicht beurteilen.« Ella sieht hoch zur Decke, verzieht den Mund. »Sie hat mir einmal gesagt, dass sie ihn ein bisschen schroff findet. Ganz anders als Axel. Aber ich fand ihn immer nett.«

»War er seiner Mutter gegenüber unverschämt?«

»Ja, das kam schon vor, aber wir wissen doch, wie Kinder in dem Alter sind.«

Wieder dieses breite Lächeln. Sie fängt an, von ihrem eigenen Sohn zu erzählen, wird aber unterbrochen. Ella holt tief Luft. Ihr fällt es schwer, sich ihren Unwillen nicht anmerken zu lassen, wenn ihr jemand ins Wort fällt.

»Hatten Sie den Eindruck, Frau Jonsson, dass Bengt Mitleid mit seiner Mutter hatte?«

Ella starrt den Vorsitzenden mit ihren graublauen Augen an.

»Nein.«

»Die Mutter ist krank?«

»Ja, sie hat es mit den Nerven.«

»Ist sie gereizt und macht sich viele Sorgen?«

»Ja.«

»Und Bengt hatte kein Mitleid mit seiner Mutter?«

»Nein. Das hat sie selbst gesagt.«

»Wie meinen Sie das, dass sich Bengt nicht um sie gekümmert hat?«

»Sie hat gesagt, er ist hart. Ganz anders als Axel. Er ist so rücksichtslos.«

Es ist der letzte Tag der Gerichtsverhandlung. Nervös betreten ein paar Kinder im Gänsemarsch den Saal und werden von den Reportern fotografiert. Hinter ihnen schließt sich die Tür. Diese Verhöre sind nicht öffentlich, sondern finden aus Rücksicht auf das Alter der Zeugen hinter verschlossenen Türen statt. Die meisten von ihnen sind Jungen, die sich zum Zeitpunkt der Tat auf dem Sportplatz aufgehalten haben. Karl ist einer von ihnen. Drei der Kinder sind Mädchen. Barbro, das Mädchen auf dem Eis. Die beiden anderen heißen Britta und Anita. Deren Geschichten werden hervorgehoben, um die negativen Eigenschaften von Bengts Charakter zu betonen. Auch der Zwischenfall mit den beiden Brüdern wird erwähnt, aber keiner von ihnen wurde als Zeuge vorgeladen.

Im Februar 1948 spielen zwei Mädchen im Garten, drei Monate später wird ein Mädchen aus ihrer Schule ermordet. Britta ist zwölf Jahre alt und ihre Freundin Anita neun. Es ist kurz vor sieben und schon längst dunkel. Sie wechseln sich mit dem Schaukeln ab. Als Anita an der Reihe ist, setzt sich Britta vor den Kaninchenkäfig und steckt Gras durch das Gitter. Die beiden flauschigen, runden Kaninchen hüpfen fröhlich durch ihren Käfig und sind nur mäßig an dem Gras interessiert.

»Wir ziehen nächste Woche nach Spjutseröd«, sagt Britta.

Anita streckt ihre Zehenspitzen nach vorne und lehnt sich weit nach hinten, um noch mehr Schwung zu holen. Da hören sie ein Geräusch, und Britta hebt den Kopf. Anita bremst mit den Füßen ab.

»Wer ist das?«, fragt sie.

»Das ist Bengt.« Die Sommers sind, seit Britta denken kann, ihre Nachbarn. »Sein kleiner Bruder geht in meine Klasse.«

Bengt hat einen Ball dabei, den er auf die Straße dotzen lässt, und schlendert auf die Mädchen zu. Britta steht auf. Bengt hat noch nie mit ihr gesprochen. Zuerst mustert er Anita, dann Britta.

»Wollen wir in den Wald bumsen gehen?«, sagt er.

Britta hat nur eine vage Idee, was das Wort bedeutet. Sie wird dunkelrot im Gesicht und senkt den Blick.

»Du bist ekelig, Bengt«, sagt sie.

»Ja, du bist so ekelig!«, wiederholt Anita.

Britta merkt, dass sie nicht weiß, was Bengt damit meint. Der zuckt mit den Schultern und lässt den Ball weiter auf den Boden dotzen. Auf einmal macht das Schaukeln keinen Spaß mehr. Britta und Anita fühlen sich beobachtet. Anita geht nach Hause. Britta bleibt noch einen Augenblick auf der Schaukel sitzen und schabt mit den Schuhspitzen über den Boden. Aus den Augenwinkeln nimmt sie wahr, dass Bengt noch einmal zurückkommt.

»Kommst du heute Abend zu dem Spiel auf dem Sportplatz?«

»Nein«, antwortet Britta und schüttelt den Kopf, ohne hochzusehen.

Bengt zuckt erneut mit den Schultern und geht nach Hause. Britta bleibt so lange auf der Schaukel sitzen, bis sie das Geräusch des Balles nicht mehr hören kann.

Ich habe nur ein Foto von Bengt, und zwar das aus der Zeitung. Seine blonden Haare stehen ab. Er lacht, hat kindlich große Zähne und eine Zahnlücke. Ich sehe ihm lange in die Augen. Kann man darin etwas finden, was sein Wesen verrät? Wer er war oder ist? Anhand der Verhörprotokolle konnte ich mir kein Bild von ihm machen. Das meiste liest sich wie die Beschreibung eines ganz normalen Jugendlichen. Eltern von Teenagern wissen nicht alles über ihre Kinder. Einerseits kennen sie ihre Kinder besser als jeder andere, und andererseits wissen sie gar nichts über sie. Die Jungen aus Bengts Klasse fanden ihn nett. Außer Barbro, Britta und Anita wurde keine der anderen Klassenkameradinnen befragt. Ella gab an, dass Rut ihn als hart und rücksichtslos beschrieben hat. *Ganz anders als Axel.* Vor Gericht sagte Rut allerdings das Gegenteil und beschrieb ihn als sensibel. Es ist erst einmal nicht ungewöhnlich, dass Bengt etwas tougher war als sein kleiner Bruder. Axel war noch ein Kind, Bengt hingegen schon ein Teenager. Und Teenager tragen eher beide Seiten in sich, aber einer weichen Mutter gegenüber sind sie häufig roh. Weil sie es sich leisten können, sie wissen, dass ihre Liebe unveränderlich bleibt, auch wenn sie ihr die Tür vor der Nase zuknallen. Oder geht es doch um etwas ganz anderes? Hat Rut eine dunkle Seite in ihrem Sohn entdeckt, von der sie ihrer Nachbarin im Vertrauen erzählt hat?

Karl hat seine Hände unter die Oberschenkel geschoben und sieht zu Boden. Der Stuhl des Vorsitzenden knarrt, als er sich vorlehnt.

»In welche Klasse gehst du?«

Karl antwortet, aber so leise, dass er aufgefordert werden muss, lauter zu sprechen.

»In die fünfte. Nach den Sommerferien komme ich in die sechste.«

»Erinnerst du dich daran, was du an dem Nachmittag gemacht hast, als deine Schwester verschwand?«

»Am Nachmittag habe ich mit Åke und ein paar anderen Jungs gespielt. Wir sind durchs Fenster in eins von den Häusern beim alten Sportplatz geklettert.«

»Und danach wart ihr Fußball spielen. Und da hast du Birgitta gesehen?«

Karl windet sich. Die anderen sitzen hinter ihm, er spürt ihre Augen in seinem Rücken, sie sehen, wie sich seine Schultern im Takt seines Atems heben und senken, und gleichen ihren Rhythmus, ohne es zu bemerken, an seinen an.

»Ja, sie kam zum Sportplatz und blieb am Eingang stehen.«

»Kennst du Bengt Sommer?«

»Ja.«

»War er auch dort?«

»Ja, die standen zu dritt dort. Åke, Birgitta und Bengt. Aber ich weiß nicht, ob Birgitta etwas gesagt hat. Åke hat Bengt gefragt, ob er mitspielen will, aber der hat gesagt, er muss nach Hause zum Essen.«

»Das hast du selbst gehört?«

»Ja wir haben ihn zweimal gefragt.« Zum ersten Mal hebt Karl den Blick und sieht den Vorsitzenden direkt an. Seine Augen sind matt und ernst, wie die eines Erwachsenen. »Später kam Sonja. Aber da war Birgitta schon wieder gegangen.«

»Was hatte Birgitta an?«

»Das weiß ich nicht.«

»Was hat sie für Strümpfe getragen?«

Verständnislos blickt Karl den Vorsitzenden an und schüttelt den Kopf.

»Das weiß ich nicht. Weiße, vermute ich.«

Der Vorsitzende wechselt das Thema.

»Hat Birgitta mit Puppen gespielt?««

»Nicht mehr so oft.«

»Hatte sie mehr Lust, mit Jungs zu spielen?«

»Weiß ich nicht.«

Karl wird warm, seine Wangen sind leicht gerötet. Das ist ein alberner kleiner Tanz. Hinter ihm hört er seinen Vater seufzen.

»Hat Birgitta mal gesagt, dass sie heiraten will?«, fährt der Vorsitzende fort und tut so, als wüsste er selbst nicht, worauf das hinauslaufen soll.

»Sie hat mal gesagt, dass sie Yngve heiraten will, wenn sie groß ist.«

»Niemand anderen?«

»Wenn wir mit Axel gespielt haben, wollte sie ihn heiraten. Axel Sommer.«

Ich habe mit dem Meditieren angefangen, um zur Ruhe zu kommen. Mein Leben besteht seit Längerem nur noch aus Polizeiverhören, Gerichtsprotokollen und Obduktionsberichten. Ich nähere mich einer Grenze, die ich nicht überschreiten sollte. Eine Woche lang hatte ich das Gefühl, ich würde mein Herz auskotzen. Abends gehe ich in mein Arbeitszimmer, lege mich auf meine Matte und höre eine geführte Meditation. Wenn ich versuche, in die Entspannung zu kommen, merke ich erst, wie durstig ich bin, wie trocken meine Lippen sind oder dass ich dringend auf Toilette muss. Dann gebe ich auf und setze mich zu Justus aufs Sofa und sehe fern, bis wir ins Bett gehen. Zum Einschlafen habe ich eine Playlist, die *Frühere Leben* heißt. Das sind mehrere Meditationen, die einen total entspannen sollen, weil man sich auf eine Reise begibt, diese Welt verlässt und in eine frühere eintaucht. Man hört Meeresrauschen und atmosphärische Klänge, sich wiederholende Piano-Loops und die Aufforderungen, sich Gärten, Pfade, wehende Felder und hohe Berge vorzustellen.

Fast alle beginnen mit: *Stell dir vor, du stehst in einem wunderschönen Garten, dem schönsten, den es gibt.*

Ich visualisiere mir also einen verwunschenen Garten im Dunkeln oder in der Dämmerung. Aber dann werde ich unterbrochen: *Das Gras ist unglaublich grün, und die Sonne strahlt von einem blauen Himmel.*

Ich darf nie in Ruhe meine eigenen inneren Bilder betrachten. Am Ende schlafe ich ein und treffe Birgitta. Sie kommt auf mich zu und hält mir einen getrockneten Lavendelzweig und ein gefaltetes Stück Papier hin. Darauf ist mit einem weichen Bleistift eine Acht geschrieben. Sie sagt mir, dass ich es verbrennen soll.

Es ist wie eine Zauberformel. Was hat das zu bedeuten? Lavendel steht für Ruhe, Stille, Schlaf. Die Acht sieht aus wie ein B, wie in Birgittas Namen, bevor sie auf die Seite gefallen und platt gedrückt wurde. Acht ist vier plus vier, Birgitta wurde 1948 ermordet. Auf einmal sehe ich überall Achten. Und begreife, Birgitta ist die Zahl Acht.

Ich erzähle Justus am nächsten Morgen von meinem Traum, und wir lachen darüber. Am Abend mache ich den Kamin an. Während das Feuer sich an die Holzscheite heftet, hole ich aus unserer Krimskrams-Schublade ein Stück Papier. Ich schreibe eine Acht darauf und nehme einen Stängel getrockneten Lavendel aus der Vase in der Küche. Als Justus nicht hinsieht, werfe ich beides ins Feuer. Ich sehe zu, wie das Feuer auflodert, es verbrennt und es zu Asche wird.

Abends versuche ich es erneut mit der Meditation. Ich habe eine Schlafmaske auf. Mit offenen Augen liege ich im Bett und starre ins Schwarze. Ich versuche, etwas zu sehen, obwohl ich nichts sehen kann. Schatten und Punkte tanzen vor meinen Augen. Aber ich bekomme sie nicht zu fassen. Ich bemühe mich, meinen Blick darauf zu richten, aber sie entgleiten mir immer wieder. Kurz bevor ich einschlafe, sehe ich eine Form, aus deren Mitte beständig etwas herausquillt, wie unendlich viele Tannenzapfen, die herauswachsen und nach hinten und zur Seite fallen.

Valdemar trägt einen maßgeschneiderten Anzug. Die dunklen Schatten in seinem Gesicht verleihen ihm einen romantischen, melancholischen Ausdruck.

»Ich würde gerne ein wenig über Ihre Tochter erfahren, Herr Sivander«, sagt der Vorsitzende. »War Birgitta für ihr Alter weit entwickelt oder eher unreif?«

»Sie war so, wie eine Neunjährige sein soll«, antwortet Valdemar leise. »Sie unterhielt sich gerne mit Leuten, die sie kannte. Sie war lebhaft.«

»Hatte Ihre kleine Tochter besondere Interessen?«

Der Vorsitzende hat seinen Kopf zur Seite geneigt. Valdemars Augen glänzen, und als er blinzelt, löst sich eine Träne, die er sich schnell wegwischt.

»Im Frühling war sie immer draußen und hat Blumen gepflückt. Jeden Tag. Immer allein. Einmal hat sie eine Stelle gefunden, wo schon sehr früh Maiglöckchen blühen, und das wohl einigen Klassenkameradinnen erzählt. Aber die haben die Stelle allen anderen Mädchen in der Klasse verraten. Das hat Birgitta sehr gekränkt.«

»Meinen Sie, Herr Sivander, dass Birgitta sich leicht zu etwas verleiten ließ? Mit Schokolade oder Süßigkeiten, zum Beispiel?«

»Ich kann mir nicht vorstellen, dass sie mit jemandem mitgegangen wäre, den sie nicht kannte.«

»War sie oft beim Sportplatz?«

»Ja, wir beide sind oft zusammen laufen gegangen«, sagt Valdemar, schließt die Augen und senkt seinen Kopf zur Seite, wie in Richtung einer unsichtbaren Wange.

»War sie romantisch veranlagt?«

Valdemar setzt sich aufrecht hin und sieht den Vorsitzenden durchdringend an.

»Wie meinen Sie das? In welcher Hinsicht?«

»Hatte sie ein gewisses Interesse – verteilte sie Zärtlichkeiten, die ein wenig …« Der Vorsitzende sucht nach den richtigen Worten. »… auffällig waren?«

»Wir haben eine einjährige Tochter, die sie oft umarmt und geküsst hat«, erwidert Valdemar.

Sie sehen sich lange an. Dann seufzt der Vorsitzende. Der Regen trommelt mit großer Wucht gegen die Fenster. Von draußen dringen die Laute der Passanten herein, die von dem plötzlichen Regenguss überrascht wurden.

Mich weckt ein grelles Licht. Justus kommt mit einer Kerze ins Zimmer und singt ein Geburtstagsständchen. Vivi wird heute ein Jahr alt, aber es fühlt sich an, als wäre es mein Geburtstag. Justus hat Vivi auf dem Arm, und als sie mich sieht, lässt sie sich kopfüber aufs Bett fallen. Ich fange sie auf, und sie kuschelt sich an mich.

Gestern habe ich in einem Secondhandladen Spielzeug für sie gekauft, das ihr gefallen könnte. Ein Xylofon aus Holz, eine Ziege als Kuscheltier, eine Suppenkelle, mit der sie in der Badewanne spielen kann, und eine Holzeisenbahn von Brio. Nach dem Frühstück packen Sam und ich die Geschenke ein. Er darf sich eins aussuchen, das er ihr ganz allein schenkt. Er wählt das Xylofon und zeichnet dazu eine Katze auf eine Karte. Als Sam ein Jahr alt wurde, gab es eine große Party bei uns zu Hause mit Freunden und Verwandten. Alle wollten ihn auf den Arm nehmen und küssen. Es gab Torte, Ballons und schöne Anziehsachen. Für Vivi findet so etwas wegen der Pandemie nicht statt. Aber wir treffen uns mit meiner Schwester und ihrer Tochter Maya auf dem Spielplatz und wollen Würstchen grillen.

Es ist ein wunderschöner Wintertag, als ich Vivi in den Wagen lege. Aber sie will nicht schlafen, deshalb gehe ich direkt zum Spielplatz. Sie sitzt auf der Schaukel und lacht aus vollem Hals, klatscht in die Hände und ruft »Yay!«. Das ist ihr neuestes Wort. Sie kann schon »Sam« sagen, »Nein«, »Wuffwuff«, »da« und »Baum«. Und seit gestern auch »Mama«. Endlich. Sie schlief im Tragegurt, wachte auf, sah mit einem verträumten Blick in die Ferne und sagte das Wort, auf das ich so sehnsüchtig gewartet hatte.

»Mama.«

Und dann wiederholte sie es einige Male, am Anfang noch zögernd.

»Mama. Mama. Mama.«

Kurz vor zwölf hebe ich Vivi aus der Schaukel, sie muss jetzt schlafen, damit sie ausgeruht ist, bevor wir Anna und Maya treffen. Sie protestiert und wird wütend, als ich sie in den Kinderwagen lege. Ich singe ein Lied. Sie hört nicht auf zu weinen. Als wir den Park Nytorps gärde erreichen, fängt es an zu schneien. Ich nehme sie aus dem Wagen und will sie in den Tragegurt setzen, aber sie stemmt sich mit aller Kraft dagegen und schreit wie am Spieß. Ich wiege sie hin und her, spreche ruhig auf sie ein. Drücke sie an mich. Aber sie wird nur widerspenstiger und schreit noch lauter. Es ist viel los im Park, glückliche Kinder werden auf Schlitten durch die Gegend gezogen, und die Eltern sehen mich entweder mitleidig, ausdruckslos oder gar nicht an. Am Ende gelingt es mir wenigstens, den Gurt zu schließen. Mein Handy vibriert. Meine Schwester hat mir geschrieben, dass ihr Auto nicht anspringt und sie nicht kommen können. Mich verlässt die letzte Kraft, und ich lasse meine Schultern entmutigt sinken. Justus ruft an und bekommt meinen Frust und meine Enttäuschung ab. Ich antworte wütend und kurz angebunden.

»Ach so«, sagt er und fragt, ob es wegen Annas Nachricht sei. Denn die habe er auch bekommen.

»Ja.«

»Und jetzt ist auch noch ein Schneesturm aufgezogen.«

Ich hebe den Blick, dicke Schneeflocken, soweit das Auge reicht.

»Ich glaube, wir lassen das Grillen sausen und bleiben am besten zu Hause«, sagt er.

Ich lege auf, ohne zu antworten. Ich stapfe los, zum Naturreservat Nacka. Wütende Tränen steigen mir in die Augen. Ich lasse sie laufen, während ich an glücklichen Corona-Familien vorbeigehe – Familien, die sich trotz Pandemie treffen und sich gegen alle anderen entschieden haben. Sie sitzen dicht nebeneinander und trinken warme Schokolade. Ich bin so schrecklich einsam.

Nach Vivis Geburt fühlte ich mich wie eine Siegerin. Ich fühlte mich stark, glücklich und großartig. Vivi war das tollste Kind von allen – magisch, besonders, aus Gold. Aber jetzt interessiert sich keiner mehr für uns. Ich weiß, dass das nicht stimmt, aber das spielt jetzt keine Rolle. In diesem Moment sind wir ganz alleine, laufen an ihrem Geburtstag weinend durch den Schneesturm, und es interessiert niemanden. Auf einmal merke ich, dass Vivi eingeschlafen ist, und werde langsamer. Dann setze ich mir die Kopfhörer auf und wähle die Playlist, die ich mir damals für ihre Geburt zusammengestellt habe. Das erste Lied ist *Some Things Last a Long Time* von Daniel Johnston. Schon eine Minute später sind meine Tränen nicht mehr wütend. Das Universum öffnet sich, füllt mich ganz aus, den Brustkorb, den restlichen Körper bis hoch in den Kopf. Das Trostlose wird durch Bewegung ersetzt. Auf dem Nachhauseweg peitscht der Schnee in mein Gesicht, aber als ich bei uns im Flur stehe, fühle ich mich so lebendig wie seit Langem nicht mehr. Justus und Sam grillen Würstchen im Kamin. Ich lasse mich aufs Sofa fallen und verschlinge vier Stück. Sam öffnet für Vivi die Geburtstagsgeschenke. Am meisten freut sie sich über das Xylofon.

Als Justus und Sam später rausgehen, um mit dem Snowracer zu fahren, geschieht etwas Unglaubliches. Vivi legt sich neben mich aufs Sofa, wir kuscheln, ich habe sie im Arm, und sie hat ihre Arme um meinen Hals geschlungen. Sie sagt »Mama«. Dann schiebt sie mich ein bisschen weg von sich, damit sie mich ansehen kann. Sie blickt mir in die Augen und sagt noch einmal »Mama«, ganz zärtlich. Dann küsst sie mich ein paarmal. Das Ganze dauert nur ein paar Sekunden, aber ich habe verstanden, was sie mir sagen will: Sie liebt mich.

Auf Elin Sjöbergs runden, weichen Schultern scheint ein schweres Gewicht zu liegen. Ihre Wimpern sind hell und fast gerade. Ihr Körper ist gezeichnet von den vielen Geburten und körperlicher Arbeit, ihre Hände grob und rau. Wie ein Netz von dünnen schwarzen Adern ziehen sich die Risse über die Haut und lassen sich nie mehr abwaschen. In der Zeitung hat sie gelesen, dass an diesem Tag nur die Hauptzeugen aufgerufen werden. Auch sie, hat sie zuerst gedacht, aber das war nicht so. Es bezog sich nur auf die Familie Sommer, den Nachbarn Roland Nilsson und den Sportlehrer Edvin Oskarsson. Sie war später dran.

»Frau Sjöberg, Sie haben am Abend von Birgittas Verschwinden eine Beobachtung gemacht?«

Elin zuckt zusammen. Sie hat nicht erwartet, dass die Befragung einfach so, ohne Geplänkel oder Begrüßung, beginnen würde.

»Ja, das ist richtig«, sagt sie.

»Frau Sjöberg, Sie sind verheiratet mit …« Der Vorsitzende blättert in seinen Unterlagen und liest mit zusammengekniffenen Augen vor: »… Holger Sjöberg, Landwirt. Sie haben einen Hof in unmittelbarer Nähe von dem Waldstück, in dem Birgitta gefunden wurde?«

»Ja, mein Mann hat den Hof gepachtet.«

»Würden Sie so freundlich sein, Frau Sjöberg, und uns Ihre Beobachtungen schildern? Sie sagten, Sie hätten im Gemüsebeet gestanden und ein Mann sei aus dem Wald gekommen. Wie weit war er entfernt?«

»Ungefähr zweihundert Meter. Er kam auf die Lichtung am Bach, der dort am Waldrand entlangfließt.«

»Können Sie mir sagen, in welche Himmelsrichtung das ist?«

Elin zuckt entschuldigend mit den Schultern.

»Himmelsrichtungen sind nicht meine Stärke. Aber da, wo ich stand, befindet sich der Wald genau gegenüber, und der Sportplatz liegt rechts. Wenn man dem Bach folgt, kommt man dorthin.«

»Und wie sah der Mann aus?«

»Er trug eine schwarze Badehose oder etwas Ähnliches und war entweder dunkelhaarig oder hatte eine schwarze Baskenmütze auf.«

»Bitte beschreiben Sie die Szene genau so, wie Sie es gesehen und erlebt haben.«

»Ja, das mache ich«, sagt Elin und setzt sich aufrecht hin. »Es war so gegen Viertel vor acht. Die letzten Sonnenstrahlen fielen auf die kleine Birkenlichtung vor dem Bach, und dort lief ein Mann entlang. Ich habe ihn ganz deutlich gesehen und schätze, dass er etwa einen Meter siebzig groß war.« Elin verstummt, aber der Vorsitzende hakt nicht nach, deshalb redet sie weiter. »Dort gibt es weder eine Straße noch einen Pfad, deshalb sind da nie Leute unterwegs.«

Vor allem keine Halbnackten, denkt Elin.

»Er lief Richtung Sportplatz, ich fand das sonderbar«, fährt sie fort. »Ich habe es später meinem Mann erzählt, und als wir dann erfahren haben, was passiert ist ...« Elin hat Tränen in den Augen. »Das Mädchen kannte unsere Hündin sehr gut. Sie ist ein Bernhardiner. Sie hat sich an dem Abend unmöglich aufgeführt, hat wie verrückt in Richtung Wald gebellt. Bis nach neun Uhr ging das. Ich habe erst später verstanden, warum sie ...«

»Der Wind kam an jenem Abend aus Nordwest. Es ist durchaus möglich, dass der Hund Schreie gehört hat, die Sie selbst nicht hören konnten.«

»Ja«, sagt Elin und nickt. »Ich glaube, genau so war es.«

»Der Hund kannte Birgitta also, sagen Sie? Ist Birgitta denn oft bei Ihnen gewesen?«

»Ja, sie ist oft vorbeigekommen, die beiden kannten sich sehr gut.«

Als Elin das Gerichtsgebäude in Klippan verlassen hat und im Zug nach Hause sitzt, lässt sie ihren Auftritt Revue passieren. Sie ist zufrieden und froh und erzählt Holger bei einem späten Abendessen davon. Er streichelt ihr über die Schulter.

»Das hast du gut gemacht, Elin.«

Ein paar Tage später kommt eine Nachbarin mit einer Ausgabe der Tageszeitung *Dagens Nyheter* vorbei.

»Heute steht was über Sie in der Zeitung, Frau Sjöberg!«, ruft sie fröhlich über den Gartenzaun.

Elin wischt sich die Hände an ihrer Schürze ab, schlägt die Zeitung auf und liest laut vor.

»›Der *Baskenmützenmann* aus Perstorp, den die Zeugin E. Sjöberg in den Wald hinter dem alten Sportplatz hat gehen sehen‹, nein, er ist aus dem Wald herausgekommen, ›gehört nach wie vor zu den ungeklärten Details. Die Kriminalpolizei hat alles Erdenkliche unternommen, um herauszufinden, ob er tatsächlich existiert‹, ach wirklich, haben sie das, ›oder ob sich die Zeugin schuldig gemacht‹ ...« Elin verstummt. Den Rest liest sie lautlos weiter.

»... schuldig gemacht und nachträglich etwas konstruiert hat. Die Polizei erfuhr von Frau Sjöbergs Beobachtung erst drei Wochen nach dem Mord. Auch wenn einer der Sportler, die sich an jenem schicksalhaften Freitagabend auf dem Sportplatz aufgehalten haben, tatsächlich einen kleinen Abstecher über die federnden Auen gemacht hat, wo die Zeugin den Mann beobachtet haben will, heißt das noch lange nicht, dass er den Mord gesehen hat.«

Elin sieht über den Rand der Zeitung in den dichten Wald hinter dem Bach. »Federnde Auen«, wiederholt sie leise. Dann drückt sie der Nachbarin die Zeitung in die Hand, stapft ins Haus und schleudert ihre Schuhe wütend in die Ecke.

In einem Interview mit *Dagens Nyheter* am 24. Juli, zwei Wochen nach Elin Sjöbergs Aussage, sagt der Landeshauptmann Björn Gerell Folgendes: *Abschließend kann ich mitteilen, dass der mysteriöse Mann in Baskenmütze und Badehose, der in der Nähe des Tatortes durch den Wald gelaufen sein soll, ein Orientierungsläufer gewesen ist, der von der Liste der Verdächtigen gestrichen werden kann.* Wieso wurde er von der Liste gestrichen? Hat er vielleicht die falsche Schuhgröße? In den Ermittlungsakten wird der Orientierungsläufer nicht aufgeführt, obwohl sich der Mann offensichtlich zur Tatzeit im Wald aufgehalten hat. Das müsste für die Polizei doch interessant gewesen sein, oder? Er könnte doch etwas gehört oder gesehen haben. Ich finde das sehr sonderbar.

Eines Abends liege ich im Bett und lese einen neuen Post der Perstorpgruppe auf Facebook. Eine Frau hat ein Schwarz-Weiß-Foto von 1959 vom PSK hochgeladen, dem Perstorper Sportklub. Zehn junge, lächelnde Männer in weißen Hemden und einer in einem schwarzen Polohemd, der in der Mitte steht. In der Bildunterschrift wird der Klubsong zitiert, in Anlehnung an das Lied *Svenska gossar.* Die erste Zeile lautet: *Ganze Kerle vom Sportklub siegen, können jeden Widerstand wegfegen.* Ich stutze, als ich den Namen Axel Sommer sehe, von Bengts kleinem Bruder. Er muss auf dem Foto ungefähr dreiundzwanzig gewesen sein. Trotzdem sieht er noch so jung aus, fast kindlich, jungenhaft mit rundem Kinn und schmächtigen Schultern. Wie bei Bengt stehen seine Haare ab. Als das Foto entstand, wohnte Bengt nicht mehr in Perstorp. Er ist dorthin gezogen, wo er auch heute noch gemeldet ist. Mein Blick wandert über die Gesichter der Mannschaft. Ganz links steht der

Trainer, etwas x-beinig mit dunkler Jacke, darunter einen Anzug, die Hände vor dem Bauch gefaltet. Er grinst schief, und auf seinem Kopf hat er eine schwarze Baskenmütze. Es ist Edvin Oskarsson.

Außerdem hat jemand Zeitungsausschnitte hochgeladen, unter anderem mit dem Bild einer Frau in einem weißen Kleid und dunkler Strickjacke. Laut Bildunterschrift habe sie *die neue Spur* gefunden, eine Baskenmütze im Wald. Der Artikel ist aus *Stockholms-Tidningen* vom 11. Mai 1948. Die Baskenmütze wurde zwei Tage nach dem Mord im Wald gefunden, nur ein paar Hundert Meter vom Tatort entfernt. Der Mann, den Elin gesehen hat, hatte sehr dunkle Haare oder eine Baskenmütze auf. Auf nahezu allen Fotos von Edvin Oskarsson vor dem Mord trägt er eine schwarze Baskenmütze. Auf den Fotos direkt nach dem Mord, bei den Interviews oder im Gerichtssaal, trägt er keine. Seine dunklen Haare sind nach hinten gekämmt. Vielleicht gehörte die Baskenmütze zu seiner Alltagskleidung und eignete sich nicht für Fotoaufnahmen bei ernsten Angelegenheiten? Hat er womöglich seine blutige Kleidung im Wald vergraben und dabei die Baskenmütze verloren und ist halb nackt über die Lichtung gelaufen, wo Elin Sjöberg ihn gesehen hat? Aber wie ist er nach Hause gekommen? Wo hatte er saubere Kleidung her, und wie ist er unbemerkt zu seinem Fahrrad gelangt, das noch am Sportplatz stand? Kann er sich unbeobachtet zurückgeschlichen und in der Umkleidekabine umgezogen haben, bevor er mit dem Rad davongefahren ist? Das ist durchaus möglich, aber es wäre sonderbar, wenn ihn niemand dabei beobachtet hätte.

Es ist ein schöner Tag. Plusgrade und Sonnenschein. Ich nehme den Kinderwagen und bin überrascht, wie zufrieden Vivi wirkt. Sie hält ihre kleine Katze fest umklammert, hat sich zurückgelehnt und döst. Ursprünglich wollte ich zum Waldfriedhof, aber dann habe ich eine spontane Idee und gehe stattdessen nach Enskede.

»Wir gehen in die Kirche und zünde eine Kerze an«, sage ich Vivi, die mich müde ansieht.

Ich war schon oft in der Kirche von Enskede, trotzdem verlaufe ich mich. Plötzlich befinde ich mich vor dem Eingang eines Parks statt vor der Kirche. Dort gibt es eine dieser Informationstafeln, auf denen etwas über den Ort oder die Baugeschichte eines Gebäudes steht. Ein Wort zieht mich magisch an: Lärche. Von denen soll es hier einige geben. Birgitta hat am Tag ihres Todes von ihrer Lehrerin erfahren, dass diese Bäume auch im Wald beim alten Sportplatz wachsen. Deshalb habe ich sie gegoogelt. Suchend lasse ich meinen Blick durch den Park schweifen auf der Jagd nach rosa Zapfen und ausladenden Nadelbüscheln, die sich bis in den Himmel strecken. Ich folge dem Weg, der durch den Park führt, und suche alles ab, aber alles ist braun, schwarz und grau. Vivi schläft, und ich fordere das Schicksal heraus, als ich den Wagen über die holprige Wiese schiebe. Ich sehe nur Kiefern. Da fällt mir ein, dass die Lärche ja ein Laubbaum ist, also nicht in dieser Jahreszeit blüht. Ich finde im Netz Fotos von Lärchen im Herbst und Winter und weiß jetzt, dass sie ihre Farben im Herbst ändern und die Zapfen im Winter verlieren. Wie Laubbäume. Als ich den Blick vom Display hebe, stehen sie praktisch vor mir. Gleich mehrere. Die Zweige sind dünn und stachelig. Die Zapfen klein und hart, mit Löchern drin. Ich breche zwei Zweige ab. Aus den Augenwinkeln nehme ich einen Schatten wahr, und als ich meinen Kopf wende, steht Birgitta da. Ich gebe ihr die Zweige.

Als wir uns der Kirche von Enskede nähern, wird plötzlich eine Motorsäge angeworfen. Der Friedhofsgärtner stutzt die Büsche vor dem Eingang. Er sieht mich mit ausdrucksloser Miene an. Vielleicht wollte er mir deutlich machen, dass wir heute nicht in die Kirche gehen sollten. Aber ich laufe trotzdem weiter. Vivi dreht sich unruhig im Schlaf, als wir an ihm vorbeigehen. Wenn sie jetzt aufwacht, kann ich den Rest des Tages vergessen. Ich schiebe den Kinderwagen vorsichtig über den kleinen Hof zur Rollstuhlrampe. Auf einmal kommen zwei Männer in schwarzen Anzügen aus der Kirche. Der eine trägt einen Blumenstrauß, ich merke, dass sie beide geweint haben. Entschuldigend nicke ich ihnen zu, senke den Blick und gehe die Rampe wieder hinunter. Unten angekommen wende ich mich an den Schatten an meiner Seite. Ich verspreche, dass ich das nächste Mal besser zuhöre, flüstere ich ihm zu.

Es rauscht in den Baumwipfeln, als Otto Sommer sich von der Fabrik auf den Nachhauseweg macht. Er hat das Gefühl, immer tiefer zum Boden zu sinken, keinen einzigen Schritt mehr machen zu können und am Ende wie eine zertretene Schnecke auf der Straße zu liegen. Aber nichts dergleichen geschieht, jeder Schritt bringt ihn unbarmherzig näher. Als Otto in seine Straße biegt, bemerkt er schon von Weitem die Reporter und Neugierigen, die sich am Gartenzaun drängeln.

Er geht an ihnen vorbei, ohne sie eines Blickes zu würdigen. Langsam durchquert er seinen kleinen Garten. Die Klinke der Haustür glänzt und ist abgenutzt. Er spürt seinen Atem, wie er durch seine Nase ein- und ausströmt, leicht und flüchtig. Dann drückt er die Klinke herunter und betritt die Dunkelheit.

Es fühlt sich an, als hätte er die Tür zu einem Atomkern geöffnet. Er spürt die pulsierende Energie, den Irrsinn, der darin in einer unfassbaren Geschwindigkeit herumschwirrt. Seine Frau schreit, seine Tochter weint, Bengt ist im Heim, Otto weiß nicht, in welchem, er bringt sie immer durcheinander. Axel sitzt auf einem Stuhl in der Küche, die Arme um die Knie geschlungen. Otto setzt sich neben ihn, legt ihm die Hand auf die Schulter. Der Junge zittert am ganzen Körper. Ottos Blick fällt auf das schmutzige Geschirr, das sich in der Spüle und auf der Ablage stapelt. Der Boden ist bedeckt mit zerrissenen Briefen.

»Niemand … will …«, stammelt Axel.

Otto streicht ihm über den Rücken, tätschelt ihn.

»Sie sagen … dass … sie nicht mit jemandem spielen wollen … der einen Mörder als Bruder hat.«

Die Worte kommen stockend. Otto presst seine Hände an Axels Schläfen und legt sein Gesicht auf die Knie seines jüngsten Sohnes. Dann lässt er seinen Tränen freien Lauf.

Ich erinnere mich genau daran, als Sam krabbeln lernte. Seit diesem Tag führt ihn sein Weg fort von mir. Wir hatten damals ein großes Sofa aus den Dreißigerjahren aus salbeigrünem Samt. Es stand am Fenster, mit Blick aufs Wasser. Ich nahm ihn auf den Arm und setzte mich aufs Sofa mit ihm. Er wand sich und zappelte. Ich setzte ihn auf den Boden, und er krabbelte sofort los. Weg von mir. Ich blieb sitzen, sah aus dem Fenster, und mich überkam die schreckliche Gewissheit, dass ich ihn nie wieder in den Arm nehmen durfte. Seitdem war ich sehr darauf bedacht, keinen Körperkontakt zu erzwingen. Ich wollte seinen Körper respektieren, damit er diesen Respekt später auch anderen gegenüber aufbringt. Seither habe ich oft gedacht, dass dadurch körperliche Nähe seltsam statt selbstverständlich wird. Denn Sam kuschelt nicht besonders gerne.

Vivi hingegen schon. Sie kann schon seit Monaten krabbeln, will aber trotzdem immer wieder hochgenommen werden. Sie will umarmt werden und kuscheln. Sam hat auch ein großes Bedürfnis nach Nähe. Aber bei ihm ist es anders. Wenn man mit ihm einen Film sieht, darf man den Blick nicht eine Sekunde lang vom Bildschirm abwenden. Er kontrolliert das, besonders wenn es etwas Lustiges oder Spannendes ist. Er kann auch nicht gut allein spielen. Wir sollen ihm zusehen, wenn seine Playmobilfiguren sich bekriegen. Das ist seine Art von Nähe, und die entspricht meiner überhaupt nicht, was mich sehr oft frustriert und wütend macht. Ich bleibe gerne in der Nähe, während ich andere Sachen mache. Ich sitze lieber Rücken an Rücken, der eine liest, der andere zeichnet. Es ist nicht leicht, bei diesen unterschiedlichen Bedürfnissen auf einen Nenner zu kommen.

Als ich eines Abends hinunter ins Wohnzimmer gehe, nachdem ich Vivi schlafen gelegt habe, ist Sam auch schon im Bett. Ich höre durch die geschlossene Tür, dass er ein Hörbuch angestellt hat. Auf einmal ruft er:

»Papa!«

Ich hebe die Hand, als Justus Anstalten macht, aufzustehen.

»Ich übernehme das!«

Wenn ich auf Sams Zimmertür zugehe, sehe ich ihn immer als kleinen Jungen vor mir, weil an der Tür ein Foto aus dem alten Kindergarten hängt. Es hat an seinem Fach geklebt. Er lächelt schüchtern und hat noch lockiges Haar. Obwohl er nach wie vor ein kleiner Junge ist, kommt er mir manchmal vor wie ein Teenager in Miniatur.

»Was ist denn, Sam?«

Er stützt sich verschlafen auf den Unterarm.

»Ich weiß nicht, ich kann mich nicht erinnern ... Habe ich Wasser getrunken?«

Der Becher auf seinem Schreibtisch ist leer.

»Ja«, sage ich. »Aber wie gut, dass du gerufen hast, dann kann ich dir auch noch Gute Nacht sagen.«

Sam setzt sich hin, und ich klettere auf den Stuhl. Er legt mir seine Arme um den Hals, und ich umarme ihn. Meine Lippen versinken in seinen Haaren. Wir umarmen uns sehr lange, bestimmt eine Minute lang. Er bewegt sich nicht. Das passiert so gut wie nie. Wenn er diese Nähe mal ausnahmsweise sucht, dann ist er dabei ständig in Bewegung. Er sitzt auf dem Schoß und zappelt so lange herum, bis ein Kaffeebecher umkippt. Wenn er einen küsst, dann sind es harte Küsse, schnelle und viele hintereinander, als wäre es nur zum Spaß. Aber jetzt verharrt er reglos in der Umarmung, als wäre die Zeit stehen geblieben. Am Ende löse ich mich, weil mich seine Inbrunst verlegen macht. Es fühlt sich so ungewohnt an.

»Jetzt ab ins Bett«, sage ich.

In der Lobby des Hotels in Perstorp riecht es nach Kaffee und Chemie. Die große, runde Lampe an der Decke schaukelt in dem schwachen Luftzug hin und her. Dr. Birger Sjödén trägt einen leichten Anzug aus Fresco und hat sich seine Aktentasche aus glänzendem schwarzem Leder unter den Arm geklemmt. Das Kinn hat er nach unten gesenkt, sein Blick ist konzentriert nach vorne gerichtet. Er ist müde, das Treffen mit den Vertretern vom Jugendamt hat bis nach Mitternacht gedauert, ohne dass sie einen Schritt weitergekommen wären. Aber er freut sich auf das Wiedersehen mit dem Jungen. Es ist jedes Mal spannend. Bengt ist ihm nach wie vor ein Rätsel, eine Nuss, die er knacken will. Dr. Sjödén hat in seiner Laufbahn als Leiter der Besserungsanstalt Lövsta in Ljungaskog schon viele verschiedene Jungen kennengelernt. Neurotiker, Kränkliche, Kluge, Böse. Die meisten kann man einer von zwei Kategorien zuordnen. In der einen sind die robusten, starken, gewalttätigen Jungen. In der anderen sind die Psychopathen.

Aus Bengt wird er nicht schlau. Sein hartnäckiges Leugnen der Vorwürfe gegen ihn spricht dafür, dass er ein Psychopath sein könnte, *wenn* er schuldig ist. Ein normaler Vierzehnjähriger würde dem Druck der ständigen Verhöre und Befragungen nicht standhalten können, wenn er der Täter ist. Bengt ist bisher weder durch gewalttätiges noch manipulatives Verhalten aufgefallen, bis auf den einen Zwischenfall, als er aus Wut jemandem ein Stück einer Sense an den Kopf geworfen hat. Aber damals war er acht Jahre alt. Zwei Männer heben ihre Hüte und grüßen im Vorbeigehen, aber Dr. Sjödén erwidert den Gruß nicht.

Die Straßen in dieser Gegend sind nach Berufen benannt. Hier wohnen hauptsächlich Arbeiterfamilien. Niedrige Gartenzäune, kleine Vorgärten, in denen Hagebutten, Zitronenmelisse, Kartoffeln und Karotten wachsen. Vor Häusern, in denen Junggesellen wohnen, wächst nur Gras. Die Häuser sind gar nicht so klein, allerdings teilen sich oft mehrere Personen oder Familien ein Haus. Das alles wusste Dr. Sjödén nicht bei seinem ersten Besuch und klopfte an der falschen Tür an. Eine große, maskuline Frau mit Schürze hatte geöffnet und ihn abschätzig gemustert, bevor sie ihn um die Ecke schickte.

Als er in die Straße biegt, in der die Familie Sommer lebt, sieht er schon von Weitem den Pulk aus Reportern vor dem Haus. Sie unterhalten sich und lachen, haben Zigaretten in der Hand oder hinter die Ohren geklemmt, der Boden ist übersät mit Zigarettenstummeln. Es riecht nach abgestandenem Alkohol, als er an ihnen vorbeigeht. Einige nicken ihm zu und murmeln »Guten Tag«, einer springt auf ihn zu.

»Hätte der Herr Doktor Zeit für eine einzige Frage?«

»Das kommt darauf an, was für eine«, erwidert Dr. Sjödén, bleibt aber stehen und sieht ihn an.

»Sie hatten heute Nacht eine wichtige Besprechung, stimmt das?«

»Ja, das stimmt.«

»Und sind Sie zu einem Ergebnis gekommen?«

Die anderen Reporter haben sich in einem Halbkreis um ihn versammelt. Dr. Sjödén mustert sie der Reihe nach.

»Nein, wir sind zu keinem Ergebnis gekommen. Meine Gespräche mit dem Jungen werden fortgesetzt. Meiner Ansicht nach gibt es keine andere Lösung, als die Untersuchung einem versierten Kollegen der Kinder- und Jugendpsychiatrie zu übertragen, und nicht dem Jugendamt, denen es auf diesem Gebiet an Fachwissen fehlt. Das wäre das Beste für alle Beteiligten, davon bin ich überzeugt. Wie Sie wissen, geht es in diesem Fall nicht darum, einen Verbrecher zu überführen.«

»Nein, worum geht es denn dann?«, fragt ein älterer, hagerer Mann mit hohem Haaransatz.

Dr. Sjödén begegnet seinem skeptischen Blick mit großer Ruhe und Gelassenheit.

»Es geht um die Verpflichtung der Behörden, einem Jungen dabei zu helfen, im Leben zurechtzukommen.«

Der Reporter, der ihn als Erster angesprochen hat, hebt seinen Stift, um eine Frage zu stellen. Er sieht noch so jung aus, mit Sommersprossen auf der Nase, und könnte auch einer von seinen Jungen aus der Besserungsanstalt Lövsta sein.

»Dr. Torsten Thysell hat den Verdächtigen als einen ›ganz bezaubernden Jungen‹ bezeichnet. Stimmen Sie mit Ihrem Kollegen überein?«

Dr. Sjödén presst die Lippen aufeinander.

»Ich finde es nicht angemessen, diese Frage zu beantworten.«

Das Gras im Garten der Familie Sommer ist vertrocknet und struppig. Die graue Treppe ist verwittert. Eine kräftige Heckenkirsche hat sich um das schwarze Geländer geschlungen und ist an der Wand hochgeklettert. Beinahe so, als würde sie das Haus und die Treppe mit groben Nähten zusammenhalten.

Dr. Sjödén klopft dreimal an die Tür. Es dauert eine ganze Weile, bis er Schritte hört und die Tür geöffnet wird. Allerdings nur ein paar Zentimeter. Im Flur ist es pechschwarz.

»Ich bin es, Dr. Sjödén.«

Eine bleiche Hand winkt ihn herein. Er sieht in Rut Sommers verhärmtes Gesicht.

»Wie geht es Ihnen, Frau Sommer? Ich habe gehört …«

Er verstummt schlagartig, als er in ihre grauen, leblosen Augen blickt.

»Wenn ich nicht jeden Tag Angst haben müsste, dass man mir meinen Sohn wegnimmt, wenn der Briefkasten nicht mit Briefen von Hypnotiseuren oder Quacksalbern überschwemmt wäre, wenn ich einkaufen gehen könnte, ohne die Blicke und Finger der anderen zu spüren und ihr Flüstern hinter meinem Rücken zu hören, wenn ich die Hochzeit meiner Tochter hätte erleben dürfen, wenn mein Jüngster nicht jeden Tag weinend von der Schule käme und wenn es keine Verhöre mehr gäbe, obwohl die Gerichtsverhandlung längst vorbei ist, dann würde ich sagen, mir geht es ganz gut, danke der Nachfrage. Wir können Ihnen leider nichts anbieten, Herr Doktor. Ich hatte keine Kraft, einkaufen zu gehen.«

Rut hat die Worte förmlich ausgespuckt. Sie sehen sich lange schweigend an.

»Ich versuche nur, etwas aus dem Jungen herauszubekommen«, sagt Dr. Sjödén.

Rut schnaubt und führt ihn ins Wohnzimmer. Im Fenster stehen Blumentöpfe mit mumifizierten Porzellanblumen und Saintpaulia. Bengt sitzt auf dem dunkelgrünen Sofa mit gesenktem Kopf, die gefalteten Hände zwischen seine zusammengepressten Beine gesteckt. Dr. Sjödén lächelt und setzt sich daneben auf den gepolsterten Sessel.

»Und, Bengt«, sagt er mit sanfter Stimme, öffnet seine Aktentasche und holt sein Notizbuch heraus, »hast du seit unserem letzten Treffen wieder etwas geträumt?«

Am 16. August 1998 wird die Leiche des vierjährigen Kevin Hjalmarsson auf einer Palette im Schilf der Bucht Kyrkviken in Arvika gefunden. Am Anfang geht man von einem Unfall durch Ertrinken aus, aber bei der Obduktion werden Druckstellen und blaue Flecke entdeckt, die auf etwas anderes hindeuten. In den polizeilichen Ermittlungsakten steht, dass Kevin vermutlich erwürgt wurde – von jemandem, der nicht besonders stark ist.

Kevins bester Freund, ein Fünfjähriger, wird von der Polizei vorgeladen. Eine Äußerung seiner Mutter gegenüber lässt vermuten, dass er etwas gesehen haben könnte. Sein großer Bruder, sieben Jahre alt, muss zu Hause bleiben. Er ist neidisch, will auch an diesem sonderbaren Zirkus teilhaben. Kurz darauf sitzt auch er in einem Verhörzimmer. Ich habe Teile der Befragungen in einer Dokumentation gesehen, die 2017 unter dem Titel *Der Fall Kevin* im schwedischen Fernsehen lief. Der Fünfjährige kann kaum still sitzen. Aufgeregt erzählt er alles Mögliche andere, sagt nichts zum Tod seines Freundes. Er verhaspelt sich. Der Siebenjährige versteckt sich in den Armen seiner Mutter. Ich bin erschüttert, sie sind noch so klein. So wie Sam.

Laut den damaligen Richtlinien sollte eine Befragung bei Minderjährigen unter zehn Jahren die maximale Länge von einer halben Stunde nicht überschreiten und möglichst nur ein Mal durchgeführt werden. Die beiden Brüder werden insgesamt einunddreißig Mal befragt, und viele Sitzungen dauern länger als eine Stunde. Sie werden bedroht und bestochen. Am meisten berührt mich, als ein Beamter einem der Brüder verspricht, dass er seine Mutter gleich sehen dürfe, wenn er die richtige Antwort gebe. Wenn sie *das*

Richtige sagten, wurden sie gelobt. Die Fragen waren suggestiv und manipulativ, und die Beamten spielten die Antworten der Jungen gegeneinander aus.

Der Psychologieprofessor Sven Å. Christianson wurde von der Polizei als Berater ernannt und engagierte sich sehr. Er kannte natürlich den Fall Mary Bell. Am 25. Mai 1968, am Tag vor ihrem elften Geburtstag, tötete Mary den vierjährigen Martin Brown in einem verlassenen Haus. Zwei Monate später ermordete sie den dreijährigen Brian Howes. Seine Leiche wurde zwischen zwei großen Betonblöcken unter einem Haufen Gras und Unkraut gefunden. Auch ich habe einiges über Mary Bell gelesen. Ihre Kindheit liest sich wie eine Anleitung, wie man aus jemandem einen gefährlichen Menschen macht. Vernachlässigung, Misshandlung und sexuelle Gewalt. Wenn ich gegen einen Menschen ermitteln müsste, der des Mordes verdächtigt wird, würde ich mich zuallererst mit seinem familiären Hintergrund beschäftigen. Mary Bell wurde zu einer mystischen Gestalt, das unmenschlich böse Kind, ein Dämon. Aber die Erklärung dafür lag in ihrer Kindheit, zumindest für diejenigen, die das sehen wollten.

Wenn ich die Jungen aus Arvika neben ihren Eltern sitzen sehe, fallen mir wieder die Worte der Kardiologin ein, die Vivis Herz untersucht hat:

»Das ist kein Kind mit einem Herzfehler – Kinder mit einem Herzfehler sehen so nicht aus.«

Man kann dem fröhlichen Fünfjährigen und dem etwas schüchternen Siebenjährigen doch ansehen, dass sie gesund und keine Mörder sind. Kinder, die morden, verhalten sich nicht so ihren Eltern gegenüber, sie bewegen sich anders, reden anders. Und sie waren vor allem unschuldig. Am 27. März 2018 wurden die Brüder von jedem Verdacht freigesprochen, und im März 2022 erhielt jeder einen Schadensersatz vom Staat in Höhe von einer Million Kronen.

Die Jungen sind heute erwachsen. Sie wollten sich an der Dokumentation über den Fall Kevin beteiligen und nicht anonym bleiben. Im November 2020 willigten sie ein, auf der Podcastseite *Framgångspodden* eine Folge über den Fall Kevin aufzunehmen. Ich höre die Folge auf dem Weg von der Königlichen Bibliothek zurück nach Hause und bleibe mit dem Schlüssel in der Hand vor der Tür stehen, bis er zu Ende ist. Einer der Brüder erzählt, dass Kevin am Tag seines Todes mit einem Dreizehnjährigen gesehen wurde, der bereits mehrmals, davor und danach, Kinder sexuell belästigt und bedroht haben soll. Das Verhalten dieser Person hätte schon vor Kevins Tod von der Polizei gründlich untersucht werden sollen. Hat sie das getan?

Auf der Grundlage aller Informationen, die ich über Bengt gesammelt habe, macht er auf mich einen gesunden Eindruck. Es gibt keine Hinweise darauf, dass er körperlich misshandelt oder sexuell missbraucht wurde. Seine Klassenkameraden beschrieben ihn als nett. Können gesunde Kinder zu Mördern werden? Oder gab es zum Zeitpunkt des Mordes jemanden in Perstorp, dessen familiärer Hintergrund an den von Mary Bell erinnerte?

Ich habe einen Albtraum. Sam hat einen Übernachtungsgast, der etwas älter ist als er. Er will nur bei Sam im Zimmer sitzen, bei verschlossener Tür und allein. Sam will auch gar nicht mit ihm spielen. Ich kann an den sich bewegenden Schatten unter der Tür und vor dem Schlüsselloch erkennen, dass er uns beobachtet. Er kommt nur einmal raus und fragt, wo Vivi ist. Ich lüge und sage, ich wüsste nicht, wo sie ist. Er kehrt zurück ins Zimmer und schließt die Tür hinter sich. Als ich kurz darauf ins Badezimmer gehen will, öffnet sich die Tür, und der Junge kommt auf mich zu. Er macht mir Angst, aber ich spiele die Rolle der fürsorglichen Mutter. Sein Haar ist zerzaust und schmutzig. Ich hebe meine Hand, als wolle ich ihm durch die Haare fahren, traue mich aber nicht. Seine Eltern holen ihn bald ab, ich mache mir Sorgen, dass sie mich unmöglich finden, weil er nicht gewaschen ist.

Du solltest duschen, sage ich. *Du kannst auch baden, wenn du willst.*

Plötzlich wirft sich der Junge auf mich, kratzt mich und greift mir in den Schritt, während er schreit: *Ich will da rein! Ich will da rein! Lass mich rein!*

Ich weiche panisch zurück. Er hält inne und sieht mich mit ausdrucksloser Miene an. Dann dreht er sich um, geht zurück in Sams Zimmer und schließt leise die Tür. Etwas später frage ich Justus, wo Vivi ist. Er sieht mich verwirrt an.

»Ich dachte, sie ist bei dir?«

Es läuft mir eiskalt den Rücken herunter. Ich öffne die Tür zu Sams Zimmer. Vivi liegt auf dem Boden und schläft. Der Junge sitzt in Sams Hochbett und sieht mich an. Ich starre ihn mit aufgerissenen Augen an und hebe Vivis schlaffen Körper hoch. Mit ihr im Arm gehe ich rückwärts aus dem Zimmer, ziehe die Tür hinter mir zu und lege Vivi in unser Bett. Sie schläft unbeeindruckt weiter.

»Was, wenn er ihr etwas angetan hätte. Was, wenn ich sehen müsste …«

Ich wache auf, schweißgebadet und in Todesangst. Es dauert lange, bis ich begreife, dass ich geträumt habe. Mich beherrscht der Gedanke, dass ein böses Wesen Besitz von mir ergreifen wollte und ihm das statt bei mir bei Vivi gelungen ist. Während ich frühstücke, bestelle ich im Netz eine Alarmanlage für die Haustür.

Als Sam aus dem Kindergarten heimkommt, essen wir Abendbrot. Es ist noch hell, und ich sage Justus, dass ich noch einen Spaziergang machen will.

Ich habe nur einen Fleecepullover an, es ist mild und sonnig, und die ersten Bäume haben einen hellgrünen Schimmer bekommen. Wenn die ersten Maiglöckchen sprießen, werde ich einen Strauß pflücken und ihn in die Vase neben Birgittas Porzellanfigur stellen. Heute habe ich die vertrockneten Eukalyptuszweige weggeworfen und sie durch zwei leuchtend gelbe Tulpen ersetzt.

Ich laufe einen kleinen Hügel hinauf und weiter parallel am großen Sportplatz von Kärrtorp entlang. Dann biege ich rechts in einen kleineren Weg ab. Hier ist es ganz still, gedämpft höre ich die Stimmen und Geräusche der Fußballer auf dem Platz. Und das Bimmeln des Eiswagens. Es sind vertraute Laute. Die Bäume halten alle anderen Geräusche fern, das Rauschen der Baumwipfel und das Singen der Vögel. Ich genieße das.

Ich komme an ein kleines Sumpfgebiet, genau genommen ist es nur eine kleine feuchte Senke voller morscher Baumstämme und Zweige. Das Wasser ist klar und so braun wie eine Bierflasche. Die Oberfläche kräuselt sich kaum merklich. Auf dem Grund liegen Schlamm und gelbe Birkenblätter. Plötzlich wird mir übel, mein Herz flattert wie ein Vogel, der aus Versehen durchs offene Fenster geflogen ist. Alles dreht sich, ich hocke mich hin und atme tief durch. Der Wind nimmt zu, die trockenen, fast durchsichtigen Blätter rascheln, als sie die braunen Nadeln auf dem Boden streifen. Ich schließe die Augen. Nach einer Weile geht es mir wieder besser, und ich setze mich auf einen bemoosten Stein. Als ich mich wieder erholt habe, stehe ich auf und sehe ihn mir etwas genauer an. Er ist ungefähr so groß wie der größte von den Steinen, unter denen Birgitta begraben war. Ich sehe mich um, ich bin allein. Ich packe den Stein und will ihn hochheben. Er bewegt sich keinen Millimeter. Wahrscheinlich steckt er zu tief in der Erde, ich versuche es mit einem anderen. Auch der lässt sich nicht bewegen. Ich probiere es bei mehreren anderen Steinen, ein einziger lässt sich hochheben. Er ist etwa vierzig mal fünfzehn Zentimeter groß. So schwach bin ich doch gar nicht, schließlich schleppe ich jeden Tag einen Jungen von knapp zehn Kilo auf dem Arm durch die Gegend. Ich sehe den Jungen aus meinem Albtraum vor mir und zerre hysterisch an dem Stein, um meine Wut und meine Angst davor, dass er mich in Besitz nimmt, abzuschütteln. Es dämmert. Justus ruft an und fragt, wo ich bleibe. Ich lache angestrengt und atemlos und antworte, dass ich jetzt nach Hause gehe.

Als ich zurückkomme, macht Justus Vivi gerade bettfertig. Ich setze mich neben Sam aufs Sofa. Er stellt mir jeden Abend eine Frage, die es mir leicht macht, mich für Vivi und gegen ihn zu entscheiden.

»Wer bringt Vivi heute ins Bett?«, fragt er.

Normalerweise antworte ich, dass ich das mache, aber dieses Mal reagiere ich mit einer Gegenfrage: »Was willst du?«

»Ich finde, Papa soll sie ins Bett bringen.«

Dabei lehnt er sich an mich. Ich lege meinen Arm um ihn, und er drückt meine Hand an seine Brust. So sitzen wir eine Weile schweigend nebeneinander.

»Ich mag es nicht, wenn sie mich im Kindergarten schlagen«, sagt er plötzlich.

Ich lege meinen Kopf auf seinen und schließe die Augen.

»Wer schlägt dich denn?«

»Hugo. Und Eino.« Anklagend spuckt er die Namen aus.

Ich hebe den Kopf und sehe ihn an. Er weicht meinem Blick aus.

»Das darf man nicht«, sage ich. Es ist nicht das erste Mal, dass wir darüber sprechen. Wir hatten exakt dieselbe Unterhaltung schon mehrmals. Ich wähle meine Worte immer mit Bedacht, aber am Ende sage ich immer dasselbe. Und ich weiß nicht, ob es richtig ist. »Erzählst du das auch einem der Erwachsenen?«

»Ja.«

»Und was sagen die dazu?«

»Die schimpfen und meinen, man darf nicht schlagen.«

Und jetzt? Ich schweige. Was soll ich da noch sagen oder machen? Ich lege beide Arme um ihn.

»Hast du auch schon mal jemanden geschlagen, Sam?«

Ich erwarte, dass er seinen üblichen Gesichtsausdruck aufsetzt, wenn er den Leuten das sagt, was sie seiner Meinung nach hören wollen. Aber dieses Mal scheint er angestrengt nachzudenken.

»Ja, ein Mal.«

»Und wann war das?«

Er überlegt, sein Blick verliert sich in der Ferne.

»Als ich drei war«, antwortet er dann mit einem Nicken.

»War die Person größer oder kleiner als du? Oder gleich groß?«

Sam senkt den Kopf.

»Kleiner«, sagt er leise.

»Und wie war das für dich?«

»Nicht gut«, flüstert er so leise, dass ich ihn kaum verstehen kann.

Ich streiche ihm die Haarsträhne aus den Augen. Sein Pony ist viel zu lang geworden.

»Papa war viel älter als du, als er gelernt hat, dass Schlagen nicht gut ist.«

Verstohlen sieht er mich an.

»Das hat er erst begriffen, als jemand seinen Cousin verprügelt hat. Danach hat sich Papa nie wieder geprügelt. Ich habe das Gefühl, dass du das schon im Alter von drei Jahren gelernt hast. Und das finde ich richtig gut.«

Er kuschelt sich in meine Arme, und ich streichele ihm über den Rücken.

Im Haus der Familie Sommer sind alle Fenster weit geöffnet. Die zugezogenen Gardinen bewegen sich wie elegante Damen, die mit ihren weißen Taschentüchern Adieu winken. In der einen Hälfte des Hauses scheint die Sonne auf karierte Baumwolltischdecken und frische Blumen in Vasen. Ella Jonsson läuft der Schweiß übers Gesicht, als sie ihren Gästen gekochten Schellfisch mit Eiersoße und frischen Kartoffeln auftischt. Alle reden durcheinander. Die Hummeln fliegen brummend zwischen den Hagebuttensträuchern vor dem Fenster und den Glockenblumen auf dem Tisch hin und her.

In der anderen, schattigen Hälfte des Hauses fertigen die Spinnen ungestört ihre Netze an. Es ist erdrückend heiß. Das fröhliche Plappern der Familie Jonsson dringt in die Stille auf der anderen Seite der Wand ein, wo die Familie Sommer liegt, wie tot und möglichst weit weg voneinander. Die Gerichtsverhandlung ist beendet, aber die Verhöre noch lange nicht. Bengt ist strafrechtlich nicht verurteilt worden, weil er minderjährig ist und somit schuldunfähig. Aber das interessiert das Jugendamt nicht, denn gerade, weil er minderjährig ist, haben sie beschlossen, Bengt der staatlichen Fürsorge zu überlassen. Und die Kreisverwaltung hat diesem Entschluss zugestimmt. Er wird heute aus Perstorp entfernt und weit weg von seiner Familie untergebracht. Und dieses Mal werden sie nicht erfahren, wohin und in welche Einrichtung sie ihn stecken.

Otto trägt nur ein Unterhemd. Er liegt auf der Bank in der Küche. Die ausgelassenen Geräusche von den Nachbarn stören ihn. Er richtet sich auf und geht ins Wohnzimmer, das wie die gemalte Theaterkulisse einer Grotte aussieht, mit verschiedenen Schattierungen von Grau und Graublau. Er schaltet das Radio ein. Es ertönt ein Glockenspiel. Er dreht die Lautstärke hoch, um die Geräusche der Familie Jonsson zu übertönen. Dann legt er sich wieder auf die Küchenbank, faltet die Hände auf der Brust und schließt die Augen. Die Melodie verklingt, es folgen zwölf langsame Glockenschläge. Otto atmet im Takt der Schläge. Eine Stimme verkündet, das seien die Glocken des Stockholmer Rathauses und jetzt folge das Gedicht des Tages. Eine heisere Stimme liest mit viel Gefühl das Gedicht *Wiedergänger* von Einar Malm vor.

Die Straße, in der das Haus der Familie Sommer steht, ist klebrig vom Blütensaft der Linden. Der Boden ist übersät mit Hummeln, toten und sterbenden. So ist das immer in dieser Jahreszeit, und niemand weiß, warum. Ein brummendes Geräusch nähert sich, ein schwarzes, glänzendes Auto mit schönen runden Kotflügeln biegt in die Straße und fährt über das Bett aus Hummeln. Es klingt, als würde etwas Klebriges von den Reifen abgezogen werden, als sie über die von Blütensaft bedeckte Straße rollen. Die silbernen Radkappen reflektieren die Sonne und funkeln.

»Bengt«, ruft Otto ins Obergeschoss. »Sie sind da.«

Drei Männer steigen aus dem Wagen. Magister Ekvall, Landjäger Gottfrid Andersson und ein uniformierter Polizeibeamter. Bengt tritt mit einem kleinen Koffer in der Hand vor die Tür. Hinter ihm steht sein Vater mit grauem Gesicht. Aus dem Inneren hört man das Weinen der Mutter.

»Und wer sind Sie?«, fragt Otto den Polizeibeamten.

Er öffnet den Mund, aber Andersson kommt ihm zuvor.

»Er ist von der Stockholmer Polizei.«

»Ach so, dorthin bringen Sie ihn also?«

»Sie wissen sehr wohl, Herr Sommer, dass wir Ihnen leider nicht sagen können, wo wir Ihren Sohn hinbringen«, sagt Ekvall und hebt bedauernd die Schultern.

Otto sieht ihm lange in die Augen. Ihn verurteilt er am meisten, weil er offenbar der Einzige mit einem Gewissen zu sein scheint.

Ekvall kennt Bengt seit seiner Einschulung. Otto klopft Bengt auf die Schulter. Der dreht sich um zu seinem Vater und versteckt sich wie ein kleiner Junge in seinen Armen. Ottos Gesichtszüge werden weicher, und er streichelt ihm über seinen zarten, zerbrechlichen Rücken unter Hemd und Jacke. Die Wirbel fühlen sich wie runde Steine unter einer dünnen Decke an.

»Wir werden den Beschluss anfechten«, sagt er mit belegter Stimme und sieht dabei den Vertreter des Jugendamtes durchdringend an. »Wir werden den Beschluss anfechten«, wiederholt er.

»Das steht Ihnen selbstverständlich frei«, erwidert Landjäger Andersson anstelle von Ekvall.

Der Polizeibeamte tritt vor und löst Bengt aus den Armen seines Vaters. Bengts Schultern zucken, als er zum Wagen geführt wird.

»Bengt!«

Rut Sommer ruft den Namen ihres Sohnes immer und immer wieder, während der Wagen unter den neugierigen Blicken der Nachbarn hinter ihren geblümten Gardinen erneut Hunderte von betrunkenen Hummeln überfährt.

Es ist der 7. Mai 2021 und auf den Tag genau dreiundsiebzig Jahre her, dass Birgitta starb. Nieselregen. Ich wache auf, weil mein linker Arm schmerzt. Gestern habe ich mich tätowieren lassen. Auf Höhe des Ellenbogens habe ich jetzt drei kleine Blumen – Maiglöckchen, Wollgras und die Blüte einer Lärche. Während die Tätowiererin Anna mit den Blüten beschäftigt war, habe ich sie gefragt, ob sie mir noch ein weiteres Tattoo machen könnte. Ich hätte so gerne ein S und ein V für Sam und Vivianne. »Klar«, hat sie gesagt. »Wie soll es aussehen?« Darüber hatte ich noch nicht weiter nachgedacht, aber dann kam mir die Idee, eine Acht zwischen die Buchstaben zu setzen.

»Meinst du die Zahl acht oder das Zeichen für Unendlichkeit?«, fragte Anna.

»Das Zeichen für Unendlichkeit«, antwortete ich. Erst auf dem Nachhauseweg fiel mir wieder der Traum ein, in dem mir Birgitta den Zettel mit der Acht gab und sagte, ich solle ihn zusammen mit dem Lavendelzweig verbrennen. Ich dachte an den Buchstaben B und an die Unendlichkeit, und es fühlte sich richtig an.

Wie 1948 fällt der 7. Mai in diesem Jahr auf einen Freitag. Ich war schon lange nicht mehr auf dem Waldfriedhof, ich konnte keine Gräber mehr sehen. In letzter Zeit habe ich das Gefühl, dass mein Inneres mit mattschwarzem Plüsch ausgeschlagen ist, ich will nicht mehr an den Tod denken. Aber an der Friedhofsmauer, dort, wo der Gamla Tyresövägen auf den Kyrkogårdsvägen trifft, wachsen Lärchen. Und ich will herausfinden, ob sie schon blühen.

Die meisten Bäume sind noch kahl oder haben nur Knospen. Aber je näher ich komme, desto deutlicher erkenne ich, dass die

Lärchen schon grüne Nadeln haben. Und als ich vor ihnen stehe, entdecke ich Blüten. Kleine rosa Zapfenblüten. Ich springe hoch, um einen Zweig zu mir herunterzuziehen. Die Regentropfen sitzen wie kleine Diamanten auf den himbeerroten Schuppen. Vorsichtig breche ich einen Zweig ab. Er ist weich und biegsam. Ich nehme noch einen zweiten mit. Über mir sitzen Amseln im Baum und zwitschern.

Wehmütig und niedergeschlagen mache ich mich auf den Nachhauseweg. Im Aufzug sehe ich mein Spiegelbild mit den strubbeligen Haaren und zwei Lärchenzweigen in der Hand. Schluchzend schließe ich die Tür auf und höre Vivis unbekümmertes und unzusammenhängendes Brabbeln. Justus steht an der Spüle und sieht hoch.

»Aber mein Schatz«, ruft er und kommt zu mir, »was ist denn passiert?«

Ich strecke ihm wortlos die Zweige hin und gehe mir die Hände waschen. Sehr gründlich, dreißig Sekunden lang. Zwischen allen Fingern und auch in der Daumenfalte. Meine Hände zittern, und ich massiere sie ausgiebig mit Seife und spüle sie unter heißem Wasser ab.

Als ich in die Küche komme, steht Justus auf einem Stuhl und wählt eine Vase aus unserer Sammlung auf dem Kühlschrank aus. Sie ist zu groß für die kurzen Zweige, aber er hat verstanden, wie wichtig sie für mich sind, und das berührt mich sehr. Er nimmt mich in den Arm, und schweigend schmiegen wir uns aneinander. Bis Vivi uns sieht, eifersüchtig wird und mir ihre Arme entgegenstreckt. Ich lasse es zu, dass sie mir mit ihren klebrigen Händen durch die Haare fährt und meinen teuren Pullover verschmiert. Dafür drückt sie mir ihre Lippen mit Wucht auf den Mund. Als ich Tschüss sage, um hinauf ins Arbeitszimmer zu gehen, protestiert sie lautstark, aber ich bin noch nicht einmal die halbe Treppe hoch, da gluckst sie schon wieder fröhlich. Ich setze mich an den Rechner, aber bereits nach fünf Minuten beschließt er, ein Update zu installieren, und der Monitor wird schwarz. Da ich sowieso nichts machen kann, lasse ich meinen Tränen wieder freien Lauf. Ich lege mein Gesicht in die Hände und lasse die Tränen auf die Schreibtischplatte tropfen. Die kleinen Pfützen sehen auf dem braunen Holztisch aus wie Milchflecken.

Ich schreibe Karl eine SMS:

Muss heute an Birgitta und dich denken.

Fünf Minuten später habe ich seine Antwort.

Hallo, Linda! Danke dir! Heute früh habe ich an dich gedacht, aber ich habe gezögert, diesen Gedanken niederzuschreiben. Doch hier hast du ihn. Ich drücke dich, Karl.

Landeshauptmann Björn Gerell wird in seinem Hotelzimmer in Stockholm vom schrillen Klingeln des Telefons geweckt. Es pocht hinter seinen Schläfen. Ein fast leeres Glas steht auf dem kleinen Ecktisch, und ein süßlicher Geruch vermischt sich mit dem trockenen, staubigen Geruch des Teppichbodens. Es ist warm und stickig. Der Landeshauptmann muss sich die Augen reiben, um richtig wach zu werden und das Telefon zu finden. Er setzt sich auf und hebt den Hörer ab. Eine junge Frauenstimme ist am anderen Ende der Leitung. Sie klingt, als befände sie sich auf dem Meeresgrund.

»Guten Morgen, Herr Gerell. Ein Reporter von der Nachrichtenagentur würde Sie gerne sprechen. Darf ich ihn durchstellen?«

Der Landeshauptmann räuspert sich geräuschvoll.

»Selbstverständlich, bitte.«

Er schielt auf seine Uhr, es ist Punkt acht Uhr. Da knackt es in der Leitung.

»Guten Morgen, Herr Landeshauptmann Gerell.« Der Reporter wartet erst gar nicht auf eine Reaktion, sondern legt gleich los. »Der Leiter des Amtes für Gesundheits- und Sozialwesen Eriksson hat sich gegenüber *Dagens Nyheter* zu den vielen Verhören des Perstorpjungen geäußert. Haben Sie den Artikel schon gelesen?«

»Nein. Was sagt er denn?«

»Er sagt, ich zitiere: ›Diese ewigen Verhöre müssen ein Ende haben. Der Junge wurde häufiger verhört als die meisten anderen Verbrecher.‹ Stimmen Sie dem zu, Herr Gerell? Die Gerichtsverhandlung wurde vor fast zwei Monaten abgeschlossen, es muss doch tatsächlich irgendwann einmal ein Ende haben, oder?«

Der Landeshauptmann lacht und steht auf.

»Das ist eine sonderbare Formulierung, denn der Junge wurde nur zwei Mal verhört, und zwar am 9. Mai und am 20. Juli.«

Der Reporter verstummt, Gerell hört, wie er hektisch in seinen Aufzeichnungen blättert und mehrere frustrierte Seufzer von sich gibt.

»Tatsache ist«, fährt Gerell fort, »dass *ich* gerne kein Blatt mehr vor den Mund nehmen und meine Meinung endlich offen aussprechen will. Dieser Fall ist aus rechtsstaatlicher Sicht abgeschlossen. Der Junge *hat* die Tat begangen.« Sein Kopf dröhnt und brummt. »Wäre er strafmündig gewesen, wäre er schon längst verurteilt worden.«

»Das sagen Sie«, erwidert der Reporter, »wohingegen diejenigen, die auf der Seite des Jungen stehen, sagen, dass die Indizien für eine Verurteilung niemals gereicht hätten, wenn er strafmündig gewesen wäre. Aber da er *nicht* strafmündig ist, kann man ihn *trotzdem* verurteilen und ihn von seiner Familie und allem, was er kennt, trennen.«

Der Landeshauptmann spürt, wie die Wut in ihm hochkocht. Er ist so verdammt müde. Außerdem hat er Kopfschmerzen. Und er will Bengt nie wiedersehen. Er will, dass diese Geschichte endlich vorbei ist. »Es gab viel zu viel Gerede und Geschwätz!«, ruft er und fuchtelt mit der Hand durch die Luft, als würde er mit einer Axt Holz spalten. »Ja, ich habe versucht, mit dem Jungen zu reden, mehrfach, ich habe ihm die Gelegenheit gegeben, sein Herz zu erleichtern. Aber er hat nicht begriffen, dass es der richtige Weg, der einzige Weg für ihn ist! Wenn es so weitergeht, wird er die Bezeichnung *Der Perstorpjunge* sein Leben lang mit sich herumtragen.«

Gerell holt tief Luft und sieht sich im Spiegel an. Sein Gesicht ist angeschwollen und verschwitzt. Er streicht sich eine Haarsträhne aus der Stirn.

»Verstehe ich Sie recht, dass Sie als Vertreter der Staatsanwaltschaft und Provinzverwaltung behaupten, der Junge sei schuldig, obwohl er *nicht* verurteilt wurde?«

Die Frage des Reporters schwebt wie eine Drohung in der Luft. Gerell stöhnt.

»Dafür können Sie bei der Ombudsstelle des Justizministeriums angezeigt werden«, fährt der Reporter fort.

»Das interessiert mich …« Der Landeshauptmann unterbricht sich. »Das ist sehr gut möglich. Aber dem sehe ich gelassen entgegen.«

Er hört den Stift des Reporters in einem schnellen und unharmonischen Tanz über das Papier kratzen.

»Was Sie über die Anzahl von Verhören gesagt haben, dass es nur zwei gab, das mag für die polizeilichen Verhöre zutreffen. Aber der Junge wurde mehrfach von unterschiedlichsten Vertretern und in unterschiedlichsten Zusammenhängen befragt. Sie haben den Jungen doch selbst, wie auch Dr. Sjödén, mehrmals in dem Erziehungsheim besucht, oder?«

Gerell tritt ans Fenster neben seinem Bett und öffnet es. Die Gerüche und Geräusche von der Straße dringen in das kleine Zimmer – Seife, Asphalt, Abgase, junge Lindenblüten. Autos, Stimmen, ein Besen auf dem Bürgersteig.

»Das waren wohlwollende Besuche. Ich wollte nur mit dem Junge reden und den Eltern die Aufgaben der Polizei erklären.« Er sieht hoch in den blauen Himmel. »Und was die Verhöre betrifft, wie Sie es nennen, daran hat der Junge keinen Schaden genommen. Er ist hart im Nehmen.«

In einem Aktenordner bin ich auf einen Brief an Bengts Anwalt Peyron vom 14. Juli 1948 gestoßen, unterschrieben von Landeshauptmann Gerell. Peyron bittet ihn, bei dem Verhör von Bengt, das er für diesen Tag angesetzt hat, anwesend sein zu dürfen. Gerell lehnt das Gesuch ab. Die Gerichtsverhandlung ist abgeschlossen, aber die Verhöre, die Gerell stets so nennt, werden fortgesetzt. Dass es sich also lediglich um zwei Verhöre gehandelt haben soll, ist nicht korrekt. Den polizeilichen Ermittlungsakten zufolge wurde Bengt drei Mal verhört, ehe er am 10. oder 11. Mai in das Heim nach Ljungaskog gebracht wurde.

NEUIGKEITEN AUS PERSTORP

> Der Vater des Vierzehnjährigen aus Perstorp hat erneut ein Berufungsschreiben an die Regierung verfasst, in dem er sich u. a. mit den Zeugenaussagen vor Gericht am 6. und 7. Juli beschäftigt.
> Der Vater sieht in den Untersuchungsergebnissen der Kriminaltechnischen Abteilung der Reichspolizei in Kopenhagen im Hinblick auf die Schuhe des Jungen keine hinreichende Beweiskraft und behauptet, dass die Schlussfolgerungen aus diesem Bericht »auf unvollständigen Prämissen basieren«. [...]
> Des Weiteren erhebt der Vater schwere Vorwürfe gegen das Jugendamt, im Besonderen gegen Landeshauptmann Gerell und Dr. Sjödén. In diesem Berufungsschreiben wird vieles von dem wiederholt, was bereits im ersten Schreiben zum Ausdruck gekommen ist. Beide Berufungsschreiben sind teilweise sehr unklar formuliert, und die Begründung hätte besser sein können. Nach Lektüre beider Briefe kann man nicht umhin, sich zu fragen, wer der Verfasser dieser Briefe ist. Sie erzielen sicherlich nicht die Wirkung, die der Vater beabsichtigt hat, weshalb man ihn nur bedauern kann.

Langsam legt Otto Sommer die Zeitung auf den Küchentisch, dann verbirgt er sein Gesicht in den Händen. Lange bleibt er so sitzen. Die Wanduhr tickt. Die Hummeln brummen in der Heckenkirsche am Eingang. Es riecht nach verbrannter Milch und Kaffeesatz. Otto krümmt die Zehen, als hätte er einen Krampf, dann entspannt er sie wieder. Das wiederholt er ein paar Mal. Durch die Strümpfe hindurch spürt er die Textur des Teppichs. Er erhebt sich von der Küchenbank, um zu prüfen, ob seine Füße ihn noch tragen. Den Rücken gebeugt, die Bauchmuskeln angespannt und die ausgemergelten Hände vors Gesicht geschlagen, steht er lange da. Dann legt er sich wieder auf die Bank, mit dem Arm über den Augen.

Stille breitet sich aus, und ich erkenne, dass ich dort in der Küche stehe. Ich habe mich selbst in die Geschichte hineingeschrieben. Breitbeinig stehe ich auf dem Dielenboden, die Arme vom Körper abgespreizt wie gespannte Bögen. Ich sehe Otto vor mir auf der Küchenbank. Seine Arme liegen jetzt neben seinem Körper. Ich betrachte seine tief liegenden, weit aufgerissenen grauen Augen. Er starrt an die Decke. Die Uhr an der grün geblümten Tapete tickt. Die Gardinen bewegen sich nicht mehr, der Luftzug wurde vom Staub verschluckt.

Ich lasse Otto nicht aus den Augen, während ich vorsichtig meinen rechten Fuß anhebe und ihn ganz langsam wieder abrolle. Es knarrt laut, und Ottos Muskeln spannen sich an. Meine auch. Der linke Fuß hängt jetzt in der Luft. Ich lasse ihn sinken, will ihn neben meinen rechten stellen. Es knirscht. Dieses Mal dreht Otto den Kopf in meine Richtung. Ich habe Angst, aber dann erkenne ich an seinem suchenden Blick, dass er mich nicht sehen kann. Fasziniert gehe ich auf ihn zu. Einen Schritt, zwei Schritte, drei Schritte. Ich hocke mich vor ihn hin, mein Gesicht ganz nah an seinem. Die Nasenflügel seiner großen, geraden Nase zittern, die ausladende Unterlippe zuckt. Ich halte die Luft an. Als im Radio die ersten Töne des Klavierkonzertes erklingen, atme ich aus. Im selben Augenblick springt Otto auf. Ich werde von Trauer, Angst, Hoffnungslosigkeit erfasst, und Adrenalin strömt durch meinen Körper, als er durch mich hindurch zur Haustür stürmt, sie aufreißt und nach draußen rennt. Mitten auf der Straße hält er inne, dreht sich um und starrt unentschlossen zum Eingang, wo ich stehe und ihm hinterhersehe.

TEIL DREI

Gefletschte Zähne

Die kranke Linde
wurde gefällt
um so das Böse
zu töten

Mein Stamm ist krank
wie jeder sehen kann –
und muss wohl auch
gefällt werden

Aber wie ein seltsam
süßes Gift
verzehrt mich doch
ein anderer Drang

Eine dunkle Begierde
zu gebären

Eva Neander, *Tote Idylle*

Der Name Harriet Schelin ist mir das erste Mal an einem Herbstmorgen begegnet. Ich lag in unserer alten Wohnung im Bett und sah aus dem Fenster. Rostrote Blätter wirbelten vor einem grauen Himmel durch die Luft. Dort draußen existierte eine Welt, von der ich kein Teil war. Vivi war noch nicht auf der Welt, sie wälzte sich wie ein zusätzliches Organ in meinem Inneren. Ich trug ein Akupressurband am Arm und hatte zwei Tabletten gegen Übelkeit genommen. Justus und Sam waren auf dem Weg zum Kindergarten, Ich hörte, wie sie sich mit Overall und Schuhen abmühten.

»Tschüss«, rief Justus. »Tschüss«, wiederholte Sam, jedoch leiser.

Ich winkte ihnen zu, ließ die Hand aber sofort fallen, sobald sie aus der Tür waren. Ich griff nach meinem Handy und googelte Birgittas Namen. Das erste Foto zeigte Birgittas Beerdigung, auf der die sechs Mädchen in weißen Kleidern den mit Maiglöckchen übersäten Sarg tragen. Ich blieb eine Weile an dem Foto hängen, prüfte den Gesichtsausdruck jedes einzelnen Mädchens. Etwas weiter unten auf der Ergebnisseite war ein Bild, von dem ich zuerst dachte, es sei auf der Beerdigung entstanden, nur aus einem anderen Winkel. Auch darauf trugen sechs Mädchen einen Sarg. Sie waren ebenfalls ganz in Weiß, Kleider, Strümpfe und Schuhe. Aber als ich genauer hinsah, lagen auf dem Sarg schwere weiße Lilien. In diesem Sarg lag der Leichnam eines anderen Mädchens. Unter dem Foto stand auch ihr Name – Harriet Schelin.

Ich ließ mir eine Badewanne ein und begann sofort mit der Recherche, las alle Artikel über Harriet in *Dagens Nyheter* und aus dem Archiv der Königlichen Bibliothek. Mir wurde ganz schwindelig, als ich die vielen Übereinstimmungen mit Birgittas Fall bemerkte. Beide Mädchen wurden 1948 ermordet. Beide wurden durch stumpfe Gewalt gegen den Kopf getötet, vermutlich mit einem Stein in Birgittas Fall, bei Harriet wusste man es mit Bestimmtheit. Harriet wurde am Klubhaus des Fußballvereins GAIK in Lundby auf der Insel Hisingen in Göteborg gefunden. Die Mordwaffe lag beim Klubhaus. Harriet wurde also wie Birgitta in unmittelbarer Nähe von einem Sportplatz ermordet. Birgitta war neun, Harriet acht Jahre alt. Zwischen dem Mord an Birgitta in Schonen und dem Mord an Harriet im Westen von Göteborg liegen circa zwei Monate und etwa zweihundertzwanzig Kilometer.

Meine Badebombe sprudelte nicht mehr, aber ich hatte keine Lust, mich einzuseifen. Das Wasser bot einen traurigen Anblick, es war schmutzig, und die unvermeidlichen Haare schwammen auf der Oberfläche. Resigniert betrachtete ich das Elend eine Weile, dann konzentrierte ich mich auf den Obduktionsbericht von Harriets Leiche. Sie traf ein Schlag über dem linken Auge. Birgitta hatte die Verletzung an der linken Schläfe. Harriets Lippe war auf der linken Seite übel zugerichtet und blau unterlaufen. Birgitta hatte an derselben Stelle einen tiefen Schnitt, der bis zum Knochen ging. Harriet hatte außerdem zwei tiefe Kerben im Hinterkopf und eine winkelförmige Wunde, vielleicht durch den Aufprall auf etwas Spitzes. Ich musste sofort an Birgittas Verletzung am Hinterkopf denken.

Allerdings unterscheiden sich die Fälle der beiden Mädchen in zwei wesentlichen Aspekten. Zum einen wurde der Mörder von Harriet verurteilt. Er war Schweißer, geboren und aufgewachsen in Lundby, und wohnte zusammen mit seinem Bruder bei seiner Mutter. In einem Artikel steht, dass er nach vielen langen Verhören die Tat gestanden hat, in einem anderen, dass er sein Geständnis widerrufen hat. Vor Gericht beschuldigte der Verdächtige die Polizei, sie habe ihm die Worte in den Mund gelegt und ihm bei der Rekonstruktion der Tat Anweisungen gegeben.

Der zweite wesentliche Aspekt: Harriet wurde vergewaltigt.

Der Auftakt der Gerichtsverhandlung in Birgittas Fall war beinahe zeitgleich mit dem Mord an Harriet. Auf nahezu allen Zeitungsaufstellern wurden beide Fälle genannt. Ist es nur ein Zufall, dass die Fälle sich so ähneln? Werden kleine Mädchen normalerweise so ermordet? Ich fand nur einen einzigen Artikel, in dem die Frage gestellt wird, ob es sich um ein und denselben Täter gehandelt haben kann. Er erschien in der Zeitung *Arbetet* am 7. Juli 1948:

Es mangelt nicht an Stimmen, die betonen, dass der brutale Lustmord in Göteborg in der Nacht zum Samstag demselben Täter zuzuschreiben ist wie der Perstorpmord. Natürlich kann man zu diesen Theorien nichts mit Gewissheit sagen, aber aus Sicht der Verantwortlichen besteht wenig Grund zu der Annahme, dass ein solcher Zusammenhang existiert.

Ich legte mein Handy auf den Klodeckel, schloss die Augen und tauchte unter. Es war dunkel. Die beiden Körper der Mädchen lagen reglos im Schlamm. Sie lagen auf der rechten Seite, die linke Gesichtshälfte war mit dunklem Blut bedeckt. Laub und Zweige steckten in ihren zerzausten blonden Haaren. Der Strumpf des einen Mädchens war heruntergerollt, das Kleid des anderen hochgezogen. Ich schwebte in der Dunkelheit und beobachtete sie. Plötzlich öffneten sie ihre leblosen Augen und sahen mich schweigend an.

Es ist ein strahlend schöner Frühlingstag. Justus sitzt im Arbeitszimmer und arbeitet mit heruntergelassenen Rollos, Sam ist im Kindergarten. Es ist mehr als anderthalb Jahre her, dass ich das erste Mal von Harriet Schelins Fall gelesen habe. Aber in letzter Zeit beschäftigt mich wieder der Gedanke, wie sehr sich diese Fälle ähneln. Ich ziehe Vivi eine Baumwollstrickjacke und einen winddichten Overall an und gehe mit ihr raus. Vor zwei Tagen habe ich die Kopien der Ermittlungsakte von Harriets Fall bestellt und damit gerechnet, dass ich lange darauf warten muss. Bei Birgitta dauerte es zwei Monate. Aber auf dem Weg zum Viloparken, wo wir meine Eltern treffen wollen, meldet mein Handy den Eingang einer Mail. Das Reichsarchiv hat die Unterlagen geschickt. Ich bin aufgeregt, kann sie aber jetzt nicht lesen. Meine Eltern setzen sich auf eine Bank, und ich stehe in gebührender Entfernung und schiebe den Wagen hin und her. Vivi schläft. Meine Mutter gießt mir Tee in einen Becher und gibt mir ein belegtes Brot. Sie wirken so glücklich wie schon lange nicht mehr.

Als wir nach Hause kommen, stürmt uns Sam entgegen. Er ist schrecklich hungrig, das Essen im Kindergarten hat ihm überhaupt nicht geschmeckt. Ich fange sofort mit dem Kochen an. Als ich das Wasser für die Nudeln aufgesetzt habe, öffne ich die Ermittlungsakten auf dem Handy und lese. Während Sam Vivi in ihrem Lauflernwagen durch die Gegend schiebt und sie vor Freude jauchzt, lese ich von Harriets Verletzungen. Ihre Hände waren zu Fäusten geballt, der Körper angespannt. Auf ihren blassen Oberschenkeln hatte sie rote Striemen. Mir wird schlecht bei der Beschreibung der anderen Verletzungen, und ich beuge meinen Kopf über den offenen Topf, in dem das Nudelwasser anfängt zu sieden.

Der Samstagabend senkt sich über das schwefelgelbe Mehrfamilienhaus in Lundby auf der Insel Hisingen in Göteborg. In vier Tagen beginnt die Verhandlung gegen Bengt im Gerichtsgebäude von Klippan. Hinter der dünnen Haustür mit einfachem Schloss sitzt ein Mann allein in seinem Wohnzimmer, müde von einem langen Arbeitstag. Seine Frau und die kleine Tochter sind in der Küche. Das ist Familie Schelin. Es ist Viertel vor neun, ein Gewitter liegt in der Luft, und die Sportsendung im Radio ist gerade zu Ende, als das kleine Mädchen, das Harriet heißt, ihre Mutter Viola anlächelt.

»Bitte, allerliebste Mama, darf ich Geld für eine Wurst mit Kartoffelbrei haben?«, fragt sie.

Ich versuche, genau hinzusehen, um zu erkennen, was sie eigentlich will. Ist Bratwurst mit Kartoffelmus ihr Lieblingsessen? Oder will sie einfach gern rausgehen? Steckt da wie so häufig eine kindliche Abenteuerlust dahinter oder etwas Trauriges? Aber vielleicht war Harriet auch nur hungrig, weil sie kein Abendbrot bekommen hat.

»So spät noch?«

Violas jüngste Tochter neigt den Kopf, worauf ihr glattes hellblondes Haar wie Seide zur Seite fällt.

»Bitte, Mamilein, bitte.«

Viola denkt einen Moment lang nach.

»Frag Papa, ob er eine Münze für dich hat.«

»Papa!«, ruft Harriet, springt auf und stürmt ins Wohnzimmer, das gleichzeitig auch Schlafzimmer ist.

Es ist dunkel, niemand hat Licht angemacht, und der Rauch

hängt wie ein dichter Nebel im Raum. Harriets Vater heißt Johnny und stammt aus einer Arbeiterfamilie, die viele Generationen zurückreicht. Er sitzt zusammengesunken auf dem Sofa neben dem kleinen Tisch, auf dem das Radio steht. Harriet bekommt zwei blanke 25-Öre-Münzen in die Hand gedrückt.

»Du musst spätestens um halb zehn zu Hause sein, Harriet«, ruft Viola.

»Ich komme so um halb zehn, zehn, versprochen«, sagt Harriet.

Als sie im Flur sitzt und sich ihre Sandalen anzieht, kommt ihre große Schwester Irene zur Haustür rein. Sie ist schon zwanzig und seit einem Jahr verheiratet, aber sie schaut oft vorbei. Irene begrüßt ihre kleine Schwester und ihren Vater, bevor sie sich zu ihrer Mutter an den Küchentisch setzt.

»Gibt es noch Kaffee?«

»Ja, ein bisschen ist noch da.«

»Tschüss«, ruft Harriet und verlässt das Haus.

Ich spüre Panik in mir aufsteigen. Warum bemerkt das sonst niemand, diesen kalten Windhauch des Schicksals, warum bekommen sie keine Gänsehaut? Warum haben sie nicht die Eingebung, Harriet aufzuhalten und ihr doch zu verbieten, nach draußen zu gehen? Ich will sie packen, aber meine Hände greifen ins Leere.

Harriet läuft die Straße hinunter, ein kühler Wind streicht über ihre offenen Sandalen. Auf einmal sieht sie den Bus und rennt los. Der Busfahrer begrüßt sie mit Namen. Sie ist das einzige Kind unter den Passagieren. Harriet setzt sich ganz nach vorne und sieht aus dem Fenster. Jedes Mal, wenn es blitzt, zuckt sie zusammen und zählt die Sekunden, bis es donnert.

»Drei«, sagt sie dem Busfahrer. »Es ist noch drei Kilometer weit weg.«

»Ich finde, du solltest möglichst schnell wieder nach Hause, Harriet«, antwortet er und sieht sie besorgt an.

Fühlst du dich eigentlich wie eine Kriminalkommissarin, bist du Leif GW Persson, oder so?«, fragte mich meine Freundin Anna, als wir gestern ein Bier trinken waren. Mir entfuhr ein *Ha. Nein.*

»Was bist du dann?«

Ich musste einen Augenblick nachdenken, bevor ich ihr antworten konnte: »Ich fühle mich wie eine Mutter.«

»Wie die Mutter der Mädchen?«, fragte sie. Ja, und wie ihre Rächerin.

Ich habe alle Hebel in Bewegung gesetzt, um jemanden mit Fachwissen zu finden, der mit mir die Ermittlungsakten von Birgittas Fall zusammen durchgehen könnte. Ich will die Meinung eines Experten. Tief in mir lebt noch die Hoffnung, dieses Rätsel lösen zu können, wenn ich nur den passenden Schlüssel finde.

Eines Morgens erreicht mich eine Mail.

Das hier hast du nicht von mir, aber ich würde vorschlagen, dich an einen pensionierten Kriminalkommissar zu wenden. Die Namen findest du in alten Zeitungsartikeln. Zwei Artikel sind angehängt.

Ich öffne den ersten.

Kieferfunde auf der Deponie werden von Knochenexperten untersucht. Die Polizei weiß noch nicht, ob hinter dem Fund eines menschlichen Kiefers auf einer Deponie in Saltsjö-Boo in Nacka ein Verbrechen steckt.

Der Artikel ist vom 5. Juli 2005 aus *Svenska Dagbladet.* Der Reporter hat den Ermittlungsleiter bei der Polizei von Nacka interviewt. Jan Ullén.

Der zweite Artikel ist vom 11. März 2011.

Die 31-Jährige tötete ihr Neugeborenes und legte es ins Tiefkühlfach – als sie das nächste Kind bekam, tat sie dasselbe.

Erneut wurde dazu der Kriminalkommissar Jan Ullén befragt. Ich googele seinen Namen. Die Schlagzeilen erzählen kurze Geschichten von jähen, grausamen Todesfällen.

Mutmaßlicher Mord in Tyresö

Dreifacher Vater wird Opfer eines Bandenkrieges

Neue Hoffnung in ungelöstem Mordfall

Ermordete noch nicht identifiziert

Wie eine Nadel im Heuhaufen

Es ist ein Uhr nachts, und im Licht der Straßenlaterne stehen Harriets Eltern und Schwester mit zwei Polizisten zusammen. Die Luft ist stickig, am Horizont donnert es dumpf, das Gewitter ist weitergezogen. Die Straßenlaterne wirft gelbe Ringe auf die Straße.

Als Harriet um halb elf noch nicht zu Hause war, sind die Eltern zur Bushaltestelle gegangen, von wo aus sie losgefahren war. Der Wurstimbiss, zu dem sie wollte, ist ganz in der Nähe, zu Fuß sind es nur ein paar Minuten. Man muss dafür nicht den Bus nehmen. Aber Harriet liebt Busfahren.

Mit einem Mal hören sie eine helle Kinderstimme hinter sich.

»Papa!«

Sie drehen sich um, drei Jungen rennen auf sie zu. Es ist der Junge des einen Polizisten.

»Was machst du hier?«, fragt er seinen Sohn, der sich zu den beiden anderen umdreht.

»Sagt ihm, was ihr entdeckt habt.«

»Hinter dem Klubhaus liegt ein Mädchen«, sagt der eine.

Johnny Schelin rennt sofort los, seine blaue Jacke flattert wie zwei Flügel. Kurz vor dem Klubhaus rutscht er auf dem Kiesweg aus und fällt ins kalte, feuchte Gras. Das letzte Stück kriecht er auf allen vieren um die Ecke und bricht dann vor dem zusammen, was einmal seine Tochter gewesen ist.

Ich stelle fest, dass es sieben Personen mit dem Namen Jan Ullén in Schweden gibt. Das macht mich nervös, ich hasse es, Leute anzurufen. Womöglich erwische ich den Falschen. Erst am Sonntagabend nehme ich all meinen Mut zusammen und schicke demjenigen eine SMS, den ich am ehesten für meinen Jan Ullén halte.

Hallo, Jan Ullén! Ich schreibe ein Buch über einen alten Mordfall. Sind Sie der ehemalige Kriminalkommissar bei der Polizei in Nacka? Wenn ja, könnten Sie sich vorstellen, sich mit mir zu unterhalten?

Seine Antwort kommt umgehend.

Ja, ich bin dieser Jan, wir können auch Du sagen. Ruf mich morgen an. Du hast ja meine Telefonnummer.

An diesem Abend dauert es eine gefühlte Ewigkeit, bis Vivi endlich einschläft. Als ich es wage, mich zu bewegen, spürt sie das und greift nach mir. Sie findet nur das Kissen, zieht ihren Arm zurück und umarmt sich selbst. Ich schleiche hinaus und setze mich an den Rechner, um meine Fragen an Jan Ullén zu formulieren. Ob der Fall von Birgitta in Ermittlerkreisen noch bekannt ist? Am meisten interessiert mich Jans Meinung, ob die Ermittlungen sorgfältig durchgeführt wurden. Ob es keinen Zweifel an Bengts Schuld gibt und wie er in so einem Fall heutzutage vorgehen würde. Sind ihm auch die Ähnlichkeiten zwischen den beiden Fällen von Birgitta und Harriet aufgefallen? Sind die durch einen Stein zugefügten Verletzungen an Hinterkopf, Schläfen und Kiefer eher ungewöhnlich oder nur ein Teil eines Musters auf einer Tapete sich ähnelnder Morde?

Am nächsten Morgen ziehe ich mich nach dem Frühstück in mein Arbeitszimmer zurück. Meine Nervosität ist wie weggeblasen, als ich seine Stimme höre. Jan Ullén klingt freundlich und zugewandt. Er will mir gerne bei meiner Recherche helfen und bittet mich, ihm die Ermittlungsakten zu schicken. »Mich reizt so ein alter Fall«, sagt er.

Ich schicke ihm die Zip-Dateien und gehe zum Waldfriedhof. Seit geraumer Zeit führe ich einen stillen Krieg mit der Friedhofsverwaltung. Ich pflanze immer wieder Blumen auf das Familiengrab, in dem meine Großeltern und meine Tante liegen. Aber sie graben sie immer wieder aus oder beschneiden sie. Ich habe keine Ahnung, warum, bin aber auch noch nicht dazu gekommen, anzurufen und zu fragen. Die Grabsteine sinken ein und stehen schief, ohne dass jemand etwas dagegen unternimmt. Vivi schläft im Kinderwagen, ihre Katze fest im Arm. Die sieht allmählich wie ein ausgewrungener Lappen aus. Im Hals ist keine Füllung mehr, deshalb hängt der Kopf baumelnd in der Luft.

Ich habe auf dem Markt zwei Krokusse gekauft. Wir sind mit meinen Eltern am Grab verabredet und wollen sie einpflanzen. Ich vertreibe mir die Wartezeit mit einem Spaziergang zur anderen Seite des Friedhofes. Dort sind die neuen Gräber, der Boden ist noch kahl. Im Frühling gab es dauernd neue Erdhaufen mit provisorischen Holzkreuzen für diejenigen, die Corona zum Opfer gefallen sind. Einmal habe ich einen Mann gesehen, der weinend an einem offenen Grab stand.

Ein Areal ist abgesperrt. Auf einem Schild werden die Trauernden gebeten, die Kerzen, Blumen und Steine zu entfernen, um die

Arbeiten zu erleichtern. Man darf diesen Teil nicht betreten, weil dort frisch Gras gesät wurde. An der Friedhofsmauer liegen aufeinandergetürmte Steine. Ich gehe in die Hocke und entdecke zwei kleine weiße Kieselsteine. Einen kleinen und einen etwas größeren. Der eine ist für Birgitta, der andere für Harriet. Als ich die Steine in meine Handfläche lege, entdecke ich einen weiteren Stein, einen polierten Bergkristall, der unter den beiden weißen lag. Er ist etwa drei Zentimeter groß und hat feine rote Streifen. Ich halte ihn gegen das Licht, es sieht aus wie Blut. Ich blicke hinauf in den Himmel, bedanke mich bei den Mädchen für den schönen Stein und stecke ihn in meine Jackentasche. Plötzlich spüre ich, wie zwei kleine Hände die kühle Oberfläche des Steins berühren. Ich schließe meine Finger um ihn und wärme ihn. Als Vivi kurz darauf aufwacht, zeige ich ihr, wie schön der Stein in der Sonne glitzert, und streiche damit über ihre Wange. Sie lacht vor Freude und will, dass ich das immer wieder mache.

Auf dem Nachhauseweg bekomme ich eine Mail, Jan hat mir geschrieben.

Hallo, ich bin dran und lese und melde mich bald. Janne.

Es ist Freitag und sehr kalt. Ich gehe im Kopf noch einmal beide Fälle durch. Es gibt einfach zu viele Übereinstimmungen, als dass es sich um einen Zufall handeln könnte. Wenn es derselbe Täter gewesen ist, kann Bengt unmöglich schuldig sein. Er kann nicht unmittelbar vor der Gerichtsverhandlung nach Göteborg gefahren sein. Je länger ich darüber nachdenke, desto sicherer bin ich mir. Der Mörder von Birgitta und Harriet muss ein und dieselbe Person sein. Wenn es nicht Bengt war, wer dann? Hat vielleicht der Schweißer, der wegen des Mordes an Harriet verurteilt wurde, beide Morde begangen?

Ich gehe ins Arbeitszimmer, um Karl anzurufen.

»Hallo.« Er ist schon nach dem ersten Klingelton dran.

»Hallo, Karl, hier ist Linda!«

Karls Eltern waren davon überzeugt, dass Bengt ihre Tochter umgebracht hat, und vermutlich hat Karl damit seinen Frieden gemacht. Ich deute trotzdem an, dass ich Zweifel an Bengts Schuld habe, dass es jemand anderes gewesen sein kann. Und zwar derselbe Täter, der auch Harriet ermordet hat. Zu meiner großen Erleichterung nimmt mir Karl meinen Vorstoß nicht übel. Ich habe Angst gehabt, es anzusprechen, weil ich seine Überzeugung, zu wissen, wer für den Tod seiner Schwester verantwortlich ist, nicht erschüttern wollte. Karl klingt so, als hätte er diesen Gedanken nie gehabt.

Wir nähern uns dem Ende des Gesprächs. Er freut sich, dass ich einen Vertrag mit einem Verlag bekommen habe, und unterstützt mich darin, die Geschichte so zu erzählen, wie ich es für richtig halte. Ich bitte ihn, Eva auszurichten, dass ihr richtiger Name nicht im Buch auftauchen wird. Sie wollte sich nicht von mir interviewen lassen, dafür habe ich Verständnis.

Ich erzähle ihm etwas, was ich bisher für mich behalten habe, aus Sorge, dass es ihn verletzen könnte. Ich hatte von Anfang das Gefühl, dass Birgitta ihre Finger mit im Spiel hat, dass ihre Geschichte durch mich erst ans Licht kommt.

»Das klingt fast … christlich«, sagt Karl.

Ich lache.

»Oder, wie nennt man das …«, fragt er.

»Spirituell?«, schlage ich vor.

»Genau, spirituell.«

»Du bist nicht besonders spirituell, oder, Karl?«

»Nein, das kann ich nicht behaupten.«

Es raschelt in der Leitung.

»Was glaubst du, was nach dem Tod passiert?«, frage ich.

Das ist eine große Frage, die mir unbedacht herausgerutscht ist. Karl schweigt lange.

»Tja. Vermutlich wird es einfach schwarz.«

»Glaubst du das wirklich?«

»Ich hoffe natürlich, dass es nicht so ist. Dass ich meine Eltern wiedersehe und …«

Wir schweigen.

»Aber im Laufe seines Lebens gerät man in schwierige Situationen, und man hat sich für das Richtige entschieden, um da heil herauszukommen.«

Ich weiß nicht, was er mir damit sagen will.

»Einmal zum Beispiel wollte ich mit meinem Gleitschirm landen«, erzählt er. »Ich flog auf ein Badehaus zu und musste entscheiden, ob ich die Füße rechts und links auf dem Dachfirst aufsetzen soll oder beide auf einer Seite. Und wenn ja, auf welcher Seite? Du musst wissen, wenn man mit vierzig bis sechzig Stundenkilometern unterwegs ist, hat man nicht so viel Zeit zu überlegen. Und ich … ich glaube, ich habe mich richtig entschieden, weil jemand anderes für mich die Entscheidung getroffen hat. Der eine Fuß brach durch die Decke, mit dem anderen bin ich abgeprallt, dann bin ich vom Dach gefallen und auf dem Rücken gelandet. Ich habe mich nicht verletzt. Hätte ich aber einen Fuß auf jede Seite gesetzt, wäre ich wahrscheinlich in der Mitte zerteilt worden.«

Ich gehe ins Bett, meine Gedanken, die beiden Fälle wirbeln mir durch den Kopf. Als ich endlich einschlafe, träume ich von einem Mann, der mir etwas gegen den Kopf werfen will. Ich wehre mich. Ich wache auf, weil ich unfassbare Schmerzen im Hinterkopf habe. Diese Sorte Schmerz kenne ich nicht. Ist das eine Migräne? Ich kann mich nicht bewegen, kann kaum atmen. Justus liegt direkt neben mir und schläft, aber ich kann mich nicht zu ihm umdrehen. Vorsichtig taste ich nach meinem Handy und rufe ihn an.

»Hallo?« Seine Stimme klingt verwirrt.

»Hilfe«, flüstere ich. »Es tut so weh.«

Er steht auf, um irgendetwas gegen die Schmerzen zu holen. Während ich warte, wird es schlimmer. Es dauert tausend Jahre. Ich habe Angst zu sterben und überlege, ob ich nicht den Notarzt rufen sollte. Ich stelle mir vor, wie die Rettungssanitäter ins Schlafzimmer kommen, das Licht anmachen und ihre neongrünen Uniformen leuchten. Ich liege nackt im Bett und kann mich nicht bewegen und zudecken. Vivi schreit und will zu mir. Es muss doch etwas Lebensgefährliches sein, wenn es so wehtut. Mein Gesicht ist wie zu Stein erstarrt. Justus bringt mir Kopfschmerztabletten und ein Glas Wasser.

»Hier, bitte, und gute Nacht, ich hoffe, es geht gleich wieder vorbei«, sagt er.

»Auf Wiedersehen!«, flüstere ich.

Auf Wiedersehen? Warum sage ich so etwas? Justus legt sich wieder hin und fängt Sekunden später an zu schnarchen. Ich fühle mich so einsam und verlassen. Gegen drei Uhr morgens wacht Vivi auf, und ich kuschele mich an sie. Es dauert eine Ewigkeit, bis sie wieder zur Ruhe kommt. Als ich am nächsten Morgen um sechs Uhr aufwache, ist mein Arm, den ich wie einen gebrochenen Flügel um Vivis Kopf gelegt habe, wie abgestorben.

Der Regen prasselt gegen das Fenster, und es zieht durch die Balkontür. Ich sitze vor meinem Rechner und frühstücke. Mein Kaffee ist schon lange eiskalt. Ich kippe ihn trotzdem herunter und rufe dann Jan Ullén an.

Er hat gleich zu Beginn nur lobende Worte für die Ermittlungen, die er herausragend findet, vor allem vor dem Hintergrund, dass sie von 1948 sind. Ich murmele ein »Ah, ja« und bin enttäuscht. Wenn das einer beurteilen kann, dann er.

»Aber es gibt Details, die meine Kollegen von damals gründlicher hätten untersuchen müssen. Dazu steht auch nichts in den Akten. Zum Beispiel der Mann in Badehose oder was auch immer, der gegen halb acht auf der Lichtung gesehen wurde.«

»Ganz genau! Den Elin Sjöberg beobachtet hat«, rufe ich aufgeregt.

»Hm. Sie hat ihn gesehen, aber vor allem hat ihr Hund eine deutliche Reaktion gezeigt. Die Polizei gibt an, sie hätten das überprüft, aber das geht nicht aus den Unterlagen hervor.«

Das ist richtig. Dort steht nur, dass sich häufiger Sportler in dem Waldabschnitt aufgehalten haben. Wenn damals jemand dazu verhört worden ist, sind diese Protokolle eliminiert worden. Ich habe mich oft gefragt, warum einer von ihnen sich bis auf die Unterhose oder Badehose ausziehen sollte.

»Stutzig gemacht hat mich, dass Bengt bei der ersten Befragung angibt, direkt nach Hause gegangen zu sein. Nachdem er aber mit Edvin Oskarsson konfrontiert wurde, hat er seine Aussage geändert.«

»Das ist mir auch aufgefallen«, sage ich. »Bengt hat seine Version geändert, nachdem sein Fußballtrainer mit ihm allein gewesen ist.«

»Ja. Das ist komisch«, sagt Jan. »Dieser Edvin Oskarsson. Der hat mich ein bisschen neugierig gemacht.«

Ich seufze lautlos und entspanne meine Schultern. Ich habe mich immer gefragt, ob ein anderer Täter nur Wunschdenken ist, weil die Vorstellung, dass ein Junge mit einem Stein als Waffe zum Mörder wird, einfach zu grausam ist.

»Der Einzige, der sagt, dass er sich die Hände in der Umkleidekabine gewaschen hat, ist Oskarsson selbst«, fährt Jan fort. »Das ist schon etwas seltsam. Also, diesen Oskarsson hätte ich mir genauer angesehen.«

Ich bin in meiner Unterkunft in Ödeshög und betrachte mich im Badezimmerspiegel. Genauso wie damals vor zwei Jahren, als ich nach Lund aufbrach, um die Ermittlungsakten zu lesen, verließ ich Stockholm, als nur Knospen an den Bäumen waren, und wurde von blühendem Flieder begrüßt. Hier ist schon Frühsommer.

Ich habe mich verkleidet. Nachdem Justus seinen Führerschein bestanden hatte, habe ich sofort mit der Planung für eine zweite Reise nach Perstorp begonnen. Mit ihm als Fahrer. Als ich meinen Koffer packte, habe ich tief in meinem Schrank nach passender normaler Kleidung gesucht. Meine Sachen sind alle zu extravagant, und ich will nicht, dass man mich schon von Weitem als Hauptstädtlerin identifiziert. Ich brauche ein paar Röhrenjeans und einen Hoodie, dachte ich mir und ging in den Secondhandladen bei uns um die Ecke. Ich fand zwar keine Jeans, dafür aber ein paar schwarze Jogginghosen und ein dunkelblaues Sweatshirt, auf dem *Colorado University 1986* steht. Meine Haare habe ich zu einem Pferdeschwanz hochgebunden, der hin und her wippt. Vor uns liegen noch dreihundert Kilometer.

Drei Stunden später öffne ich leise den Klettverschluss meiner Reisetasche, um Vivi nicht zu wecken, die in ihrem Kindersitz hinten neben mir schläft. Ich hole den Bergkristall vom Waldfriedhof heraus. Im Rückspiegel sehe ich, dass ich unbeobachtet bin, weil Justus hoch konzentriert auf die Straße starrt. Ich schließe die Augen und streiche mit dem Stein über mein Bein. Ich bekomme eine Gänsehaut. Dann halte ich ihn lange über mein Herz und lasse die pulsierende Energie in mich hineinfließen. Ich spüre es mit meinem ganzen Körper, dass wir uns nähern.

Perstorp zeigt sich dieses Mal von seiner besten Seite. Alles ist grün, und es ist warm. Ich öffne das Fenster, hole tief Luft, richte mich auf und ziehe den Pferdeschwanz fest. Wir fahren durchs Zentrum zum Sportplatz. Ich möchte die Strecke von Bengt und Edvin ablaufen und die Zeit stoppen. Wir haben uns darauf geeinigt, dass ich allein gehe, weil es mit einem kleinen Kind viel länger dauern würde.

»Oje, ich bin so nervös«, sage ich, und mir wird ganz warm.

»Es wird schon gut gehen«, beruhigt mich Justus und sieht mich an. Dann beugt er sich über sein Handy.

Urplötzlich erinnere ich mich an ein Gefühl, damals, als ich mit Vivi schwanger war. Es wäre so schön, wenn er die Hand auf meinen Bauch legen würde, um ihre kleinen Tritte zu spüren. Wenn ihn das alles genauso interessieren würde wie mich.

»Bis später«, sage ich und werfe die Autotür hinter mir zu.

Den Weg, den Bengt vom Sportplatz zur Müllhalde genommen hat, gibt es nicht mehr. Ich versuche, mich so genau wie möglich an den Verlauf der Strecke zu halten. Aber das ist sehr schwierig. Der Wald ist nicht besonders gastfreundlich, er will mich nicht. Dafür finde ich sofort die Lärchen, große, kräftige, alte Lärchen. Das sind bestimmt die Bäume, von denen Birgittas Lehrerin sprach, als sie ihr sagte, wo sie welche finden könnte. Oberhalb des Sportplatzes. Birgitta scheint so weit nicht gekommen zu sein. Sonst hätte man sicherlich einen Strauß mit den Blüten in der Nähe des Tatortes gefunden. Ich berühre den Stamm, lege den Kopf in den Nacken und schließe die Augen.

Es geht nicht weiter, und ich bin gezwungen, umzudrehen und in einen kleinen Weg einzubiegen, der sich zwischen den Bäumen hindurchschlängelt. Ich will auf den alten Weg zurück, aber ein Schild, das vor einer Schießanlage warnt, hält mich davon ab. Ich kehre um und stehe kurz darauf am See. Das letzte Stück der früheren Strecke zum Müllplatz liegt heute unter Wasser. Dafür habe ich zwölfeinhalb Minuten gebraucht. Als die Polizei Bengt befragte, wie lang er für die Strecke benötigt hat, antwortete er: »Vielleicht so fünf Minuten. Ich bin mal langsamer gegangen, dann wieder gerannt.«

Ich gehe zurück zum Sportplatz und biege dort ab, wo das Haus der Familie Sommer gestanden hat. Es ist abgerissen worden, das Nachbarhaus auch. Und bis heute wurde kein neues an dieser Stelle gebaut. Nur zwei Quadrate mit hohem Gras und Löwenzahn sind noch zu sehen. Die Gegend ist merkwürdig. Vor etwa der Hälfte der Häuser fahren Mähroboter im Garten herum, die Fassaden sind frisch gestrichen, und vor den Häusern stehen geputzte Autos. Die Fenster der anderen Häuser sind vernagelt, und die Farbe blättert großflächig ab. Die Vorgärten sind überwuchert. Die Polizei benötigte 1948 für die Strecke zwischen dem Sportplatz und dem Haus der Familie Sommer sechs Minuten. Ich habe etwa doppelt so lang gebraucht. Aber mein Weg hatte die Form eines auf den Kopf gestellten L – Bengt hat bestimmt eine Abkürzung genommen.

Als ich Richtung Zentrum laufe, komme ich an einem großen Feld mit Maiglöckchen vorbei. Noch blühen sie nicht, noch haben sie nur kleine grüne Knospen. Ich bleibe stehen. Als ich weitergehen will, sehe ich im letzten Augenblick, dass vor mir ein totes Vogelbaby liegt. Es ist ganz platt, als wären schon viele daraufgetreten. Mein Fuß schwebt in der Luft, dann mache ich einen großen Schritt nach vorne.

Auf dem Weg in die Gegend, in der Edvin Oskarsson gewohnt hat, laufe ich die Köpmangatan hinunter, in der das Café Centrum gewesen ist. Edvin hat angegeben, er habe nach seinem Besuch bei Assar Andersson etwa eine Viertelstunde im Café gesessen.

Elin Sjöbergs Hof stand unterhalb des Gebäudes, in dem sich heute ein Plastikmuseum befindet. Dort gehe ich als Nächstes hin. Vielleicht ist Edvin der halb nackte Mann gewesen, den Elin Sjöberg gesehen hat. Aber ich komme zu dem Schluss, dass er unmöglich in diesem Aufzug nach Hause gegangen sein kann, um sich etwas anderes anzuziehen. Die Strecke von Sjöbergs Hof bis zu Edvin ist zu weit. Selbst wenn er sich durch die Gärten geschlichen hätte oder auf der Straße gelaufen wäre, irgendjemand hätte ihn bestimmt gesehen. Eher zufällig passiere ich das Haus der Familie Sivander. Dort wohnen Leute. Mir läuft es kalt den Rücken herunter, ich bleibe auf der anderen Straßenseite stehen und betrachte das Haus und den Garten so unauffällig wie möglich.

Die Straße zu Elin Sjöbergs Hof gibt es noch, aber sie führt nirgendwohin. Das Gras auf beiden ist hoch, man kann nur die Halme sehen, die sich im Wind wiegen, und den Himmel. Links lag das Grundstück, dort ist das Gestrüpp nicht sehr hoch. Vom Haus der Sivanders zu den Sjöbergs brauche ich nur fünf Minuten. Ich schließe die Augen und sehe Birgitta vor mir, wie sie die großen Tatzen des Bernhardiners in ihre Hände nimmt und mit ihm tanzt. Gegenüber von der Stelle, an der Sjöbergs Hof stand, fließt ein kleiner Bach. Und dahinter ist die Lichtung und der Wald, aus dem Elin den Mann hat kommen und Richtung Sportplatz laufen sehen.

Ich gehe hinunter zum Bach. Auch hier wächst viel Gestrüpp, das Gelände ist unzugänglich, aber ich stoße erneut auf ein Feld mit Maiglöckchen. Einige von ihnen haben schon Blüten. Ist das hier Birgittas heimliche Stelle gewesen, wo sie vor allen anderen blühten? Ich knie mich hin und stecke meine Nase in die weißen Glöckchen, inhaliere ihren klaren, betörenden Duft. Auf einmal höre ich Schritte hinter mir und drehe mich um. Es ist ein Mann mit einem schmalen, länglichen Futteral über der Schulter. Ich fühle mich ertappt und werde dunkelrot, richte mich auf und klopfe mir die Hose ab.

»Hallo«, sage ich.

»Hallo«, erwidert er und nickt mir mit einem neutralen Gesichtsausdruck zu.

Ich warte, bis er verschwunden ist, bevor ich zum Wald gehe. Aber auch dort komme ich nicht durch. Alles ist zugewachsen. Ich drehe um, klettere die Böschung hinauf und laufe den Weg zurück zum Sportplatz.

Es dauert nur fünf Minuten. Das überrascht mich, weil die Strecke mir viel länger vorkam, als ich mit Mimmi hier war. Ich hole die Karten raus, studiere sie. Bald ist es Zeit für Vivis Abendessen, und wir brauchen mindestens eine halbe Stunde nach Munka-Ljungby, wo wir übernachten. Ich renne über den Bruksvägen zum Tatort, schlage Zweige und trete Gestrüpp beiseite. Dort ist der dunkle Graben, ich sehe die moosbewachsene Böschung und das braune Wasser. Birkenlaub. Ich sinke in die Hocke. Intuitiv greift meine linke Hand an die Schläfe. Es tut weh, pulsiert und pocht. Ich schließe die Augen, und die Aufnahmen von Birgitta auf dem Obduktionstisch blitzen auf. Die Verletzung an der linken Schläfe.

Ich schäme mich, als ich mein Handy heraushole und die Geister-App öffne. Es klickt und rauscht und dauert eine Ewigkeit, bis sie kalibriert ist, was das auch immer heißen mag. Der Messwert liegt in der Regel, wie ich Sam gesagt habe, bei vierzig, wenn das Handy nicht in der Nähe eines elektronischen Gerätes ist. Aber hier, mitten im Wald, zeigt es siebzig an. Reglos starre ich auf mein Display. Ich habe das Gefühl, in meinen Schienenbeinen blinken und brennen Tausende von Sternen. Die Blutzufuhr ist abgeschnürt, wenn ich so dahocke. Plötzlich wird mir bewusst, wie merkwürdig es aussehen muss, wenn man mich von der Straße aus sieht. Als würde ich im Wald hocken und pinkeln. Ich stehe auf und gehe hinunter in den Graben, stelle mich breitbeinig hin, damit meine Schuhe nicht nass werden. Ab und zu muss ich meine Körperhaltung ändern, damit ich nicht abrutsche.

Plötzlich schaltet sich die App aus, Justus ruft mich an.

»Hallo?«, sage ich.

»Hallo. Mach dir keine Sorgen, aber zwei Wachleute sind auf dem Weg zu dir.«

Mir wird eiskalt.

»Was? Warum?«

»Die kamen vorbei und haben gefragt, warum ich da so lange parke. Und sie haben dich auf den Überwachungskameras gesehen.« Er lacht. Ich höre Vivis Quengeln im Hintergrund. »Die glauben, dass du Industriespionage betreibst, oder so was.«

In diesem Augenblick hält ein Auto an der Straße. Die Türen öffnen sich, und zwei uniformierte Männer kommen mit autoritärer Miene auf mich zu. Ich lächele und sage, dass ich verstehe, wie komisch es auf den Überwachungskameras ausgesehen haben muss. Aber es bestehe kein Grund zur Sorge, ich würde nicht hier herumspionieren. »Was machen Sie dann?«, fragen sie.

Ich erzähle ihnen, dass ich an einem Buch über einen alten Mordfall arbeite, und zeige in den Graben hinter mir. »Und hier war der Tatort.« Sie haben von dem Fall noch nie gehört und wollen mehr erfahren. Aber ich gebe nur ein paar Fakten preis.

»Und spukt es hier?«, fragt der eine.

Ich lache angestrengt.

»Das glaube ich nicht.«

Scherzhaft erwidern sie, dass sie mich im Auge behalten würden, und setzen sich wieder ins Auto. Ich lächele und winke ihnen hinterher. Kaum sind sie weg, verschwindet mein Lächeln, und ich öffne die App erneut.

Es vergehen ein paar Minuten, aber dann geschieht etwas. *Entity present* steht auf dem Display.

»Bist du es, Birgitta?«, frage ich leise.

Ein paar Sekunden verstreichen, dann ertönt eine metallische Computerstimme, die etwas Unverständliches sagt. Es klingt wie »Ja-a«.

»Weißt du, wie ich heiße«? frage ich.

Die Stimme antwortet umgehend.

»Linda.«

Mich durchfährt eine kraftvolle Energie. Ich öffne stumm den Mund. Das kann nicht sein. Ich muss mich verhört haben. So kann das doch nicht funktionieren. Es ist schon peinlich genug, dass ich die App habe. Warum habe ich sie geöffnet? Ausgerechnet hier? Wenn ich mir die Aufzeichnung später anhöre, ist bestimmt etwas anderes drauf, denke ich. Aber ich höre später in meinem Arbeitszimmer exakt dasselbe. Ich strecke meine Hand nach den vermoderten Birkenblättern aus und denke an Birgittas Blut tief unten in der Erde, versteinert und schwarz.

»Bist du es?«, frage ich, während ein Lastwagen vorbeidonnert.

Ich erhalte keine Antwort.

»Wer hat dir das angetan? Kanntest du ihn?«

Sekundenlang ist es vollkommen still. Dann folgen mehrere Wörter schnell hintereinander. *Verhüllen. Betrogen. Leben. Getötet. Falle. Nicht mehr da. Tot.*

Bevor wir Perstorp verlassen, fahren wir beim Supermarkt vorbei. Ich kaufe ein Grablicht und einen Strauß roter Rosen, Justus und Vivi warten im Auto. Dann fahren wir das kurze Stück zur Kirche von Perstorp. Es regnet in Strömen, und wir rennen über den Friedhof. Ich zünde die Kerze an und stelle sie auf den roten Stein mit Birgittas Namen, die Blumen lege ich auf das Grab.

Während ich Vivi später ins Bett bringe, sitzt Justus in der Sauna von unserer Unterkunft. Ich komme nicht einmal bis zum Ende vom Lied, da ist sie schon im Tiefschlaf.

Ich gehe runter zu Justus. Er sieht glücklich aus, er liebt es, in die Sauna zu gehen. In eine richtige Sauna, die mit echtem Holz befeuert wird. Ich mache es mir auf einem Liegestuhl vor dem großen Fenster mit Blick auf den Steg bequem, wo früher die Wäsche gewaschen und ausgeklopft wurde. Von meinem Platz aus kann ich auch die Koppeln und den Wald dahinter sehen. Als die Dämmerung hereinbricht, treten große, dunkle Schatten aus dem Wald. Wildschweine.

»Du bist an der Reihe«, sagt Justus, als er mit Handtuch und Bademantel aus der Sauna kommt.

In der Sauna muss ich daran denken, wie anstrengend es war, mich durch den Wald oberhalb des Sportplatzes in Perstorp zu zwängen.

Schwer zugänglich, so hat es der Vorsitzende in der Gerichtsverhandlung ausgedrückt. Ich streiche mir über die Oberschenkel. An einigen Stellen sind die Dornen und Stacheln durch meine Hose gedrungen und haben meine Haut aufgerissen. Warum würde jemand dort in kurzen Hosen durch den Wald rennen? Ich versuche, die gesamte Strecke von heute und die Zeiten zusammenzufügen. Aber in meinem Kopf schwirrt alles durcheinander. Ich muss laut denken können, deshalb verlasse ich die Sauna und klettere in das kalte Tauchbecken.

»Folgendes«, sage ich, und Justus sieht hoch. »Derjenige, der Birgitta auf dem Gewissen hat, sieht sie am Waldrand und fragt sie, was sie dort macht. Da sie nicht mit Fremden spricht, wie ihr Vater sagte, ist es vermutlich jemand, den sie kennt oder der ihr Vertrauen gewinnen kann. Vielleicht hat er gesagt ›Ich arbeite mit deinem Vater zusammen‹ oder ›Ich kenne deinen Bruder‹. Auf die Frage, was sie dort macht, antwortet sie ›Ich suche Lärchen‹. ›Ah, wirklich‹, erwidert er. ›Ich weiß, wo welche stehen.‹ Habe ich dir schon erzählt, dass ich Lärchen auf der anderen Seite vom Gustavsborgsvägen entdeckt habe? Gleich vorne im Wald?«

»Ja, hast du.«

»Also, sie kommt mit. Dann versucht er, sie zu überreden, sich auszuziehen. Die Schuhe zieht sie aus, vielleicht rollt sie den einen Strumpf herunter, aber dann wehrt sie sich. Er schlägt sie, sie bekommt Angst und rennt weg. Er hat auch Angst, dass sie es weitererzählt, und holt sie ein. Er schlägt ihr mehrmals mit dem Stein auf den Kopf, dreht sie um und schlägt ihr gegen die Schläfe. Dann schleppt er die Steine und den Baumstumpf in den Graben und versteckt ihren Körper darunter. Dadurch ist seine Kleidung wahrscheinlich schmutzig geworden, oder? Nicht nur von ihrem Blut, sondern auch von Erde, altem Laub, Moos, Nadeln und anderem Zeug.«

»Hm.«

»Er geht noch tiefer in den Wald hinein, zieht sich aus und vergräbt die Sachen zusammen mit der Mordwaffe. Und dann verlässt er den Wald und kommt auf Höhe von Elin Sjöbergs Hof raus. Eine eher verlassene Gegend, aber Elin sieht ihn.«

»Okay?«

»Von dem neuen Sportplatz zum Tatort braucht man nur fünf

Minuten. Von der Lichtung, wo Elin Sjöberg den Mann gesehen hat, zurück zum Sportplatz sind es auch nur fünf Minuten. Er kann in die Umkleidekabine gegangen sein und sich gewaschen haben. Dort gibt es eine Kiste mit sauberen Trikots für die Mannschaft, die Edvin angeblich überprüft hat. Bestimmt war da auch eine Hose dabei, die jemand vergessen hat. Er hat sich was angezogen und ist mit dem Rad zu seinem Termin gefahren.«

»Ja, das klingt auf jeden Fall einleuchtend«, sagt Justus. Er sieht schweigend in den dunklen Wald. »Sag mal, hast du Bengt als Täter ganz gestrichen?«

»Nein.« Justus reicht mir eine Dose Bier, ich nehme einen Schluck, denke nach. »Ich finde, er hat für alles ziemlich lange gebraucht. Wenn Bengt den Sportplatz kurz nach halb acht verlassen hat, sagen wir mal fünf nach halb acht, und er fünf Minuten bis zum Müllplatz gebraucht hat, weil er ja gerannt ist, um es vor der Dunkelheit zu schaffen … Und dann benötigt er wieder fünf Minuten zurück. Laut Polizeibericht dauert es von dort zu Bengts Wohnhaus sechs Minuten. Er kam zwölf Minuten oder Viertel nach acht dort an.« Ich rechne flüsternd nach. »Dann bleiben etwa zwanzig Minuten, über die er keine Rechenschaft ablegen kann. In seiner Version hört es sich an, als wäre er zum Müllplatz gerannt und sofort wieder umgedreht. Also, was hat er in den verbleibenden zwanzig Minuten gemacht? Aber man darf natürlich nicht vergessen, dass er erst vierzehn Jahre alt war und womöglich kein gutes Zeitgefühl hatte. Ich meine, mir fällt es schwer, zu rekonstruieren, was ich gestern getan habe und wie lange ich dafür gebraucht habe, und ich bin erwachsen. Vielleicht ist er viel später vom Sportplatz aufgebrochen, als er dachte, und vielleicht hat es doch länger zum Müllplatz gedauert als fünf Minuten. Das wäre doch möglich.«

»Hm.« Justus ist in sein Handy versunken.

Ich steige aus dem Tauchbecken und mache einen zweiten Saunagang. Edvins Zeitangaben durchzurechnen, ist wesentlich schwieriger. Er hat angegeben, er sei ungefähr Viertel vor acht mit dem Fahrrad zu Assar Andersson aufgebrochen. Diese Strecke dauert circa zehn Minuten mit dem Rad. Assar gab an, dass er gegen halb acht bei ihm war, was aber nicht stimmen kann, weil er zu diesem Zeitpunkt ja noch am Sportplatz gewesen sein soll, angeblich ist er sogar gerade erst eingetroffen. Irgendwann vor Viertel nach acht hat er sich von Assar verabschiedet und ist ins Café Centrum geradelt. Dort blieb er etwa eine Viertelstunde lang, bevor er nach Hause fuhr. Elin hat ausgesagt, dass sie den Mann etwa Viertel vor acht gesehen hat. Die Sonne ging gerade hinter den Bäumen unter. Die letzten Sonnenstrahlen treffen auf die kleine Birkenlichtung vor dem Bach. Nach dem Saunagang dusche ich mich ab und ziehe mir einen Bademantel an. Dann suche ich im Netz nach *Perstorp Sonnenuntergang 7. Mai 1948* und erfahre, dass die Sonne um 19:58 Uhr untergegangen ist. Wasser tropft aus meinen Haaren auf das Display. Ich wische die Tropfen ab und lege das Telefon weg.

Wenn der Mann, den Elin gesehen hat, Birgittas Mörder war und der Todeszeitpunkt, halb acht, stimmt, dann hätte der Täter nur eine Viertelstunde Zeit gehabt. Kann man wirklich innerhalb eines solch kurzen Zeitraums ein Mädchen angreifen, ermorden, schwere Steine und einen Baumstumpf in einen Graben schleppen, sich ausziehen, seine Kleidung vergraben und dann auf Höhe der Lichtung den Wald verlassen? Ich weiß es nicht. Das scheint mir sehr wenig Zeit zu sein, aber wenn der Körper voller Adrenalin ist ... Kann Edvin Birgitta ermordet haben, bevor er zu Assar gefahren ist? Kann er sich in Unterhosen aus dem Wald in die Umkleidekabine geschlichen, sich dort angezogen haben und dann weggefahren sein? Der Sportplatz, der Tatort und Elins Hof liegen nah beieinander, trotzdem klingt das sehr unwahrscheinlich. Was, wenn Edvin gar nicht bei Assar gewesen ist? Nein, auch unwahrscheinlich, dann hätten sie die Uhrzeiten besser abgesprochen. War es doch vielleicht jemand anders?

Unter Berücksichtigung der ungenauen Zeitangaben könnte man den relativ eng bemessenen Zeitraum ausdehnen. Vielleicht wurde Birgitta schon um fünf vor halb acht erschlagen. Vielleicht hat sich auch Elin um fünf Minuten geirrt. Das würde dem Täter insgesamt fünfundzwanzig Minuten verschaffen. Das ist denkbar. Aber es sagt noch nichts aus. Wer war es? Wer? Wer? Mein Haar ist noch feucht, als ich mich neben Vivi ins Bett lege. Im Dunkeln rufe ich lautlos nach Birgitta. »Bitte, bitte«, flehe ich sie an, »zeig mir, wer es gewesen ist.« Aber als ich am nächsten Morgen aufwache, ist mein Kopf so blank wie ein spiegelglatter See.

In letzter Zeit habe ich sehr viel Energie darauf verwendet, nach Verbrechen zu suchen, die sich in der Umgebung von Perstorp vor und nach dem Mord an Birgitta ereignet haben. Denn ich kann mir kaum vorstellen, dass es die erste und letzte Tat des Mörders gewesen ist. Jemand wacht doch nicht eines Tages auf und beschließt aus heiterem Himmel, einen Menschen zu töten. Vor allem nicht ein kleines Mädchen, das er mit einem Stein erschlägt und dessen Körper er im Wald unter Steinen vergräbt, um danach sein normales Leben fortzuführen. Ich stoße auf sehr viele, schreckliche Gewalttaten in und um Perstorp. Ich schreibe Mimmi und erzähle ihr davon. Sie antwortet: *Wunderbares Perstorp. Das Tor zur Hölle.*

Das fasst meine Gefühle sehr gut zusammen. Wenn Sam einen Film sieht, will er immer wissen, wer die Guten und wer die Bösen sind. Er muss die Welt in Schwarz und Weiß einteilen, damit er sie versteht. Das geht mir genauso. Der Mord und der Tatort werden in meinem Kopf mythologisiert, und Birgitta ist zur Prinzessin Tuvstarr geworden, wie auf dem berühmten Bild von John Bauer. Und Perstorp ist der böse Wald hinter ihr.

Gleichzeitig habe ich den Eindruck, dass sich die Stimmung in der Perstorpgruppe auf Facebook geändert hat und viel leichter und ungezwungener geworden ist. Der jüngste Eintrag ist von einer Frau, die ihren ECCO-Schuh verloren hat. Der Beitrag wurde dreizehn Mal geteilt. Aus Nettigkeit, glaube ich. Ansonsten werden schöne Fotos gepostet und die Nachricht, dass Füchse gesichtet wurden, Wünsche für ein schönes Wochenende und alte Fotos von Menschen und Höfen hochgeladen, die es nicht mehr gibt. Die meisten blicken offensichtlich begeistert auf ihre Kindheit in Perstorp zurück, und viele Familien leben schon seit Generationen dort. In meinem Inneren jedoch gleicht Perstorp einem düsteren Schauplatz in einem bösen Drama.

Ich entdecke noch weitere Tuvstarrs, Mädchen und Frauen, die diese Rolle in unterschiedlichen Inszenierungen in der Gegend verkörpern. Im November 1948 übernimmt eine Siebzehnjährige die Krone der Prinzessin. Sie fährt eines späten Abends von einem Fest nach Hause und wird von einem Mann vom Fahrrad gerissen. Er schleift sie mehrere Hundert Meter in den Wald hinein. Was er ihr antut, weiß ich nicht, doch sie überlebt, und ihr gelingt die Flucht. Die Polizei aber stuft sie und ihre Aussage als nicht glaubwürdig ein, und der Fall wird eingestellt. Im Januar 1952 wird die Krone an eine Frau weitergereicht, die so alt ist wie ich jetzt. Auch sie war auf dem Nachhauseweg von einem Fest. Das Wetter war umgeschlagen, die Straße, die durch den Wald östlich von Perstorp verläuft, war vereist und rutschig. Es ist das Waldstück, in dem auch Birgitta ermordet wurde. Sie steigt ab und legt das Fahrrad hin, als plötzlich ein Mann aus dem Wald auf sie zustürmt, sie vergewaltigt, ihr mit einem Messer die Hände aufschlitzt und sie blutend ihrem Schicksal überlässt. Der Frau gelingt es, sich bis zum nächstgelegenen Hof zu schleppen, wo ihre Wunden versorgt werden. Der aufziehende Schneesturm legt die Telefonleitungen lahm, sodass die Polizei und ein Arzt erst am nächsten Morgen gerufen werden können. Die Frau hatte den Mann erkannt, wusste aber seinen Namen nicht. Die Polizei konnte jedoch anhand ihrer Beschreibung den Mann identifizieren und am selben Abend festnehmen.

Ich gebe das Suchwort *Vergewaltigung* im Feed der Facebook-Gruppe ein und lande bei einem Eintrag: *Unser lokaler Promi hat einiges auf dem Gewissen.* Hochgeladen wurde ein alter Artikel von besagtem Ereignis. Den ganzen Abend lese ich alles, was ich über den lokalen Promi Hilding Samuelsson finden kann. Er war neunzehn, als er zu sechs Jahren Haft und Strafarbeit wegen Vergewaltigung verurteilt wurde. Er hat eine schwere Kindheit gehabt, ist in Kinderheimen aufgewachsen und war Gewalt ausgesetzt. Im Alter von zwölf Jahren hat er in der Isolationszelle immer wieder den Kopf an die Tür geschlagen. Dort musste er häufig drei Tage am Stück verbringen.

Manchmal hatte er Wutausbrüche und wurde laut Akten *zum Berserker*. Auf einem Foto ist er noch sehr jung und hat eine Matrosenuniform an. Auf den meisten anderen Aufnahmen ist er schon älter und hat langes, ungepflegtes Haar und trägt einen Bart. Bis zu seinem Tod in den Neunzigern hatte er die Rolle des Dorftrottels von Perstorp. Alle kannten ihn, und den Kommentaren in der Facebook-Gruppe nach zu urteilen, die sämtlich von Männern geschrieben wurden, galt er als beliebt. Die Kommentare sind fast alle positiv und nostalgisch. Nur wenige weichen von der gängigen Auffassung ab. Sie stammen von heute erwachsenen Frauen, die erzählen, was für eine Angst sie als Kinder vor Hilding hatten und dass diese Angst von den anderen bagatellisiert wurde. Hilding hat ihnen zwar mal eine Münze oder ein Bonbon gegeben, was ihr Bild von ihm positiv beeinflusste, aber sie scheinen doch instinktiv etwas gespürt zu haben.

Es ist mir bisher vier Mal in meinem Leben passiert, dass ich das starke Gefühl hatte, mich vor jemandem in Acht nehmen zu müssen. Das erste Mal, als ich in einem Pfandhaus gearbeitet habe. Eines Tages kam ein Mann herein, und ich bin instinktiv zu meinem Chef nach hinten gegangen und habe ihn gebeten, den Kunden zu bedienen. Beim zweiten Mal waren wir Billard spielen, und Fredrik hat eine Mütze gefunden. Er fragte zwei Typen am Ausgang, ob sie ihnen gehört. Als sie sich zu uns umdrehten, habe ich an ihren Augen gesehen, dass sie Böses im Sinn hatten. Und es wurde schnell deutlich, dass sie sich prügeln wollten. Denselben Blick habe ich bei meiner dritten Begegnung dieser Art bemerkt, bei einem Typ im Bus, der mich so komisch angesehen hat.

Beim vierten Mal hatte der Mann einen Namen. Er hieß Urban und arbeitete in der Fabrik, in der ich einen Sommerjob angenommen hatte. Ich war sehr vorsichtig, ging ihm aus dem Weg, weil er mich immer so anstarrte. Eines Tages kam er in die Personalküche, wir waren allein, und er presste mich in eine Ecke. Ich habe keine Erinnerung daran, was genau passiert ist, ich weiß nur, was ich meinem Chef erzählt habe. Dass er mir einen Haufen sehr persönlicher Fragen gestellt habe. Mein Chef versprach mir, den Zwischenfall ernst zu nehmen. Als ich ihn ein paar Tage später darauf ansprach, teilte er mir mit, dass er mit Urban gesprochen hätte. Dann erzählte er mir, dass Urban etwas speziell wäre und es nicht leicht im Leben gehabt hätte. Wir beide sollten mal zusammen einen Kaffee trinken, nur Urban und ich. An diesem Tag ging ich von der Arbeit nach Hause und kam nie wieder zurück.

Als Birgitta ermordet wurde, war Hilding Samuelsson fast sechzehn Jahre alt, es war kurz vor seinem Geburtstag. Er besaß, anders als Bengt und Edvin, eine von Gewalt geprägte Vorgeschichte. Hatte mit Gewalt Erfahrungen gemacht, die ihm widerfahren ist und die er wiederum anderen angetan hat. Laut dem Profiler John E. Douglas ist der beste Indikator für zukünftige Gewalt frühere Gewalt. Ich schicke Karl eine SMS:

Erinnerst du dich an einen Hilding Samuelsson? Er war 2-3 Jahre älter als du und hat mit seiner Mutter in Perstorp gelebt und war jahrelang in Kinderheimen untergebracht.

Die Antwort kommt umgehend: Er kann sich an keinen Hilding erinnern.

Mit acht, neun Jahren ist man ein fertiger Mensch. Man hat Träume, Lieblingskleider und Interessen. Es gibt Menschen, die man hasst. Und Menschen, die man liebt. Die Gefühle sind genauso groß und bedeutsam wie bei Erwachsenen. Ich war acht Jahre alt, als ich selbst entscheiden durfte, was ich in den Hort anziehe. Noch nie habe ich mich so schön gefühlt. Eine olivgrüne, gerippte Baumwollstrumpfhose und einen langen, zartroten und wollweißen Fleecepullover mit breitem Kragen, der ein Zickzackmuster im gleichen Grün wie die Strumpfhose hatte. Und dazu einen französischen Zopf. Ich hatte eine beste Freundin, habe mich zum ersten Mal in meinem Leben verliebt und hörte das Lied *Öppna din dör* von Tommy Nilsson rauf und runter. Ich kannte den Text auswendig. Dieses Mädchen von damals gibt es noch in mir, aber sie hat sich entfaltet und ist zu der Frau geworden, die ich heute bin. Mir kann leider niemand erzählen, wie Birgitta oder Harriet als Menschen, als Persönlichkeiten waren. Ich betrachte sie als Kinder, die es zwar gibt, die aber niemand wahrnimmt. Wie Tove Janssons unsichtbare Kinder. Wenn ich Karl frage, wie seine Schwester war, weicht er aus. Ich weiß nicht, ob er sich nicht erinnern kann oder ob er sich nicht erinnern will und es ihm wehtut, über sie zu sprechen. Ich kann mir nur mithilfe der Zeitungsartikel und Verhörprotokolle ein schemenhaftes Bild erstellen.

Ich habe Jan Ullén gefragt, ob er jemanden kennt, der mir im Fall Birgitta weiterhelfen könnte, einen erfahrenen Fallanalytiker. Tatsächlich kennt er einen Kollegen, der seit beinahe einem halben Jahrhundert bei der Polizei arbeitet und sich mit Täterprofilen beschäftigt. Er gibt mir im Laufe unserer Zusammenarbeit zu verstehen, dass er lieber anonym bleiben will. Wir einigen uns darauf, dass ich auf ihn lediglich als *Kriminalhauptkommissar* verweise und keine Details über seinen Arbeitsalltag preisgebe.

Ich spüre, wie zurückhaltend und abwartend und auch ein bisschen skeptisch er mir gegenüber ist. Er will ganz sicher sein, dass eine gute Intention dahintersteckt. Ich erkläre ihm, worum es geht, und nach einem langen Telefonat ist er mit an Bord. Als ich mich überschwänglich bei ihm bedanke, lacht er herzlich. Ich schicke ihm die Ermittlungsakten zu Birgittas Fall, auf dessen Grundlage er ein Täterprofil erstellen will. Da er das nur in seiner Freizeit machen kann, wird es eine Weile dauern. Am Tag nach unserem Gespräch schreibt er mir und bittet mich, mir alles über Birgitta als Person zu erzählen, was ich weiß.

Birgitta ist oft mit ihrem Vater auf dem Sportplatz laufen gegangen, sie war schnell und gut im Fangenspielen. Die meisten ihrer Freunde waren Jungen, aber nur gleichaltrige. Ihr größtes Interesse galt Blumen. Sie fuhr durch die Gegend, um besonders schöne zu pflücken. Einmal hat sie den Fehler begangen, zwei Freundinnen aus der Schule von ihrer geheimen Maiglöckchenstelle zu erzählen. Die haben das Geheimnis ausgeplaudert. Das machte sie wütend, danach spielte sie nicht mehr mit ihnen. Sie kannte sich sehr gut aus in der Gegend, aber ihr Vater war davon überzeugt, dass sie niemals allein so tief in den Wald gegangen wäre. An die Stelle, wo man sie und ihre Schuhe gefunden hat. Ihrem Vater zufolge war sie lebhaft und kam schnell mit Leuten ins Gespräch, aber sie wäre niemals mit einem Fremden mitgegangen. Am Tag ihres Todes war sie mit Bauchschmerzen zu Hause geblieben. Vielleicht, weil sie die Schule schwänzen wollte?

Am nächsten Tag ziehe ich mich schick an. Es hat beinahe etwas Feierliches – weil es so selten geworden ist, dass ich Kärrtorp verlasse. Im Aufzug nach unten setze ich meine Maske auf.

Es ist nicht so voll in der Bahn, wie ich befürchtet habe. Ich steige am Hötorget aus und gehe die Kungsgatan runter bis zur Königlichen Bibliothek. Ich fühle mich frei und ausgelassen, weil ich mal wieder in der Stadt bin. Ein junger Student lässt mich rein. Der Haupteingang ist geschlossen, man muss durch die kleine Tür an der Seite und beim Wachmann klingeln. Es ist gespenstisch leer. Ich fahre mit dem Aufzug in den Keller und öffne die schwere Tür zum Mikrofilmarchiv. Sie gleitet erst wieder ins Schloss, als ich schon längst vor dem Monitor sitze.

Als man Harriets Körper hinterm Klubhaus in Lundby fand, war er noch warm. Deshalb wurde sie sofort von der Polizei ins Kinderkrankenhaus gebracht. Dort konnten die Ärzte aber nur noch ihren Tod feststellen.

Sowohl in *Stockholms-Tidningen* als auch im *Aftonbladet* wurden Fotos von Harriet veröffentlicht. Darauf lächelt sie mit geschlossenen Lippen und nach oben gebogenen Mundwinkeln. Ihr Blick ist nach rechts oben gerichtet, dabei hat sie eine Augenbraue hochgezogen, wie die Revueartisten früher. Sie trägt einen kurzen Bob, der Pony ist mit einer absurd großen, dunklen Schleife befestigt. Es wirkt, als wüsste sie, dass die Haarspange zu groß ist. Sie sammelte Münzen und machte sich einen Spaß daraus, sie bei den Straßenbahnfahrern einzuwechseln – Münzen in Scheine und dann wieder zurück in Münzen und dann wieder in Scheine. Außerdem war sie offenbar ein sehr musikalisches Kind. Sie konnte Akkordeon und Mundharmonika spielen. Harriet war mit einer Frau Sofia Johansson befreundet, die für den Artikel interviewt wurde.

Es ist so still und leer, ohne sie und ihr Akkordeon, sagt sie.

Sie hatten sich kurz vor ihrem Tod noch gesehen, weil Frau Johansson am nächsten Tag ihren fünfundsiebzigsten Geburtstag feierte.

Harriet freute sich schon darauf, gleich morgens bei mir vorbeizukommen und unser Lieblingslied für mich zu spielen. Der Abschied der Maiglöckchen.

Sie haben draußen im Garten gestanden, und Harriet hat es für die anderen Kinder gespielt.

Oh, wie sehnte ich mich danach, meinen Duft zu verbreiten im Land,
Lobe meinen Schöpfer, den guten
mit dem Wohlgeruch, den man mit mir verband.
Meine kurze Zeit ist bald vorbei
und ich beuge meinen Kopf ganz sachte, so sachte
um zu sterben, weiß wie Schnee,
und in Frieden für immer zu schlafen.

Ich bin gerade ins Bett gegangen, als die Mail von meinem Kriminalhauptkommissar kommt. Das Täterprofil ist fertig. Die Wirkung der Schlaftablette setzt schon ein, und ich kann die Augen kaum offen halten, aber ich überfliege das sechs Seiten lange Dokument. Ich lese die Zusammenfassung am Ende. Der Täter war ein junger Mann zwischen fünfzehn und zwanzig Jahre alt, tatsächliches oder mentales Alter. Er war zum Tatzeitpunkt sexuell unerfahren. Möglicherweise hatte er schon andere Verbrechen begangen, sexuelle Übergriffe oder Gewaltdelikte. Er hatte eine gute konditionelle Verfassung, obwohl Birgitta von dem Ort des ersten Übergriffs sechzig Meter durch den Wald rennen konnte, ehe er sie im Graben eingeholt hat. Er lebte in Perstorp oder in unmittelbarer Nähe. Das schloss der Fallanalytiker aus der Tatsache, dass der Täter versucht hat, den Körper im Graben zu verstecken. Jemand ohne eine persönliche Bindung zu dem Ort hätte sie dort einfach liegen lassen.

Vermutlich kannte Birgitta ihren Mörder, vielleicht auch nur flüchtig. Er hatte Schwierigkeiten im Umgang mit Konflikten und Rückschlägen und hat aufgrund seiner einschränkten Impulskontrolle aggressiv reagiert, wenn er damit in Berührung kam. Das Profil passt nicht zu Edvin. Ich bin davon überzeugt gewesen, weil einige Indizien auf ihn als Täter hingewiesen haben, und etwas enttäuscht von dem Ergebnis. Es hätte demnach durchaus Bengt sein können. Bis auf einen Aspekt: die Gewaltbereitschaft. Seine Klassenkameraden waren sich alle einig, dass er zwar der Stärkste war, aber vor allem nett. Während der Gerichtsverhandlung wurde viel Energie darauf verwendet, seine Fehltritte und seine gewalttätige

Seite hervorzuheben. Barbro, die Schlittschuhläuferin, wurde vorgeladen. Sowie die beiden Mädchen, Britta und Anita, die Bengt gefragt hatte, ob sie *in den Wald bumsen gehen* wollten. Diese drei Mädchen haben sein Verhalten als unangenehm und unangemessen beschrieben, und das kann ich sehr gut nachvollziehen. Die Frage ist, ob er sich dessen bewusst war. Was wurde einem Vierzehnjährigen damals beigebracht, was richtig und was falsch ist? Meiner Meinung nach könnten sich solche Situationen wie vor Gericht beschrieben auch ohne mörderische Raubtiergedanken ereignen.

Und dann gibt es noch den Zwischenfall ein paar Jahre zuvor, als Bengt mit acht Jahren aus Wut ein Metallstück vom Boden aufhob und es dem großen Bruder seines Freundes an den Kopf warf. Wie viel sollte und darf man da hineininterpretieren? In dem Alter besitzt man noch nicht die Fähigkeit, über Konsequenzen nachzudenken. Hätte das nicht jedem achtjährigen Kind passieren können? Vor allem einem Jungen. Ihnen wird beigebracht, dass ein gewisses Maß an Gewalt akzeptabel ist. Ich lese die Zusammenfassung des Täterprofils mehrmals durch. Treffen da nicht ziemlich viele Aspekte auf Hilding Samuelsson zu?

An einem ungemütlichen und kaltfeuchten Novembertag 1938, der Boden riecht nach Pilzen, Fäulnis und Erde, klopfte Landeshauptmann Gerell in Begleitung von zwei Vertretern des Jugendamtes an die Tür der winzigen Hütte am Rand von Perstorp. Dort lebte eine alleinerziehende Frau mit ihren Kindern. Der Landeshauptmann war gekommen, um ihr die Kinder wegzunehmen. Nicht, weil die Kinder Gewalt ausgesetzt, sondern weil sie arm waren. Eines der Kinder war ein sechsjähriger Junge. Er versuchte sich unter dem Kleid seiner Mutter zu verstecken. Er hieß Hilding und hörte die Mutter seinen Namen und den der Geschwister schreien, als er mitgenommen und zu einer Pflegefamilie siebzig Kilometer entfernt von zu Hause gebracht wurde.

Hildings Akte kommt mit der Post, ein dicker brauner Umschlag. Ich sitze auf dem Fußboden im Wohnzimmer und folge ihm auf seinem Weg durch die Institutionen des Landes, vom Kinderheim in Pflegefamilien und verschiedene Anstalten. Justus bringt Vivi ins Bett, und Sam baut Lego. Hilding wurde von einer Stelle zur nächsten geschickt, niemand wollte ihn haben. Den Unterlagen zufolge geriet er in Schlägereien, aß Pferdeäpfel und legte Feuer. Wenn das alles wahr ist, liest sich das wie die Beschreibung eines Kindes, dem es sehr schlecht geht. Die Zuständigen in den Institutionen, die ihm eigentlich helfen sollten, benutzten alle dieselben Vokabeln: *schwer erziehbar*, *unzuverlässig*, *abnorm* und vor allem immer wieder *Psychopath*. Ich frage mich, was man damals mit diesem Wort assoziierte. In einem Artikel über Alkoholismus in *Dagens Nyheter* vom 13. September 1933 wird Psychopathie als eine *leichte psychische Abnormität* definiert. Ich lese mehrere Artikel, die das Wort Psychopathie verwenden, sowohl in der Zeit kurz vor Hildings Unterbringung in staatlichen Einrichtungen als auch danach. Nahezu alle verwenden die Bezeichnung, um *eine abnorme Persönlichkeit* zu beschreiben. Das weicht etwas von der Definition ab, die wir heute benutzen. Was deutlich wird, ist, dass viele Menschen Hilding als unheimlich und unangenehm beschreiben. Sie wussten nicht, wie sie mit ihm fertig werden sollen. Wie würde man heute mit ihm umgehen? Und welche Hilfe würde er bekommen?

Im ersten Schulhalbjahr 1946 beschrieb Hildings Lehrerin sein Verhalten, wenn jemand etwas getan hat, was ihm missfiel. Dabei spielte es keine Rolle, ob es sich um ein Kind oder einen Erwachsenen handelte. Dann kam er in den Speisesaal und ging mit starrem Blick auf denjenigen zu. Begann um ihn herumzulaufen und wiederholte dabei nur immer und immer wieder denselben Satz, bis sein Opfer zusammenbrach und weinte. Die Lehrerin hatte das am eigenen Leib erfahren müssen, *Verdammte Schlampe* hatte er bei ihr in leierndem Ton wiederholt. Auch körperliche Gewalt war ihm nicht fremd. Es finden sich mehrere solcher Vorfälle in den Akten, wobei sich die Gewalt gegen alle richten konnte, sowohl gegen Kinder als auch Erwachsene, gegen Frauen und Männer.

Justus hatte Sam zum Zähneputzen geholt, was ich nicht bemerkt hatte, weil ich so versunken war. Plötzlich kommt Sam die Treppe heruntergestürmt und wirft sich mit voller Kraft an meinen Hals. Ich verliere das Gleichgewicht und stürze vornüber auf die Unterlagen.

»SAM!«, brülle ich wütend. »Ich bekomme tierische Angst, wenn du das machst!«

Mir stehen die Tränen in den Augen. Sams Strahlen erstirbt augenblicklich, besorgt sieht er mich an.

»'tschuldigung, Mama!«

Ich schüttele den Kopf. Ich fühle mich so machtlos. Wie soll ich ihm bloß abgewöhnen, dass er sich dauernd auf andere wirft? Als käme ein Vorschlaghammer angeflogen. Ich will keine Angst mehr davor haben. Vor allem habe ich Sorge, dass er Vivi verletzt. Ich ziehe ihn auf meinen Schoß.

»Du musst mit diesen Umarmungsattacken aufhören, Sam. Das tut weh, und ich bekomme Angst.« Ich streichele ihm über den Kopf. »Gute Nacht, mein Liebling. Schlaf gut.«

»Gute Nacht«, sagt er und gibt mir einen Kuss.

Auf dem Weg nach oben wirft er mir Luftküsse zu. Ich erwidere sie, fange seine und drücke sie aufs Herz. Er fängt meine und legt die kleine weiche Faust auf sein Herz.

Mit acht Jahren kam Hilding Samuelsson nach Råby in die Besserungsanstalt für psychopathische Kinder in der Nähe von Lund. Das war in dem kalten Winter 1941. Fünf Jahre zuvor war die Einrichtung in die Kritik geraten, als die Journalistin Else Kleen den Direktor der Anstalt Oskar Ekelin beschuldigte, ein Sadist zu sein. Kleen schrieb mehrfach darüber, wie die Heimleitung durch ihre grausame Führung harmlose Dummköpfe in bösartige junge Männer verwandelte.

Ekelin war nach wie vor Direktor, als Hilding nach Råby kam. Zwei Monate nach seiner Ankunft hatte Hilding akute Schmerzen im Unterbauch und Blut im Stuhl und wurde ins Krankenhaus nach Kristianstad gebracht. In seiner Krankenakte steht:

Laut Aussage des Chefarztes Dr. Selander verhielt er sich wie ein ausgesprochener Psychopath. Mal launisch, mal mürrisch, widerwillig, verzweifelt, mal hatte er Anfälle von starken Bauchschmerzen und stärkerem Erbrechen, besonders wenn er aufgeregt war oder nicht seinen Willen bekam. Diese Anfälle konnten mehrere Tage am Stück andauern, er war aber einer Psychotherapie und einer leichten Medikation etc. gegenüber aufgeschlossen. Intelligenz eines Zehn- bis Elfjährigen.

Warum hat Hilding eine Psychotherapie gemacht? Er war nicht wegen psychischer Leiden eingeliefert worden, und warum hat sich ausgerechnet der Chefarzt über sein Befinden geäußert? Hatte das die Leitung von Råby angefordert? Dr. Selander scheint anzunehmen, dass den Bauchschmerzen psychische Ursachen zugrunde liegen. Ich weiß nicht, wie er das Blut im Stuhl erklärt. Aber da haben wir es wieder, die häufigste Vokabel in seiner Krankenakte, mit der Hilding im Laufe der Jahre beschrieben wurde: *Psychopath.*

Was bedeutet es, wenn man einen Achtjährigen als einen Psychopathen bezeichnet? Ich würde gerne wissen, was in den Krankenakten anderer Kinder in dieser Zeit steht.

Hilding wird von Råby in eine Pflegefamilie geschickt, aber die will ihn nach fünf Monaten wieder loswerden. Er kommt in das Kinderheim Trelleborg. Auf dem Weg zur Schule sammelt er Pfandflaschen und kauft sich für das Geld Streichhölzer, mit denen er Feuer legt. Im Kinderheim und im Ort. Er wirft Fenster ein und zerschlägt Mobiliar. Irgendetwas ist passiert. Ich muss immer wieder an das Blut im Stuhl denken. Kinder, die Angst haben, klagen häufig über Bauchschmerzen. Wurde er vielleicht doch sexuell missbraucht, oder ist das eine Überinterpretation?

Nach sieben Monaten im Kinderheim Trelleborg kehrt er zurück nach Råby. Zwei Jahre später kommt er erneut mit Bauchschmerzen ins Krankenhaus, aber es kann keine Diagnose gestellt werden. Er legt immer wieder Feuer. Im Sommer 1946 verhält sich Hilding seinen Kameraden und den Erwachsenen in Råby gegenüber so gewalttätig, dass er als zu gefährlich eingestuft wird und verlegt werden muss. Sie wollen ihn in die Besserungsanstalt nach Lövsta schicken. Das liegt in der Nähe von Vagnhärad und ist etwa fünfhundert Kilometer nordöstlich von Perstorp. Dort landen die schlimmsten jugendlichen Gewalttäter, und der Leiter dieser Einrichtung ist Dr. Birger Sjödén, der im Laufe der Mordermittlungen wiederholt mit der Befragung von Bengt beauftragt wurde. Ich hätte erwartet, dass sich für Hilding in Lövsta alles noch verschlimmern würde. Aber das Gegenteil ist der Fall. Seine Beurteilungen verbessern sich, und er wird mit freundlicheren Worten beschrieben.

Im November 1947 wird er auf Bewährung entlassen und kehrt nach Perstorp zurück. Exakt neun Jahre, nachdem er sein Zuhause verlassen musste. Als Hildings Aufpasser vor Ort taucht ein weiterer Bekannter auf – der Vertreter des Jugendamtes, Magister Sven Ekvall. Er unterstützt Hilding dabei, eine Arbeit beim Metzger zu finden, aber dort gefällt es ihm nicht. Er fängt bei seinem Onkel an zu arbeiten, der ein Tiefbauunternehmen hat. Er ist fleißig und aufmerksam und hilft unaufgefordert abends noch im Stall mit. Im März 1948 hört er auf, dort zu arbeiten, und nimmt Gelegenheitsjobs an, bis er bei einem Bauern auf dem Hof anfängt. *Sowohl seine Arbeitgeber als auch die Nachbarn und die eigene Mutter haben sich mit großer Zufriedenheit über Hildings Benehmen geäußert*, schreibt Ekvall in seinem Bericht. Von seinem Ersparten kauft sich Hilding ein Fahrrad und einen Anzug.

Im Mai wird Birgitta ermordet. Drei Namen aus Hildings Akte tauchen auch in der Mordermittlung wieder auf: Landeshauptmann Gerell, Dr. Sjödén und Magister Ekvall. Keiner der drei scheint auf den Gedanken gekommen zu sein, den Verdacht auf Hilding zu richten, einen aktenkundigen, gewaltbereiten Fünfzehnjährigen, der zur Tatzeit in Perstorp lebte. Wie kann das sein? Wussten sie, dass es Hilding nicht gewesen sein konnte, weil er nicht da war? Oder hat es mit der Besonderheit von Perstorp zu tun, von der Karl erzählt hat? Die gesellschaftliche Spaltung in Angestellte und Arbeiter. Seine Familie gehörte zu der ersten Gruppe, die Familie Sommer zur zweiten. Hildings Familie befand sich in dieser Hierarchie sogar noch unter der Familie Sommer. Sie waren ärmer als die Arbeiterfamilie. So arm, dass Hildings Mutter ihre Kinder nicht behalten durfte. Aber ihre Wurzeln steckten tief in perstorpscher Erde. Bengt hatte deutsche Wurzeln auf der väterlichen Seite. Er stand mit dem einen Fuß in der Welt der Arbeiter, mit dem anderen in der Welt der Flüchtlinge. Und die Flüchtlinge standen noch einmal ganz woanders, weit außerhalb dieser Gemeinschaft. Durch seinen Vater hatte er Verbindung zu den fremden Menschen in den Baracken bei der Fabrik. Ausländer, zu denen sich Otto Sommer in der Gerichtsverhandlung äußern musste. Vielleicht haben die drei – Gerell, Sjödén und Ekvall – aus Loyalität zu den gebürtigen Schweden, den gebürtigen Perstorpern nicht Hilding in Betracht gezogen?

Anderthalb Monate nach dem Mord an Birgitta fährt Hilding

nach Lövsta und besucht seine alte Einrichtung. Er bleibt sechs Tage dort. Warum, finde ich nicht heraus, aber es kommt mir merkwürdig vor, dass er seinen *Urlaub* dort verbringt. Vielleicht machte sich aus irgendeinem Grund jemand Sorgen um ihn? Sein Verhalten während dieses Aufenthaltes ist auffällig, er benimmt sich schlecht, vor allem den Mitarbeiterinnen gegenüber. Einen Monat später stiehlt er die Pistole seines Arbeitgebers und schießt damit wild um sich. Er flieht in den Wald, wo er schließlich von fünfundzwanzig Heimwehrleuten und Polizisten übermannt und nach Lövsta zurückgebracht wird.

> 24.8.48 Tagsüber ausgerissen. Gegen Abend in einem Heuhaufen gesichtet. Als er zurückgebracht werden sollte, lief er weg. Bei der Durchsuchung des Heubodens wurde er unter einem Heuhaufen gefunden. Weigerte sich rauszukommen. Er wurde herausgezogen, er schrie laut und wirkte verwirrt. Er konnte in letzter Sekunde daran gehindert werden, sich vom Heuboden zu stürzen.
> 25.8.48 Kann nicht mit den anderen Jugendlichen zusammenarbeiten, muss in Åsen isoliert werden.
> 10.48 Hat einen Schuljungen in den Stall gezerrt, ihm die Kleidung vom Körper gerissen und wie besinnungslos auf ihn eingeschlagen. [...] Der Junge schrie um Hilfe, und als die anderen Kinder kamen, lief Hilding weg.
> 13.11.48 Ohne Anlass und scheinbar aus Spaß schlug er Björklund mit der Faust ins Gesicht. Björklund wurde übel zugerichtet, hat u.a. eine aufgeplatzte Lippe. Hilding handelt immer häufiger impulsiv und ohne nachzudenken. Wünscht sich ein Messer, um damit vor den Gesichtern der anderen herumzufuchteln. Ein gefährlicher Junge, der von der Gesellschaft isoliert werden sollte?

Ich kann in der Akte eine deutliche Veränderung erkennen, ein Vorher und ein Nachher. Nachdem Hilding nach Lövsta kam, wird es heller in seinem Leben, er scheint sich im Griff zu haben, es geht ihm besser. Dann wird er auf Bewährung nach Perstorp entlassen. Auch dort läuft es gut. Die Familie, die Nachbarn und die Arbeitgeber mögen ihn. Hilding benimmt sich tadellos. Aber dann, irgendwann zwischen Frühling und Frühsommer, passiert etwas. Und alles kippt. Von der Helligkeit in die Dunkelheit, aus Ruhe wird Aggression.

Die Vergewaltigung, für die Hilding 1952 verurteilt wird, ist genau genommen der einzig negative Beitrag in der Facebook-Gruppe. In einigen Kommentaren melden sich kritische Stimmen, die sich dagegen aussprechen, Leute so an den Pranger zu stellen. Hilding hätte die Hölle auf Erden ertragen müssen. Er hätte seine Schuld verbüßt und solle in Frieden ruhen dürfen. Außerdem gäbe es Leute, die viel schlimmere Dinge getan hätten. Nur eine Frau weicht davon ab und schreibt, sie habe als Kind mitbekommen, wie Hilding sogar wegen versuchten Mordes verurteilt worden sei. Ich schreibe ihr persönlich, sie antwortet sofort, und wir schreiben den ganzen Abend hin und her, während Justus neben mir sitzt und auf der Konsole spielt.

Die Frau will wissen, warum ich mich dafür interessiere, und ich erzähle ihr von meinem Buchprojekt über einen ungeklärten Fall, den Mord an einem Mädchen 1948 in Perstorp.

Das Mädchen, das auf dem Weg nach Färingtofta überfallen wurde?

Nein, was war da?

Ich erinnere mich, dass meine Eltern von einem kleinen Mädchen erzählt haben, aber es kann auch sein, dass ich etwas durcheinanderbringe.

Ich frage sie, ob sie Hilding begegnet ist.

Ja, oh ja.

Und was hattest du für einen Eindruck von ihm?

Meine Mutter hatte Todesangst vor ihm. Ich glaube, er hatte zwei Gesichter.

In der Facebook-Gruppe wird in fröhlichem Tonfall berichtet, dass Hilding unangemeldet bei Leuten zu Hause auftauchte. Auf einmal gibt das Babyfon einen sonderbaren Laut von sich. Es rauscht und quietscht. Es klingt, als würde ein erwachsener Mann jammern und murmeln. Ich springe auf, rase die Treppe hoch und stürme ins Schlafzimmer, wo Vivi seelenruhig in ihrem Bettchen schläft.

Meine Hände zittern vor Nervosität, als ich das Freizeichen höre. Der Kriminalhauptkommissar geht sofort ran.

»Ich kann mir durchaus vorstellen, dass ein sexuelles Motiv dahintersteckte, auch wenn es keine entsprechenden Verletzungen oder Anzeichen dafür gab«, sagt er. »Ich habe mit meinen Kollegen über den Fall gesprochen, und einer hat sofort gesagt: ›Das ist sexuell motiviert. Kein Zweifel.‹ Aber das Ganze hat etwas Unbeholfenes. Ich glaube nicht, dass der Täter ein Erwachsener war, sonst hätte Birgitta auch nicht so weit laufen können. Sechzig Meter, bevor er sie eingeholt hat, das ist viel. Ich musste an den Typen denken, den du beschrieben hast.«

»Hilding Samuelsson.«

»Hilding, genau ...« Der Kriminalhauptkommissar lacht. »Er ist ein sehr geeigneter Kandidat. Vermutlich war es sein erstes Mal. Viele Anfängerfehler. Aber an und für sich, Bengt ist auch vierzehn gewesen, es könnte genauso gut ... Ich meine, was beweist eigentlich, dass er es nicht war? Es gibt erschwerende Umstände, die Schuhe, das Blut.«

Wir unterhalten uns eine Weile über Bengt. Ich gebe zu, dass das Alter stimmt, und die Schuhe und das Blut sprechen auch gegen ihn, obwohl es sich aller Wahrscheinlichkeit nach um altes Blut gehandelt hat. Aber hätte es nicht viel mehr Blut sein müssen? Und hätte er nicht schmutziger sein müssen, weil er schlammige Steine geschleppt hat? Der Kriminalhauptkommissar gibt mir recht.

»Ich sage ja ... Dieser Hilding ist ein ausgezeichneter Kandidat. Du hast mich gefragt, was der Täter nach der Tat gemacht haben könnte. Ich beschreibe das als *cool off period.* Die Angst, die zur Tat antreibt, lässt nach und stellt sich bei denen wieder ein, die dann zu Serientätern werden, Gewalt- oder Sexualverbrecher. Es staut sich wieder auf, und man muss es wieder tun. Ich würde sagen, wenn Hilding Birgitta ermordet hat, und er wurde später ja wegen Vergewaltigung verurteilt, dann war das wohl sein erstes Mal.«

»Es gibt noch einen zweiten Fall, der dem von Birgitta sehr ähnelt. Der Mord an einem Mädchen zwei Monate später auf Hisingen in Göteborg«, sage ich.

»Wie weit ist das von Perstorp entfernt?«

»Zweihundertzwanzig Kilometer. Sie hieß Harriet.« Der Kriminalhauptkommissar bleibt stumm am anderen Ende der Leitung, darum rede ich weiter. »Sie war acht Jahre alt und wurde auch in der unmittelbaren Nähe von einem Sportplatz gefunden. Die Todesursache ist stumpfe Gewalt gegen den Kopf, und auch die anderen Verletzungen ähneln denen von Birgitta. Über dem linken Auge, am Mund und Kiefer links und am Hinterkopf. Harriet hatte eine winkelförmige Wunde, was mich an die kleine Wunde an Birgittas Hinterkopf erinnert. Die Mordwaffe wurde in diesem Fall gefunden, es war ein Stein.«

»Hm.«

»Aber Harriet wurde vergewaltigt. Ich habe überlegt, ob das die nächste Steigerung war und es sich möglicherweise um denselben Täter handelt.«

Es ist still in der Leitung. Ich bin kurz davor, Hallo zu rufen, als die Antwort kommt.

»Ja, das klingt alles sehr wahrscheinlich, was du da sagst. Heutzutage würde man diese beiden Fälle sofort verknüpfen. Die Vorgehensweise ist sehr ähnlich, geografisch sind sie etwas weit voneinander entfernt, aber ... dieselbe Art von Opfer, kleines Mädchen, Stein. Ich würde tippen, dass es sich um ein und denselben Täter handelt.«

Mir fällt eine schwere Last von den Schultern. Alle, mit denen ich bisher gesprochen habe, haben die Ähnlichkeiten kleingeredet.

Sie fanden, dass meine Fantasie mit mir durchgegangen ist, und wollten mich wieder zurück auf den Boden der Tatsachen holen.

»Denn diese Art von Gewaltverbrechen an kleinen Mädchen ist ja …«, fährt er fort.

»… sehr ungewöhnlich«, ergänze ich.

»Ja, das ist sogar *extrem* ungewöhnlich.«

Anderthalb Stunden haben wir am Ende miteinander telefoniert. Ich lege meine Hände auf meine Tastatur und sehe, dass sie zittern. Aber jetzt nicht mehr aus Nervosität, sondern aus Euphorie. Als würde in meinen Adern Limonade fließen statt Blut.

DER GLÜCKLICHSTE MOMENT MEINES LEBENS, SAGT DIE MUTTER DES PERSTORPJUNGEN

»Die Gerechtigkeit hat gesiegt, unser Sohn, den wir nie für verloren gehalten haben, kehrt nach Hause zurück. Für uns ist es eine doppelte Wiedergutmachung. Unsere ganze Familie, wir und unser Sohn, sind reingewaschen worden.«

Die Sonne strahlt an diesem Mittwoch von einem klaren Herbsthimmel über dem Haus des Perstorpjungen [...] Mit tränenerstickter Stimme versucht die Mutter auszudrücken, was in ihr in diesem Moment des Triumphs vorgeht.

»Ich habe so oft gesagt, dass ich wie eine Löwin für meinen Sohn kämpfen werde – jetzt ist der Sieg errungen, und ich kann mich wieder wie ein Mensch fühlen.« [...]

Der 14-Jährige wird von nun an nie wieder mit dem Drama von Perstorp in Verbindung gebracht werden. Das oberste Gericht hat ihn freigesprochen.

Über ein Jahr lang habe ich bewusst weder True-Crime-Geschichten gelesen noch mir welche angesehen. Dann haben Justus und ich uns die Serie *I'll Be Gone in the Dark* angeguckt. In der Dokumentation geht es um die Taten des sogenannten *Golden State Killers*, sie beruht auf dem Buch von Michelle McNamara *Ich ging in die Dunkelheit*. Sie war von diesem Fall besessen und starb, bevor das Buch veröffentlicht wurde, mit sechsundvierzig Jahren im Frühling 2016. Im Schlaf, mit einer Mischung aus verschreibungspflichtigen Medikamenten im Blut – zur Behandlung von ADHS sowie angstlösende und schmerzstillende Tabletten. Sie hatte eine kleine Tochter. Ich habe meine Decke bis unters Kinn gezogen und muss an mein ADS, die Tabletten gegen meine Angststörung und meine Schlafprobleme denken.

McNamara war hartnäckig, klug und konnte gut schreiben. Wir sehen uns sogar ein bisschen ähnlich. Die Farben. Womöglich bin ich eine schlechtere Version von ihr. Aber ich habe noch viel größere Angst davor, dass wir ein Spiegelbild voneinander sind. Wir sind bei der Folge, in der es um ihren Tod geht. McNamaras Mann erzählt, dass er oft die Augen fest zudrückt, um aus diesem Albtraum aufzuwachen. Mir laufen die Tränen heiß und brennend übers Gesicht und im Hals hinunter. Ich rücke näher an Justus heran. Er legt einen Arm um mich und nickt.

»Das habe ich auch oft gemacht, als Fredrik gestorben ist.«

Ich sehe hoch zu ihm. Er wirkt überhaupt nicht traurig und hätte genauso gut sagen können: »Ich habe denselben Pulli wie der da.«

»Ich war mir so sicher, dass er wiederkommt, vor mir steht, als wäre nichts gewesen, und sagt: ›Was ist los, wollen wir ein Bier trinken gehen?‹«

Ich schlinge die Arme um meine Knie und lege meinen Kopf darauf. Zitternd atme ich ein und lasse mit dem Ausatmen meinen Tränen freien Lauf. Es dauert einen Moment, ehe Justus merkt, was los ist.

»Aber Liebling, was ist denn?«, sagt er sanft.

»Ich«, schluchze ich. »Ich habe solche Angst, dass ich auch so ende.«

Ich zeige auf den Bildschirm, den McNamaras grüne Augen ausfüllen.

Nach der Folge mache ich einen Spaziergang, obwohl ich eigentlich schlafen gehen sollte. Während ich einen der Wege entlanglaufe, die ins Nackareservat führen, und auf meinem Handy scrolle, bemerke ich, dass ich im Laufe des Tages eine Mail vom Reichsarchiv bekommen habe. Es sind die Unterlagen zum Mord an Birgitta Stuge aus Stavreviken, Medelpad, im Juni 1945. Ich habe vor einiger Zeit einen Artikel über diesen Fall gelesen, aber vergessen, dass ich die Ermittlungsakten angefordert habe. Ich setze mich auf einen Stein und fange an zu lesen. Vereinzelte Worte leuchten mir entgegen, als hätte ich ein Blatt Papier mit sorgfältig ausgestanzten Freiräumen auf den Text gelegt. Als wäre ich im Besitz eines Geheimcodes.

Birgitta
Fahrrad
Maiglöckchen
Neun Jahre alt
Halb acht
Bach
Wald
Platzwunden am Kopf

Birgitta Stuge, neun Jahre alt, macht mit ihrer Freundin einen Fahrradausflug. Sie halten an, um Maiglöckchen zu pflücken. Ein junger Mann kommt auf sie zu. Er fragt sie, ob er Werkzeug von ihnen ausleihen könnte, um sein Fahrrad zu reparieren. Birgitta geht zu ihrem Fahrrad, um welches zu holen. Da greift er sie an. Der Freundin gelingt die Flucht, aber Birgitta wird wie ein Tier bei der Jagd durch den Wald gehetzt. Sie wird später an einem Bach gefunden, mit schweren Verletzungen im Unterleib und Platzwunden am Kopf. Der Mörder hat für seine grausame Tat einen Schraubenschlüssel, eine Pistole und ein Messer verwendet.

Ich stehe auf und laufe weiter. Ich komme an eine Wegkreuzung. Dort bleibe ich stehen und sehe mich um. Die Straße ist menschenleer. Die erschreckende Erkenntnis flattert lautlos in meiner Brust, die Mörder sind zeitlos, sie sind nur ein Schatten, der weiterweht, sie sind das Böse, klar wie Quellwasser, das tief in die Erde und durch unsere Kehlen fließt, sie sind Dämonen, sie sind wie die Pest. Sie werden nie vergehen, sie kann man nicht einsperren. Wenn ich weitersuche, werde ich immer nur die gleiche Geschichte finden, die sich immer wiederholt.

In mir tut sich ein Raum auf, und ich stürze haltlos hinein. Ich lasse mich verschlingen, gehe in die Hocke und warte auf den Schlag auf den Hinterkopf, aber es passiert nichts.

Die polizeiliche Ermittlungsakte über die Vergewaltigung, für die Hilding 1952 verurteilt wurde, trifft in einem flachen, schweren Archivkarton ein. Ich setze mich damit an den Küchentisch. Draußen herrscht die Blaue Stunde. *L' Heure Bleue.* Sam hat diesen Ausdruck im Alter von drei Jahren gelernt und immer wiederholt. *Lör blö.* Er sitzt auf dem Sofa mit dem iPad und spielt Roblox. Ich glaube, Justus ist neben Vivi eingeschlafen, aber ich werde ihn nicht wecken. Ich will in Ruhe die Unterlagen durchsehen. Oben auf dem Stapel liegt die Rechnung. Ich muss schlucken, als ich die Summe sehe. Das wird teuer.

Hilding war neunzehn, als er im Wald die fünfunddreißigjährige Frau angriff und sie vergewaltigte. Es lag viel Schnee in jener Nacht, die Polizei gibt zu Protokoll, man könne anhand der Spuren neben den großen Holzstößen erkennen, dass ein Kampf stattgefunden habe. Es muss demnach Abdrücke gegeben haben. Ich suche in den Unterlagen nach Aufnahmen, oder vielleicht gibt es wenigstens einen Vermerk oder ein Foto von Hildings Schuhen, aber nichts dergleichen. Ich bin enttäuscht.

Ich muss mein Handy aufladen. Das Ladegerät ist am Sofa, ich streichele Sam über seinen dicken Haarschopf. Er reagiert nicht. Ich müsste ihn eigentlich auffordern, das iPad wegzulegen, und mit ihm vielleicht stattdessen ein Brettspiel spielen. Aber ich will nicht, nicht heute Abend. Ich will weiterlesen.

Ich schalte die Lampe über dem Esstisch an, durch die Blaue Stunde wirkt das warme Licht noch wärmer. Ganz unten im Stapel befindet sich ein psychologisches Gutachten über Hilding. Die zuständige Ärztin schreibt, dass er sich nicht von einer Frau untersuchen lassen wollte. Schmollend und mit vor der Brust verschränkten Armen beantwortete er ihre Fragen ablehnend und kurz angebunden. Mir wird schwindelig vor Aufregung. Bisher wurde in den Akten immer nur *über* ihn geschrieben. Es ist das erste Mal, dass ich seine Stimme hören, also lesen kann. Ich schnappe mir Stift und Post-it-Block und notiere mir Stichworte aus ihrem Gutachten.

Kann nicht zwischen Richtig und Falsch unterscheiden
Kann sich nicht beherrschen
Wirkt wie ein Besessener
Schwer einzuschätzen, ob er halluziniert, aber es deutet vieles darauf hin
Gleichgültig allem gegenüber, inklusive Familie, außer Motorrädern
Kombination aus Gefühlskälte und Impulsivität
IQ über Durchschnitt
Psychopath – der gefühlskalte Typ
Sadistisch und gefährlich

Das erinnert mich an etwas. Ich war etwa so alt wie Hilding, als er von der Ärztin begutachtet wurde. Nachdem ich zum zweiten Mal das Gymnasium abgebrochen hatte, wurde ich zu einer Psychologin geschickt. Ich hatte keine Lust, und mit dieser Haltung setzte ich mich auf den Stuhl im Behandlungszimmer. Ich habe mich ganz bestimmt unmöglich aufgeführt, schließlich wollte ich ja auch nicht dort hin. Ich erinnere mich besonders an eine Frage. Sie wollte wissen, wie ich Zeit wahrnehme. Ich antwortete, dass man Zeit unterschiedlich wahrnehmen kann. Als einen Kreis. Als eine Linie. Oder wie ein Wollknäuel. Sie war mit meiner Antwort nicht zufrieden. Wir gerieten in Streit, weil sie von mir eine eindeutigere Antwort forderte. Im Anschluss an dieses Gespräch bekam ich meine Diagnose. ADS. Wie viele Gespräche hatten Hilding und seine

Ärztin? Sie hat starke Worte gefunden, um ihn zu beschreiben. *Sadistisch und gefährlich.* Warum hat sie sich ausgerechnet für diese Vokabeln entschieden?

Mir fällt der Brief wieder ein, der ganz oben auf dem Stapel der Briefe lag, die besorgte Mitbürger nach dem Mord an Birgitta an die Polizei geschickt haben. Mit blauer Tinte und ziemlich vielen Schreibfehlern. Darin steht, dass am Abend des Mordes zwei Jungen in den Zug von Perstorp nach Göteborg gestiegen sind. *Den Mord hatten sie auf dem Gewissen.* Der Brief ist auf den 21. August 1949 datiert. *Ich fahre heute Abend nach Göteborg, mich werden sie nicht mehr erwischen.* Zwei Jahre habe ich gebraucht, um auf die Idee zu kommen, dass dieser Brief aus einem guten Grund ganz oben auf dem Stapel lag. Erst nachdem ich angefangen habe, mich mit den Ermittlungen zu dem Mord an Harriet zu beschäftigen, fallen mir diese Zeilen wieder ein. Das ist so explizit. Hat sich das jemand ausgedacht? Warum ausgerechnet Göteborg? Vielleicht ist das nur ein Zufall, aber dieser Brief ist die einzige unmittelbare Verbindung zwischen Birgittas und Harriets Fall. Abgesehen von der Tatsache, dass die Morde beide in unmittelbarer Nähe zu einem Sportplatz passiert sind. Fußballplätze. Ich kann nicht schlafen, vielleicht hat Hilding diesen Brief geschrieben? In seinen Akten gibt es einen Brief, verfasst an das Heim in Lövsta. Ich lese ihn mir hundertmal durch, vergleiche die Handschrift mit dem Brief an die Polizei von Perstorp.

Hilding war fünfzehn, fast sechzehn, als der Brief auf dem Stapel besorgter Mitbürger landete. Den anderen Brief schrieb er mit sechzehneinhalb, als er als Matrose zur See fuhr. Auf den ersten Blick ist die Handschrift sehr ähnlich, aber wenn ich genauer hinsehe, stimmt das nicht. Die Handschrift in Hildings Brief ist runder, weicher. Die Buchstaben im Brief an die Polizei sind spitzer.

»Man kann dieses Material übrigens auch heute noch auf Fingerabdrücke untersuchen lassen«, sagt mir der Kriminalhauptkommissar bei unserem nächsten Telefonat.

»Wirklich? Bleiben die so lange erhalten?«

»Ja, das ist durchaus möglich.«

Ich werde euphorisch, meine Gedanken galoppieren davon, aber ich reiße mich zusammen.

»Wird das Material nicht beschädigt?«

»Nun ja, es wären dann wahrscheinlich ein paar Flecken drauf.«

Ich seufze.

»Ich glaube nicht, dass mir das Archiv das genehmigen würde.«

Ich werde wach, als Justus die Tür schließt. Er ist aufgestanden und hat Vivi mitgenommen. Ich sehe auf die Uhr. Es ist 04:48 Uhr. Ich bin mitten aus einem Traum gerissen worden. Als ich mich wieder so hinlege, wie ich im Schlaf dalag, kann ich mich an den Traum erinnern. Vor mir rannten junge Männer herum, oder waren es Wölfe? Mit gefletschten Zähnen, ihnen tropfte der Geifer aus den Mündern, ihre Kehlen vibrierten vom Knurren. Ihre Augen waren schwarz vor Wut, wie Onyxe. Ich erkannte einen von ihnen wieder und erstarrte vor Angst, als er mich ansah. Jetzt weiß ich auch wieder, warum er mir solche Angst machte. Es war der Junge aus meinem Albtraum, der angebliche Freund von Sam, der mir in den Schritt griff und schrie: *Ich will da rein! Ich will da rein! Lass mich rein!* Den Traum habe ich bis heute noch nicht verarbeitet.

Mir wird eiskalt. Ist er es? Habe ich vom Mörder geträumt? Verfolgt er mich? Ich schlucke, richte mich auf und schalte die Taschenlampe in meinem Handy an. Langsam leuchte ich das Zimmer ab. Das scharfe weiße Licht wandert über einen offenen Schrank, einen Wäschekorb und Vivis Bett. Ich würde am liebsten auch hinter Vivis Bett leuchten, aber das wäre wie verlieren und aufgeben.

Zwischen Sonnenuntergang und Sonnenaufgang ergebe ich mich einer uralten Weltanschauung, die besagt, dass es dunkle, unnatürliche Kräfte in dieser Welt gibt. Der Junge in meinem Traum ist ein Dämon, der Besitz von mir ergreifen will. Dieser Dämon ist auch für den Tod von Birgitta und Harriet verantwortlich, er ist die Erklärung dafür, dass sich bestimmte Muster immer wiederholen – ein Schlag mit dem Stein an die linke Schläfe, den linken Kiefer und an die Hinterköpfe der Mädchen. Aber es spielt keine Rolle, ob man sich eher den übernatürlichen oder weltlichen Erklärungen zuwendet – die Frage ist, wie viele verwundete, wütende Wölfe im Frühjahr und Sommer 1948 in Perstorp und Lundby herumliefen. Es kann sein, dass ich den Namen des Mörders noch nie gelesen habe.

An einem warmen Sommertag bin ich mit Sam in Gamla Stan unterwegs. Ich habe beschlossen, dass wir beide mehr miteinander unternehmen müssen. Er greift meine Hand, während wir über das Kopfsteinpflaster schlendern.

»Wollen wir hier reingehen?«, schlage ich vor und zeige auf den Secondhandladen der *Stadsmission*.

»Was ist denn da drin?«

»Das ist wie ein großer Flohmarkt.«

Er liebt Flohmärkte, weil er alte Sachen mag. Seine Augen leuchten, und er hüpft in die Luft vor Freude. Während er sich alte Uniformen ansieht, die Schaufensterpuppen zieren, wühle ich in Schmuckkisten. Ich schiebe emaillierte Leoparden und Ohrringe aus Holzdreiecken zur Seite, wie Moses, der das Meer teilte. Auf dem Boden der Kiste stoße ich auf eine glitzernde Acht aus Strass. Es ist eine Brosche. Vierzig Kronen soll sie kosten. Ich kaufe sie.

Als wir in der Bahn nach Hause sitzen – Sam ist mitten in einer Geschichte aus Telefonien –, klingelt mein Handy. Der Archivar aus dem Reichsarchiv in Göteborg ist dran.

»Ich habe gesehen, dass Sie Kopien von den Ermittlungsakten vom Mord an Harriet Schelin erneut bestellt haben«, sagt er.

»Ja«, sage ich. »Ich habe vergessen, mir die Dateien rechtzeitig herunterzuladen. Außerdem habe ich die Hoffnung, dass es noch mehr Material gibt. Der Presse zufolge sollen sowohl Aufnahmen vom Tatort als auch von der rechtsmedizinischen Untersuchung existieren.«

»Ja, es gibt mehr«, sagt er. »Deshalb rufe ich auch an. Was Sie das letzte Mal zugeschickt bekommen haben, war nur ein Auszug. Die gesamte Akte umfasst ungefähr fünfhundert Seiten.«

»Oha.«

»Ja, deshalb wäre es wahrscheinlich besser, wenn Sie für die Sichtung nach Göteborg kommen.«

Ich gehe früh aus dem Haus, um den Zug rechtzeitig zu erwischen. Vivi weint und klammert sich so an meinen Hals, dass Justus sie förmlich wegreißen muss. Ich werfe ihr Luftküsse zu, bis sich die Fahrstuhltür geschlossen hat. Es tut mir im Herzen weh.

Zwischen den Haltestellen Gamla Stan und Slussen entdecke ich einen Schriftzug auf der Unterseite einer Brücke. *Ihr seid die Krankheit, wir sind das Symptom.* Wie entstehen Monster? Gewalt, die neue Gewalt erzeugt, die neue Gewalt erzeugt. Einige, die Gewalt erfahren haben, verschließen sich, richten sie gegen sich selbst. Andere werden zu Ungeheuern, mit gefletschten Zähnen und Klauen, die sie gegen ihre Umwelt richten. Das Böse ist wie eine Kette, die rückwärts durch die Zeit verläuft. Schlamm und Nebel verschleiern die Sicht, sodass niemand sehen kann, wo sie anfängt.

Es ist halb zwölf, als der Zug im Bahnhof von Göteborg einläuft. Ich gehe direkt ins Archiv. Es schließt um ein Uhr, wenn ich mich beeile, kann ich noch eine Stunde arbeiten. Der Archivar hat mir das Material in einem separaten Raum bereitgestellt.

»Bitte halten Sie die Tür geschlossen«, sagt er. »Da sind schreckliche Aufnahmen dabei.«

Ich drehe den Kopf weg, während ich mit meinem Handy die Unterlagen abfotografiere. Schnell, eine Seite nach der anderen. Jedes Mal, wenn ich umblättere, habe ich Angst. Wann kommen die Fotos? Es wird immer wärmer im Zimmer. Ich habe das Gefühl, dass mir etwas über meine Schläfen kriecht, aber als ich mit der Hand die Stelle berühre, sind es nur Schweißtropfen. Obwohl kein Luftzug geht, raschelt es am Heizkörper neben mir. Aber es hört auf, sobald ich hinsehe. Als der Archivar anklopft, um mir mitzuteilen, dass sie jetzt schließen, bin ich immer noch nicht bei den Fotos, aber immerhin bis zur Seite dreihundert gekommen.

Ich kann noch nicht im Hotel einchecken, deshalb gehe ich in einen Secondhandladen, um mir was zum Anziehen zu kaufen. Meine Bluse ist durchgeschwitzt, und ich bin abends mit einer Freundin in der Hotelbar verabredet. Ich höre einen Podcast und stöbere durch den Laden, als mein Handy plötzlich ausgeht. Ich öffne die App erneut, aber sie geht sofort wieder aus. Ich versuche es mit einer anderen App, auch die lässt sich nicht öffnen.

Ich bin außer Atem und knallrot, als ich im Hotel ankomme. Die Frau an der Rezeption ist cool und blond. Sie fragt mich, ob ich Vorlieben hätte, was das Zimmer anbetrifft. »Am liebsten nicht im dritten Stock, wenn das geht«, sage ich. Eine Bekannte hat mir auf Instagram geschrieben, dass es dort spuken soll. Ich bekomme Zimmer Nummer 261, im zweiten Stock. Ich reiße mir die Sachen vom Leib und lege mich keuchend aufs Bett. Ich habe noch Zeit und sehe mir die abfotografierten Seiten an. Zu meiner Überraschung sind es nicht so viele. Das kann nicht sein. Ich überprüfe die Uhrzeiten auf den Aufnahmen. Am Anfang habe ich im Schnitt acht Aufnahmen pro Minute geschafft. Zwischen 12:14 Uhr und 12:25 Uhr habe ich kein einziges abgespeichert, obwohl ich keine Pause gemacht habe. Zwischen 12:26 Uhr und 12:30 Uhr ist noch eine Lücke. Danach habe ich nur ein Bild pro Minute gespeichert, mit weiteren Lücken dazwischen.

Ich rolle mich auf den Rücken. Der Donner kommt grollend näher. *Es ist Harriet*, denke ich. *Sie ist in meinem Telefon. Sie will nicht, dass ich mir das ansehe.*

Ich überfliege die verbliebenen Seiten. Darunter ist ein Brief an den Anwalt, der den angeblichen Mörder von Harriet verteidigt hat. Der Anwalt hat diesen Brief an die Polizei weitergereicht, mit der Bitte, Harriets Sittlichkeit zu überprüfen, da diese *trotz ihres geringen Alters den Angaben zufolge doch zu wünschen übrig lässt.* Der anonyme Brief lautet wie folgt:

Sehr geehrter Herr Anwalt,

[...] Von Mann zu Mann, wir sind uns doch einig, dass es höchst bedauerlich ist, wenn ein ansonsten tadelloser Arbeiter versehentlich in eine Schlägerei oder Hurerei gerät, um es freiheraus zu sagen. [...] Der lächerliche Heiligenschein und pure Unsinn, den die Presse über sie, ihren Tod und das Begräbnis verbreitet hat, sind für alle, die Lundby, das Mädchen und ihr sogenanntes Zuhause kennen, nichts als reiner Hohn. [...] In diesem Fall blieb die Welt von einem besonders unangenehmen Exemplar einer Frau verschont. Es ist bedauerlich, dass die Gesellschaft einen großartigen Arbeiter verlieren muss, der einer Schlampe geopfert wird, deren Mutter eigentlich eine gerechte Strafe verdient hätte. [...]
Die ganze Gegend ist dieser Ansicht. Das Schreiben ist ein Gruß von Hunderten, der hiermit weitergeleitet wird.

Hochachtungsvoll,
Zeitungsleser, die vom schmierigen Engelgeschwafel der Presse angewidert sind.

In mir breitet sich eine eisige Kälte und alles verschlingende Dunkelheit aus. Haben das die Leute damals wirklich gedacht? Ich sehe Harriets Gesicht vor mir. Was hatte sie alles erdulden müssen? Interessiert sich heute niemand mehr für den Fall, weil man sie als *Schlampe* bezeichnete? Oder weil sie aus einer einfachen Arbeiterfamilie stammte? Ich bin wütend und fassungslos. Wieso hat der Anwalt den Brief nicht sofort zerknüllt und weggeworfen? Und dass die Polizei dem Brief so viel Aufmerksamkeit geschenkt hat, er für die Nachwelt aufbewahrt werden musste, ist geradezu krank. Es waren damals andere Zeiten, ich weiß, aber ein Mensch bleibt doch ein Mensch. Und eine Achtjährige ist eine Achtjährige. Ich sehe Harriet vor mir, die schmalen Schultern tief gesenkt unter einem Druck, den sie weder verstand noch verlangte oder verdiente – Klassenhass.

Am nächsten Tag fotografiere ich mit meinem wieder funktionierenden Handy den Rest der Akten ab. Ich habe noch Zeit, bis mein Zug fährt, deshalb beschließe ich, nach Lundby zu fahren. Auf dem Weg dorthin lese ich weiter. Arne Persson, der Schweißer, der für den Mord an Harriet verurteilt wurde, hat seine Aussage mehrmals geändert. Am Ende gestand er die Tat und erzählte detailgenau, wie er sie vergewaltigt und ermordet hat. Er war ihr im Klubhaus begegnet. Sie war oft dort, um die Toilette zu benutzen, sich mit den Jungs zu unterhalten und sich ein paar Öre zu erbetteln. Arne war der Hausmeister des Klubs und wollte nicht, dass sich die Kinder dort herumtrieben. »Haut ab, sonst schlage ich euch tot!«, rief er ihnen manchmal hinterher. Als Arne später sein Geständnis widerruft, glaubt ihm niemand. Und es ist tatsächlich sehr wahrscheinlich, dass er es auch gewesen ist. Ein Detail macht mich allerdings stutzig und befeuert meinen Zweifel – er war ein eifriger Leser. Er las alles, was er in die Hände bekam, darunter auch mehrere Tageszeitungen. Wie viele Informationen und Details kann er sich so zusammengetragen haben? Und wie subtil oder voreingenommen waren die Fragen der Polizei? Aus den Unterlagen geht nicht hervor, ob Arne sie zur Mordwaffe geführt oder ob die Polizei sie gefunden hat. Ich bin nicht vollkommen von seiner Schuld überzeugt. *Schuldig, über jeden Zweifel erhaben*, heißt es. Das sehe ich nicht so.

Harriet ist auf dem Friedhof der neuen Kirche in Lundby begraben. Das Nutzungsrecht der Grabstelle ist abgelaufen, aber ich habe die Abteilungs- und Grabnummer. Die Erde ist mit gelbem Laub bedeckt, am Himmel türmen sich dunkle Wolken auf. Auf

Harriets ehemaliger Grabstelle steht ein Grabstein mit zwei mir unbekannten Namen. Sie starben in den Neunzigern. Was die Nachkommen wohl dazu sagen würden, wenn sie wüssten, dass ihre Angehörigen auf dem Grab einer Achtjährigen liegen, die vergewaltigt und ermordet wurde? Das Grab ist schon lange nicht mehr besucht worden, es gibt weder Blumen noch Kerzen. Vor dem Grabstein liegt ein sarkophagähnlicher Granitblock. Ich setze mich auf den Rand, es hat angefangen zu regnen. Gedankenverloren nehme ich eine Handvoll Kieselsteine vom Nachbargrab. Zuerst will ich nur ein H für Harriet lege, dann aber lege ich den ganzen Namen. Ich hoffe, dass jemand vorbeikommt, stehen bleibt und sich fragt, wer wohl diese Harriet gewesen ist.

Als ich am Vormittag im Archiv endlich bei den Fotos mit Harriets Leiche angelangt war, rief ich angewidert »Oh Gott, nein« und drehte den Kopf weg. Ich musste würgen und blätterte schnell weiter, aber ich werde die Bilder nicht mehr los. Vor allem ein bestimmtes Foto. Jetzt sitze ich im Zug und sehe es die ganze Zeit vor mir. Ich krame in meiner Handtasche, finde zwei Beruhigungstabletten und nehme sie. Das Bild – ein bodenloser Abgrund, ein schwarzes Loch, das Tor zur Hölle – begleitet mich bis nach Hause. Ich werde hineingesogen und sehe es, als ich Sam umarme und frage, was sie gemacht haben, ich sehe es, als ich mich neben Vivi lege, die aufgewacht ist. Sie kann nicht wieder einschlafen, das liegt an dem dunklen, düsteren, bösen Feld, das mich umgibt.

Es ist fünf Uhr morgens, als ich aufschrecke, verwirrt und mit ungeputzten Zähnen. Meine Kontaktlinsen sind trocken, ich stehe auf, um sie rauszunehmen. Im dunklen Badezimmer setze ich mich auf die kalten Kacheln und weine. In drei Wochen fängt Vivi im Kindergarten an, und Sam kommt in die Schule. Wie kann ich die beiden nur beschützen? Bevor ich nach Göteborg fuhr, ging es mir so gut wie schon lange nicht mehr. Ich war stolz und hoffnungsvoll. Ich hatte das Gefühl, der Lösung ganz nah zu sein, es endlich beenden zu können. Aber jetzt weiß ich, dass es immer weitergehen wird. Es haben sich viel zu viele Fragen angehäuft, zum Mord an Harriet und ob Arne schuldig ist oder nicht. Was hat Hilding vor und nach dem Mord an Birgitta gemacht? Ist es wirklich nur ein Zufall, dass Birgitta und Harriet in der Nähe von Fußballplätzen ermordet wurden? Gab es einen Schuldigen, der für beide Morde verantwortlich ist, aber kein einziges Mal in den Akten aufgetaucht ist? Ein Unbekannter, der all die Jahre unterm Radar geblieben ist? Ich drohe, von der Dunkelheit verschlungen zu werden. Ich kann nicht mehr. Ich will nicht mehr darüber schreiben.

Am nächsten Abend kann Sam nicht einschlafen, er ruft immer wieder nach Justus. Nachdem Justus dreimal oben war, bittet er mich, zu Sam zu gehen.

»Papa hat mir gesagt, dass du dich verlassen fühlst?«, sage ich, als ich in sein Zimmer komme.

»Ja, ich fühle mich *verlassen*«, antwortet Sam.

Ich klettere auf den Stuhl.

»Mama«, sagt er leise, nimmt meine Hand und legt sie auf seine Wange. »Papa hat gesagt, dass dein Geisterradar nur ein Spielzeug ist.«

Ich fluche innerlich. Jetzt hat Justus mir das einzige Werkzeug genommen, um Sams Angst vor Geistern zu bekämpfen.

»Papa hat gesagt, dass du der Geisterradar bist und spüren kannst, wenn Geister im Raum sind. Stimmt das?«

Er sieht mich mit ernster Miene an. Ich muss ein Schmunzeln unterdrücken.

»Ja, das stimmt. Papa hat recht. Ich bin der Geisterradar. Und weißt du was«, sage ich und packe ihn in seine Bettdecke ein, »du liegst in diesem tollen Bett, in deinem gemütlichen Zimmer, in unserer großartigen Wohnung. Vivi schläft im Zimmer gegenüber, und Mama und Papa sitzen unten vor dem Fernseher. Wir hören dich, wenn du rufst. Die Wohnungstür ist zugeschlossen, und hier sind keine Geister. Du bist in Sicherheit.«

Sam schließt die Augen und drückt seine Wange gegen meine Hand, hält sie fest.

»Geht es dir gut? Kannst du jetzt schlafen?«

»Ja, jetzt kann ich schlafen«, sagt er.

Ich stehe hinter Hilding, der sich im Dunkeln über die Reling beugt. Das Schiff, auf dem er angeheuert hat, heißt *Marianne Bratt* – Bratt, das ist Margits Mädchenname. Als er über die Gangway lief, drehte er sich noch einmal um. Unten stand sein Lehrer aus Lövsta auf dem Kopfsteinpflaster und winkte ihm zu. Hilding hatte Tränen in den Augen. Das ist der Strohhalm, an den ich mich klammere, die Hoffnung, dass doch ein Funken Milde und Weichheit in ihm steckt. Aber jetzt glänzen seine Augen nur noch kalt, als er den letzten Kran am Horizont verschwinden sieht. Die Luft ist feucht und salzig, der Wind nimmt zu.

Die unzähligen winzigen Wassertropfen auf Hildings grauer Wolljacke reflektieren das schwache Licht des Schiffes. Ich hebe die Hand, sie schwebt über seinem Nacken. Ich sehe, wie sich seine Nackenhaare aufstellen, aber er bewegt sich nicht, als ich meine Hand sanft auf seine Haut lege. Ich stelle mich neben ihn, beuge mich vor, um sein Gesicht zu sehen. Er ist erst sechzehn, sieht aber älter aus. Sein Gesicht strahlt Trauer oder Trotz aus, je nachdem, wer ihn ansieht.

Ich flüstere ihm eine Frage nach der anderen ins Ohr, bleibe stehen, bis er in seine Kajüte geht, sich die grobe Decke über den Kopf zieht und einschläft. Ich dringe in seine Träume ein. Er lacht mich aus, kommt auf mich zu, bedroht mich, sieht mich mit dunklen Augen an. Ich bin ihm so nah, dass sich unsere Pupillen berühren. Das Schwarze in meinen Pupillen presse ich auf das Schwarze in seinen. Seine Knie geben unter ihm nach, er muss sich hinlegen. Trotz, Gewalt, Trauer und Wut fließen aus ihm heraus, bilden große Seen aus Teer. Jetzt ist er weich und formbar wie Ton. Ich forme meine

Hände zu Schalen und lege sie auf seine Schultern. Ich drücke sie nach unten. Sie werden schmal und schwach.

Am Ende der Nacht liegt ein kleines Kind im Bett. Ich hebe es hoch und lege es in meinen Schoß. Ich wiege es hin und her und singe. *Vem kann segla förutan vind.* Wer kann ohne Winde segeln. Sein Kopf wird schwer. Ich singe ein Schlaflied. Seine Arme werden schwer. Dann lege ich es wieder zurück ins Bett. Seine Wangen sind gerötet und der Mund leicht im Schlaf geöffnet. Ich decke es zu, beuge mich vor und lege meine Hand auf seine Wange. Dann auf seinen Brustkorb. Dann nehme ich die Hand vorsichtig weg.

Sam steht auf, als ich gerade Vivi ein Stück Brot gebe und mir Kaffee einschenken will. Von diesem Augenblick an treibe ich den Rest des Vormittages hilflos durch die Welt wie ein Rindenschiffchen auf stürmischer See. Die Kinder wollen dies und das, vor allem nie dasselbe, und Vivi weint die ganze Zeit. Sie weint so laut, dass ich Sam nicht hören kann, was ihn frustriert. Heute ist ein großer Tag, und ich habe mir vorgenommen, nicht laut zu werden. Aber am Ende kann ich mich nicht zusammenreißen, als Sam sowohl Butter als auch Frischkäse und Salami auf seinem Brot haben will. Ich wende mich zu ihm um, die Butter in der einen, den Frischkäse in der anderen Hand, und fahre ihn an.

»Butter. Oder. Frischkäse.«

»Frischkäse«, sagt er niedergeschlagen.

Nach dem Frühstück ziehe ich Vivi ihren Schlafanzug aus und wasche ihr sorgfältig Hände und Gesicht. Dann ziehe ich ihr die Sachen an, die ich für den großen Tag bereitgelegt habe. Ein gerippter lindgrüner Body, eine kakaobraune, ebenfalls gerippte Strumpfhose mit Hosenträgern, eine kleine Samtjacke in der gleichen Farbe mit einem Kragen mit Leopardenmuster. Sam darf selbst seine Anziehsachen aussuchen. Er entscheidet sich für eine dunkelblaue Hose und ein kariertes Hemd. Ich weiß noch genau, was ich an meinem ersten Schultag getragen habe. Ein himbeerrotes Kleid aus dicker, weicher Baumwolle, dazu einen Baumwollpullover mit aufgestickten Rosen. Justus und Sam brechen zuerst Richtung U-Bahnhof auf.

»Mach's gut, mein Liebling!«, rufe ich Sam hinterher und zu Justus: »Vergiss nicht, Fotos zu machen.«

Vivi verhält sich an diesem Morgen, als würde sie etwas spüren. Als würde sie wissen, dass sich etwas verändern wird. Ich ziehe ihr die Regensachen an und setze sie in den Buggy. Dann klappe ich den Regenschutz herunter. Sie sieht mich unglücklich an, umgeben von Schnüren, Plastik und Decken.

»Alles in Ordnung, meine Süße«, sage ich, um sie zu beruhigen. »Mama ist hier.«

Es regnet in Strömen, als wir zur U-Bahn gehen. Vivi gibt keinen Laut von sich. Am Gleis stelle ich fest, dass der Zug in zwei Minuten kommt. Kurz entschlossen schnalle ich mir den Tragegurt um und nehme Vivi aus dem Buggy. Sie strampelt mit den Beinen.

»Hoch!«, ruft sie. »Hoch!«

Ich schließe den Gurt, sie legt ihren Kopf auf meine Brust und streichelt mir über die Wange.

»*Mama steicheln!*«

Der Zug kommt, wir steigen ein. Ich schließe den Buggy an und streichele mit beiden Händen über Vivis Rücken, küsse sie auf den Kopf, die Stirn, die Wangen. Heute ist sie das letzte Mal mein Baby, ab heute wird sie ein Kindergartenkind sein.

Als Sam von seinem ersten Schultag nach Hause kommt, habe ich das Mittagessen schon vorbereitet. Er hat zwar in der Schule gegessen, isst aber trotzdem seinen Teller leer.

»Wenn Sam heute schon zweimal warm gegessen hat, dann können wir heute Abend doch Arme Ritter machen, oder?«, schlägt Justus vor.

Wir neigen unsere Köpfe, als müssten wir gründlich darüber nachdenken.

»Was ist das?«, fragt Sam.

»Das ist wie Pfannkuchen, nur mit Brot. Mit Zucker und Zimt.«

Er reißt die Augen auf und lässt seine Gabel los, die klirrend auf den Teller fällt. Birgittas letzte Mahlzeit waren Pfannkuchen mit Marmelade. Ich spüre einen Stich im Herzen.

»Ja!«, ruft Sam begeistert. Dann sieht er uns misstrauisch an. »Oder, wartet, macht ihr einen Scherz?«

Er hat in den letzten Wochen beide Schneidezähne verloren. Seine winzigen Eckzähne sehen aus wie die eines Vampirs. Er sieht damit so niedlich aus, dass ich ein Grinsen unterdrücken muss. Justus und ich lachen laut.

»Nein, das würden wir niemals tun.«

Sam springt auf, nimmt seinen Teller und stellt ihn in die Spüle. Das hat er noch nie gemacht.

»Mama?«, sagt er.

Er steht auf dem Teppich in der Küche, mit dem Rücken zu mir. Ich nehme meinen Teller und gehe zu ihm.

»Ja?«, sage ich.

Er dreht sich zu mir um.

»Hab dich lieb.«

Leise, ganz leise schleichen die Mädchen hintereinander durch die dunkle Wohnung wie eine sich windende Schlange. Die weißen Kleidchen wippen, große Schleifen sitzen im Haar. Sie gehen lautlos die Treppe hinauf. In seinem Zimmer fuchtelt der Junge im Schlaf mit dem Armen.

»Mama, sie kommen, sie sind da, Mama«, murmelt er, aber niemand kann ihn hören.

Die Mädchen gehen an seinem Zimmer vorbei in den nächsten Raum. Sie lächeln das kleine Mädchen an, das eingekuschelt an der Wand liegt und schläft, mit gekräuseltem Nackenhaar und geröteten Wangen. Ihr Vater hat einen beschützenden Arm um sie gelegt, und ihre kleine Hand liegt auf seiner. Auf der anderen Bettseite liegt eine Frau und schläft, mit dem Gesicht zur Wand. Ihr dunkles Haar trägt sie in einem unordentlich geflochtenen Zopf, der sich wie ein Fluss über das Kissen schlängelt. Sie atmet tief und langsam. Das Mädchen ganz vorne setzt sich vorsichtig auf die Bettkante, die anderen tun es ihr nach, sie verschmelzen zu einer Gestalt, einem einzigen Mädchen, und die Matratze gibt unter ihrem Gewicht nach.

Das Mädchen sitzt reglos am Bettrand und betrachtet die weichen Schultern, die sich im Takt der Atmung heben und senken. Als die Frau im Tiefschlaf ist und sich kaum noch bewegt, beugt sich das Mädchen zu ihr, unendlich langsam, macht eine hohle Hand und legt sie an ihr Ohr. Plötzlich reißt die Frau die Augen auf und starrt verstört und voller Angst an die Wand vor ihr. Das Mädchen bleibt regungslos sitzen. Die Frau öffnet ihren Mund, aber es kommt kein Laut heraus. Leise werden aus der einen Gestalt wieder viele. Das

Bett knarrt, das Gewicht ist nicht mehr zu spüren. Die Frau erstarrt. Dann öffnet sich die Tür, und die Mädchen gleiten aus dem Raum, so leise, wie sie gekommen sind.

Lass deine Sünden
von dir abfallen
Lass dich reinigen
Du
warst nur ein Kind
Niemand ist wütend
Dir ist schon vergeben

Lass die Trauer deine Wangen benetzen
Nichts ist schlimmer
als was schon war
Du darfst deine Monster vergessen
Sie können dir nichts mehr anhaben

Spüre wie die Schultern sich senken
Die Angst verlässt deinen Körper
Lass sie los
deine schweren alten Lasten
Sie existieren nicht mehr

Dolce, *Psalm*

∞

NACHWORT

Etwa einen Monat vor Drucklegung des Buches bekomme ich eine Mail vom Reichsarchiv in Lund. Einer der Archivare ist auf eine Akte im Mordfall Birgitta Sivander gestoßen, die ich noch nicht gesichtet habe. Mir wird ganz schwindelig, als ich seine Nachricht lese. Kann es sich bei dieser Akte um den sogenannten Abfall der Ermittlungen handeln? Die Unterlagen, die aus den Akten entfernt werden, nachdem man sich für einen Hauptverdächtigen entschieden hat? Wird ihr Inhalt mein Buch auf den Kopf stellen?

Ich lese die Dokumente aufmerksam durch, immer auf der Jagd nach diesem einen Namen – Hilding. Der Name taucht nirgendwo auf, aber ich finde einen Zeitungsartikel, in dem es um ihn geht. Die Überschrift lautet: *Ein großes Aufgebot jagt jungen Desperado.* Die Ermittler haben dieser Nachricht offenbar kein großes Gewicht beigemessen. Dafür haben sie sich für viele andere Personen interessiert, allerdings erst nach der Gerichtsverhandlung gegen Bengt.

Vielleicht enttäuscht euch das, liebe Leserinnen und Leser, vielleicht hättet ihr gerne, dass der Fall gelöst wird. Aber das hier ist kein Whodunit mit einem eindeutigen Ergebnis. Meine Suche ist noch nicht zu Ende. Vielleicht fragt ihr euch, ob ich einen bestimmten Mörder vor Augen habe, der Birgitta auf dem Gewissen hat? Die Antwort ist Nein.

Seit ich den ersten Artikel über den Mord gelesen habe, beschäftigt mich die Frage: Wer hat das getan? Wer hat Birgitta an jenem Maiabend vor über siebzig Jahren durch den Wald gejagt? Ich habe viele verdächtigt, aber mein Ziel war es zu keinem Zeitpunkt, auf einen von ihnen zu zeigen. Am Ende kam ich zu der Erkenntnis, dass es auch gar nicht mehr so wichtig ist. Wichtig ist, alles Erdenkliche zu tun, damit die Gesellschaft verhindern kann, dass Kinder zu gefährlichen Menschen heranwachsen. Ich glaube fest daran, dass kein Mensch böse auf die Welt kommt. Geborgene und zufriedene Menschen morden nicht. Die Person, die ich Hilding Samuelsson genannt habe, steht stellvertretend für einen Menschen, der nicht die Liebe und Fürsorge bekommen hat, die jedem Kind zusteht, und der deshalb zu einem gefährlichen Mann wurde. Damit will ich aber nicht sagen: Er ist der Schuldige. Ich weiß nicht, wer Birgitta Sivander und Harriet Schelin umgebracht hat, auch wenn für Harriets Tod jemand verurteilt wurde. Aber höchstwahrscheinlich hatte der Mörder der beiden Mädchen einen ähnlich unsicheren und von Gewalt geprägten Hintergrund wie Hilding.

Natürlich wird nicht jeder Mensch, der so aufwachsen muss, automatisch gefährlich. Vererbung contra Milieu – diese Diskussion überlasse ich den Experten.

Ich habe das Buch so geschrieben, wie ich mir die Umstände vorgestellt habe, mithilfe des Werkzeugs, mit dem ich der Wahrheit am nächsten kommen konnte – dem Quellenmaterial. Und dieses Material war sehr umfangreich – polizeiliche Ermittlungsakten, Verhörprotokolle der Gerichtsverhandlung, Zeitungsartikel, Krankenakten und Interviews. Sie haben das Schiff gesteuert. Nahezu alles, was in der Vergangenheit geschehen ist, basiert auf den Ereignissen und Dialogen aus jener Zeit: Ich habe die Worte benutzt, die in den Protokollen standen, und habe mit ihrer Hilfe die Aussagen formuliert.

Aber auch das umfangreichste und vollständigste Quellenmaterial kann nicht die ganze Wahrheit abbilden, es wird immer Lücken geben. Die habe ich nach bestem Wissen und Gewissen und mit viel Empathie versucht zu füllen. Die Umgebung, die ich mir nicht ansehen konnte, wie die Wohnungen und Häuser der Beteiligten, habe ich anhand von Beschreibungen und Fotomaterial aus dieser Zeit rekonstruiert. Manchmal habe ich bei einzelnen Personen den Gefühlen freien Lauf gelassen, Gefühle, die ich gehabt hätte, wenn ich in ihrer Situation gewesen wäre. In diesen Fällen habe ich mir die Freiheit genommen, mich in die Haut eines anderen zu versetzen. Um sie menschlicher zu machen, ihnen jene Stimme zu geben, die das Material vermissen lässt.

Aus Rücksicht auf die Betroffenen und deren Angehörige habe ich die Namen aller Personen geändert, die keine offizielle Rolle in den Ermittlungen spielten. Das sind vor allem Familienmitglieder, Nachbarn und Bekannte, die ungewollt in eine Mordermittlung hineingezogen wurden, ohne den Schutz einer Dienstmarke oder staatlichen Position. Die Äußerungen der offiziellen Personen habe ich dem entnommen, was sie der Presse oder den Behörden gegenüber gesagt oder selbst geschrieben haben. Ich bitte alle Leserinnen und Leser um Nachsicht, es war zum einen eine andere Zeit, zum anderen kann ein solcher Ausschnitt nie ein faires Bild von jemandem zeichnen, weil es nie den ganzen Menschen abbildet.

Mein erster und herzlichster Dank gilt Birgittas großem Bruder Karl Sivander. Wenn du abgelehnt hättest, Karl, wäre daraus niemals ein Buch geworden. Du hast mir deine Gedanken, Erinnerungen und Geschichten großzügig zur Verfügung gestellt, dafür kann ich dir nicht genug danken. Ich habe nicht nur einen guten Freund gewonnen, sondern durch dich die wichtigsten Personen in dieser Geschichte kennengelernt, obwohl sie schon lange tot sind. Ich hoffe sehr, dass ich dir, deiner Schwester und deiner Familie gerecht geworden bin.

Ich habe das Buch in der besten Zeit meines Lebens geschrieben, auch wenn das nicht immer so wirkt. Es heißt, dass sich die Menge an Glück nicht verändert, wenn man Kinder bekommt. Nur, dass die Gipfel höher und die Täler tiefer werden. Meine Gipfel sind so schwindelerregend hoch gewesen, dass ich auf die Täler niemals auf Kosten der Höhen verzichtet hätte. Sam und Vivi, ihr seid das Beste, was ich habe. Ich liebe euch mehr, als das Universum groß ist. Und dich auch, Justus. Vielen Dank, dass du so geduldig mit mir warst, nie Zweifel an mir hattest, meinen Text gelesen und immer wieder kommentiert hast, dass du mir immer zugehört hast, wenn ich bei allem, was wir unternommen haben, eine Pause eingelegt habe, um über Einzelheiten der Ermittlungen zu diskutieren. Ich danke meiner Familie und meinen Freunden: Mimmi, dir danke ich für deine Unterstützung und Begleitung nach Perstorp. Rannveig, dir danke ich, dass du nicht nur eine meiner besten Freundinnen bist, sondern dein Wissen als Ärztin für Kinder- und Jugendpsychiatrie immer so großzügig mit mir geteilt hast. Idha, dir danke ich für deine Gastfreundschaft, dass ich bei dir in Lund wohnen durfte und du für mich ins Archiv gegangen bist. Lone und Sigrid danke ich für eure Freundschaft. Und Erika Stark danke ich: Du bist nicht nur eine Freundin, sondern auch Autorin – durch dich habe ich mich während dieses ganzen Prozesses viel weniger einsam gefühlt.

Ein großer Dank geht an Ola und Hanna. Ihr habt euch mit Psycholog:innen-Augen die Krankenakten durchgelesen. Åse Edergren danke ich, weil du mir beim Lesen der Obduktionsberichte als Chirurgin zur Seite gestanden hast. Ich danke allen Archivarinnen und Archivaren, die mir geholfen haben, die richtigen Akten zu finden, und mir das Material kopiert und geschickt haben. Tausend Dank an Jan Ullén, Ermittler im Morddezernat, und den anonymen Kollegen, den ich im Buch nur den Kriminalhauptkommissar genannt habe. Eure einzigartige Expertise war Gold wert, und außerdem seid ihr zwei supernette Menschen. Ich danke auch allen, die bereit waren, mit mir über Perstorp zu reden, über den Mord und über das Leben in dieser Zeit. Ein Dankeschön geht noch an Shida Shahabi, Amason, Dolce, Anna von Hausswolff, Nino Rota und Erik Satie, die für die Entstehung dieses Buches unwissentlich von großer Bedeutung waren. Und herzlichen Dank an meine Verlegerin Johanna Haegerström, dass du mich unter deine Fittiche genommen und von Anfang an an das Buch geglaubt hast. Es fühlt sich großartig und sicher an, dass du nur einen Anruf und eine U-Bahn-Station entfernt bist. Ein großes Dankeschön schicke ich an meine Lektorin Rachel Åkerstedt, die diesen groben Stein entgegengenommen hat und ihn mit mir zusammen glatt gemeißelt, geschliffen und geputzt hat.

Ich habe Bengt mehrfach angeschrieben, aber er hat bis heute nicht geantwortet.

Verzeih mir, Perstorp.

Linda Segtnan, Kärrtorp, Mai 2022

In Gedenken an Birgitta Sivander

QUELLEN

Ungedrucktes Quellenmaterial

Reichsarchiv Lund
Archiv der Stadtpolizei Malmö
Polizeiliche Untersuchung des Mordes an Inger Birgitta Sivander im Jahr 1948

Nationalarchiv in Lund
Archiv des Amtsgerichts Västra Göinge
Akten in Strafsachen 1952
Archiv des Kristianstad-Gefängnisses, Häftlingslisten 1952

Archiv des Bezirksgerichts Nord Åsbo
Gerichtsdokumente 1948
Tagebücher von Kriminalfällen aus dem Archiv des Landsfiskalen in Riseberga

Nationalarchiv in Göteborg
Göteborger Rathausgericht
Polizeiliche Ermittlungen, Prozessunterlagen und Urteil zum Mord an Anita Harriet Schelin 1948

Reichsarchiv Göteborg
Archiv der Zentralen Seemannskartei
Sjömanshuset in Kristianstad, Register der Schiffskapitäne und Seeleute
1949–1957

Regionalarchiv von Skåne
Råbylundshemmet, Aufzeichnungen 1941–1944

Reichsarchiv in Uppsala
Besserungsanstalt in Lövsta, Aufzeichnungen 1940–1982

Stadtarchiv Stockholm
Sällskapet Pro Patria, Patientenakten 1938

Gedrucktes Quellenmaterial

Dagens Nyheter
1948-05-09
1948-05-12
1948-07-05
1948-07-06
1948-07-07
1948-07-08
1948-07-09
1948-07-11
1948-07-13
1948-07-15
1948-07-23
1948-07-25
1948-07-27

Expressen
1948-07-17
1948-10-06

Stockholms-Tidningen
1948-05-10

Aftonbladet
1948-07-04

Arbetet
1948-07-06

Zitierte Werke

S. 20 Edith Södergran: »Skogsdunkel«, *Dikter,* Schildt, 1916
S. 73 Maria Gripe: *Agnes Cecilia: En sällsam historia*, Bonniers juniorförlag, 1981
S. 148 »Blommornas bön«, aus Anna Bergström, *Sångkurs för skolan*, 1923
S. 148 Psalm 283
S. 158 Werner Aspenström, aus »Bergslag«, *Hundarna,* Bonniers, 1954
S. 302 Eva Neander: »Död idyll«, *Död idyll,* Bonniers, 1947
S. 340 Otto Lindwall: »Konvaljens avsked«, 1905
S. 384 Dolce: »Psalm«, *Ur aska*, 2020

Bilder

S. 7 Karte © Linda Segtnan / Anna Torsteinsrud
S. 11 Birgitta Sivander, Foto © privat
S. 29 Akten, Foto © Linda Segtnan
S. 74 Wald, Foto © Linda Segtnan
S. 81 Vivi, Foto © Linda Segtnan
S. 206 Schuhe und Schuhabdruck, aus der Untersuchung des Mordes an Birgitta Sivander
S. 374 Harriet, Foto © Linda Segtnan
S. 393 Birgitta Sivander, Foto © privat

Linda Segtnan, geboren 1986, lebt in Stockholm und ist Autorin im Bereich Geschichte. Sie hat Audio-Horrorgeschichten mit historischem Bezug zu Orten in Schweden recherchiert, geschrieben und aufgenommen. Bei ihren Nachforschungen zu einem Stadtrundgang stieß sie auf einen alten, ungelösten Mordfall, der sie zum Schreiben ihres literarischen Debüts veranlasste.

Kerstin Schöps ist Halbschwedin, hat in Dänemark gelebt und in Hamburg Klassische Archäologie und Geografie studiert. Heute lebt sie mit ihrer Familie in Berlin. Sie hat u. a. Arne Dahl, Johan Theorin, Sofia Lundberg und Lone Frank ins Deutsche übertragen.

LESEN SIE AUCH …

Michele McNamara
Ich ging in die Dunkelheit
Eine wahre Geschichte von der Suche nach einem Mörder

Mit einem Vorwort von Gillian Flynn
Aus dem Englischen von Eva Kemper

WENN DIE DUNKELHEIT DICH VERSCHLINGT

Michele McNamara schreibt fesselnd und schonungslos über ihre Suche nach einem Monster. Kurz bevor das Rätsel um den *Golden State Killer* gelöst wird, stirbt sie. Es bleibt ein wahrhaftiger Bericht über das Böse – und über eine Reise in die Dunkelheit.

»Ein brillantes Buch, das alle Grenzen überschreitet.«
STEPHEN KING

Auch als E-Book erhältlich

ATRIUM